# 『教化運動』解説・総目次・索引



不二出版

# 目次

# Ⅰ　解説

須田　将司

# はじめに

中央教化団体連合会は、一九二三（大正一二）年一一月一〇日の「国民精神作興に関する詔書」を受け、一九二四（大正一三）年一月一五日に結成された「教化団体連合会」に端を発している。会長職は初代・一木喜徳郎（一九二四年一月～一九二五年四月）、第二代・山川健次郎（一九二五年四月～一九三一年六月）、第三代・斎藤実（一九三一年七月～一九三六年二月）、第四代・清浦圭吾（一九三六年九月～一九四二年一一月）、第五代・野村吉三郎（一九四三年六月～一九四五年一月）である。この間、府県を単位に組織化がすすめられ、一九二八（昭和三）年一二月二四日には財団法人「中央教化団体連合会」となり、一九三〇年（昭和五）年一〇月二五日には規約を改正して朝鮮・台湾・樺太・関東州・南洋など植民地の教化連合団体を傘下に加えている。[1]その後、一九四五（昭和二〇）年一月二五日の「大日本教化報国会」の結成に伴い発展的に解消するまで、宮内省から度々「御下賜金」を受けつつ活動を展開した。同会の約二一年間の活動を『要覧』類から捉えた**表1**からは、教化団体の連絡のほか、様々な官製運動に対応した取り組みを展開し、次第に同会独自の「教化町村運動」に力点を移していったことが窺える。教育史研究者・佐藤秀夫は「天皇制公教育の形成史序説」において、近代天皇制が絶えず「動揺」と「補強」を繰り返さざるをえなかったと指摘している。[2]震災から恐慌を経て総力戦体制へと至る激動の時代に、「教化」を掲げて存在した中央教化団体連合会は、まさにそうした弥縫策の最前線を担う位置にいたともいえよう。

本資料は、同会が刊行した機関誌『中央教化連合会報』（以下、『会報』）『教化運動』を全六巻構成で復刻したものである。『会報』は一九二六（大正一五）年八月に創刊され、以下のように第九号まで「中央官庁、各地方庁、地方連合会等」に配布された。[3]

第一号：一九二六（大正一五）年八月一五日
第二号：一九二七（昭和　二）年二月一〇日
第三号：一九二七（昭和　二）年九月一五日
第四号：一九二八（昭和　三）年五月一五日
第五号：一九二八（昭和　三）年一一月一〇日
第六号：一九二九（昭和　四）年七月一五日
第七号：一九二九（昭和　四）年一〇月二八日
第八号：一九二九（昭和　四）年一二月二八日
第九号：一九三〇（昭和　五）年五月

表1　中央教化団体連合会の事業内容の変遷

| １９２８年<br>（「目次」「創立以来実施せる事業概要」『要覧』１９２８年12月より） | １９３８年<br>（「目次」「事業概要」『要覧』１９３８年8月より） | １９４３年<br>（「目次」『事業概要』１９４３年度より） |
|---|---|---|
| １　全国教化事業関係代表者大会<br>―第一回より第四回に至る―<br>２　国力振興運動<br>―その趣意書―<br>国力振興講演会成績一覧表 | １、教化機関の連絡、統制、指導に関する施設<br>（１）全国教化連合団体代表者大会<br>（２）教化事業関係者懇談会<br>（３）教化問題座談会<br>（４）郡市町村教化網の完成促進<br>（５）教化常会の設置勧奨<br>（６）名鑑並要覧発行<br>イ　全国教化団体名鑑 | 第一、構成団体の指導助成施設<br>一、構成団体主務者会<br>二、全国教化連合団体幹部講習協議会<br>三、御下賜金の一部配賜<br>四、構成団体に事業奨励金交附<br>五、講師派遣並斡旋<br>六、資料作成 |

3 教化事業に関する講習会
教化事業講習会
（第一回より第四回に至る）
社会教化講習会
（第一回より第三回に至る）
4 教化事業関係者懇談会
—第一回より第二十三回に至る—
5 国民歌の選定
懸賞募集経過
当選者発表
当選歌詞作曲
普及方法
6 教化資料の刊行
7 関東大震災記念日における施設
—第一周年記念日より第五周年記念日に至る—
8 活動写真映画の貸付

（7）地方委員委嘱
ロ 中央及道府県教化連合団体要覧
2、教化指導者の育成に関する施設
（1）教化事業講習会
（2）社会教化講習会
（3）教化関係幹部講習会
（4）公民教育講習会
（5）国民更生講習会
（6）町村指導者養成講習会
3、教化強調に関する施設
（1）国力振興運動
（2）関東大震災記念日の運動
（3）教化総動員の運動
（4）選挙粛正運動
（5）教育勅語渙発四十周年記念運動
（6）「克己日」運動
（7）非常時対策国民更生運動
（8）精神作興週間並克己日運動
（9）神武天皇御東遷二千六百年記念運動
（10）国際連盟離脱に関する詔書渙発記念事業
（11）二宮尊徳翁八十年祭記念事業
（12）国民精神総動員運動
4、都市教化振興に関する施設
（1）都市教化協議会
（2）全国都市教化講習会

第二、国民精神作興に関する詔書渙発二十周年記念施設
一、戦力増強国民精神作興中央協議会
二、戦力増強公民精神作興地方協議会
三、教化実践者選奨
第三、時局教化強調施設
一、教化団体幹部思想錬成会
二、崇神天皇奉讃に関する施設
イ、崇神天皇聖徳奉讃祭
ロ、奉讃祭遥拝式
ハ、崇神天皇奉讃錬成会
第四、国民貯蓄奨励に関する施設
一、国民精神作興協議会
二、全国教化連合団体幹部講習会
三、貯蓄増強協議会
四、新生活道徳強調講習会
イ、都市町内会指導者講習会
ロ、町村指導者講習会
ハ、指定都市指導者講習協議会
五、雑誌並機関誌貯蓄特輯号発行
六、活映画板懸賞募集と作成
第五、自治振興常会指導に関する施設
一、教化町村幹部講習会
二、都市町内会指導者講習会
三、講師派遣並斡旋

教化映画貸付規程
備付映画種別
9 会報の発行
10 講師の派遣
11 教化事業調査会

（3）資料の作成
イ 都市教化留意要項
ロ 都市教化の諸問題
5、教化町村の設定と指導に関する施設
（1）指定並町村名
（2）指定県指導主任者打合会
（3）開設宣誓式
（4）協議会
（5）指導者養成講習会
（6）幹部連合協議会並振興懇談会
（7）講師派遣
（8）視察並調査
（9）特別指導
（10）事業助成費交付
（11）資料の作製頒布
6、教化資料作製に関する施設
（1）文書資料の刊行
（2）歌詞、歌曲の制定
（3）映画の製作並貸付
（4）懸賞募集
7、加盟団体助成に関する施設
（1）事業奨励金の交附
（2）講師派遣並斡旋
8、教化功労者の選奨
9、教化事業の研究調査に関する施設

四、ラヂヲ放送による指導
五、資料作成
第六、教化市町村施設
一、町村施設
イ、新指定
ロ、設定打合会
ハ、開設宣誓式
ニ、視察研究会（共励会）
ホ、振興懇談会
ヘ、町村選奨
ト、興村塾
チ、幹部講習会
リ、町村設定府県に対し助成金交付
二、都市施設
イ、新指定
ロ、開設宣誓式
ハ、教化市幹部講習協議会
ニ、指定都市に対し助成金交付
ホ、教化市振興貯蓄協議会
三、共通施設
イ、教化市町村連盟結成式
ロ、視察並講師指導者派遣

一九三〇（昭和五）年八月二〇日には、「教化網の拡大及び其の機能の進展に伴ひ其の相互の連絡をして一層敏活密接ならしむるの必要」から、『会報』は新聞スタイルの月刊誌『教化運動』に改められた。その第一号第一面の「創刊の辞」には以下のような抱負が語られている。(4)

「教化運動」は、主として財団法人中央教化団体連合会の機関紙たるべき使命の下に生れるものであるが、本連合会が整然たる全国的一大教化組織網の中枢機関たる性質上、「教化運動」も亦単なる一機関紙たるの特性を自ら克服するまでに、自由、清新、溌剌たる活躍を致すことによつて、初めて国民教化の源泉となり、動力となり、熱意ある教化運動の枢軸たり得ることを自信するものである。

第五〇号までを記念して作成された「索引目次」では、「論説・誌上講演」「視察」「学芸」「経済時事」「大会・講演会」「講習会」「座談会・協議会」「教化運動の実際」「調査会調査事項」「海の彼方（ニュース）」「本会彙報」などに記事が分類されており、教化政策の理念や各地の実践報告なども積極的に盛り込み、教化運動の「枢軸」を目指した編集意図を窺うことができる。一九三〇（昭和五）年一一月二五日には第三種郵便物の認可を得て配布拡大を図り、「加盟各教化連合団体、中央各官庁、地方庁、本会関係者に無料配布其の他一般希望者に定価を以て配布」されたという。(5)当初は月一回、一九三三（昭和八）年八月～一九三八（昭和一三）年七月は月三回、同年八月～一九四〇（昭和一五）年七月は月二回、同年八月以降は月一回刊行された。

『中央教化団体連合会要覧』はじめ『教化町村一覧』や叢書類などの刊行物に比べ、機関誌は散逸が激しく、**表2**のように二〇一九年段階での所蔵も多くはない。『会報』『教化運動』を用いた研究として、唯一挙げられるのが山本悠二『教化団体連合会史1』（一九八六年）、山本悠三『教化運動史研究』（二〇〇四年）、同『近代日本の思想善導と国民統合』（二〇一一年）の三部作である。(6)矢継ぎ早に展開される官製運動に、同会がいかなるスタンスで対応したのか、独自に「教

表2　中央教化団体連合会機関誌所蔵機関

| 書誌名 | 所蔵機関名・所蔵者 | 所蔵号 | 発刊年 |
|---|---|---|---|
| 『会　報』 | 大倉精神文化研究所 | 5 | 1928 |
| | 和歌山大学附属図書館 | 6 | 1929 |
| | 金光図書館 | 7-8 | 1929 |
| | 須田将司 | 7 | 1929 |
| 『教化運動』 | 西山直志（大倉精神文化研究所） | 1-89, 91-100、臨時号、号外、83号附録 | 1930-1935 |
| | | 近畿附録 27, 33, 34, 36, 38, 39, 40, 42, 45 | |
| | 須田将司 | 5 | 1930 |
| | 斎藤実記念館（国会図書館憲政資料室マイクロ） | 14, 17, 号外, 20, 21, 24-61, 63, 65, 68-71, 74-78, 80-85, 87, 88, 91, 93-98, 100-102, 104-111, 127 | 1931-1936 |
| | 大分大学経済学部教育研究支援室 | 35-81, 84, 87-89, 91-104, 106-178, 180-183, 185-202, 204-218, 220-297 | 1933-1944 |
| | | 近畿附録 26, 31, 32, 48 | |
| | 東京大学大学院法学政治学研究科附属近代日本法政史料センター | 180 | 1937 |
| | ルーヴァン大学 東方圖書館 | 254 | 1940 |

※Cinii Books（http://ci.nii.ac.jp/books/）、金光図書館蔵書検索（http://www.konkokyo.or.jp/konko-library/）、国立国会図書館憲政資料室「斎藤実関係文書（MF 2：斎藤実記念館蔵）」（https://rnavi.ndl.go.jp/kensei/tmp/index_saitoumakoto2_mf2.pdf）による。

※大分大学所蔵分に126号が２号分ある。発行周期・連載進行などから3/11付を125号（126は誤植）、3/21付を126号と判断した。

化町村運動」を展開していった経緯などを照らし出した成果は大きく、『会報』『教化運動』の研究上における有効性を示すものといえる。ただし分析は一九三〇年代に留まり、一九四〇年代の動向は未検討のままである。

　本資料は、以上のような史料的および研究的な空白状況を埋め、昭和戦前期の歴史研究上に新たな研究基盤を提供すべく、『会報』第五・七・八号と、『教化運動』全二九七号分のうち二九二号分を復刻したものである（ただし国会図書館所蔵分は著作権許諾を要し、拒否・未回答者の空白部分あり。現段階での未見は第九〇・一七九・一八四・二〇三・二一九号である）[7]。これに加え、附録として発行された第一～五〇号までの「索引目次」と、臨時号、号外、第二六号以降に確認できた「近畿附録」一三号分（一九三二～三四年）を収録している。

## 一、『会報』『教化運動』の内容

本資料に含まれる一九二八（昭和三）年から一九四四（昭和一九）年にわたる一七年間の記録には、幹部層（大臣・官僚・軍部・有識者）の「教化」に関わる論説類が豊富に収録されているほか、毎年開催の全国教化代表者大会（以下、全国大会）の開催記録から地方幹部層の意見や建議を読み取ることができ、教化政策への批判も含む議論から未発の可能性を窺い知ることもできる。(8) また、各地からの現地報告類も毎号報じられており、人物・教化政策・地方行政や植民地行政など様々な研究視角から読むことができる。

本資料刊行に際し、全目次・見出しをエクセルデータに入力した。(9) **表3**は、誌面分析の基礎作業として、目次データにキーワード検索をかけ、それを年別に分類したものである。第一に設定したのは設立趣旨に関わる「精神」「時局」「国体」、これに総力戦体制化のキーワードである「錬成」「貯蓄」を加えてA群とした。ここに「教化」も含むべきであろうが、B群やF群の抽出を行うために別にした。第二にB群として「教化網」を設定した。以降、官製運動への対応順にC群として「更生」（国民更生運動、農山漁村経済更生運動）、D群として「選挙」（選挙粛正運動）、E群として「動員」「銃後」（国民精神総動員運動）を設定した。またF群として「教化町村」「教化市」を設定し、そこから派生していった常会運動に関わる「常会」「部落」「町内」「隣組」をG群とした。このほか中心人物の影響力を探るため、初代会長・一木喜徳郎や参与・佐々井信太郎に関わり「報徳」「尊徳」「二宮翁」、高島米峰から「禁酒」「酒なし」を設定、理事・加藤咄堂と参与・高島米峰に関わり「仏教」、これに参考として教化団体の一つ「教育会」を加えてH群とした。その結果、各語群のピークに偏りを捉えることができた。

まずA群では、ほぼ全時期にわたって「精神」が繰り返し登場し、「時局」は一九三三（昭和八）年と一九三七（昭和一二）年に多く、「貯蓄」は一九三八（昭和一三）年と一九四二（昭和一七）年に多く用いられたことがわかる。いずれ

## 表３　キーワード登場回数

| 時期区分 | | Ⅰ 組織づくり～教化網の完成 | | | | Ⅱ 国民更生運動 | | | Ⅲ 選挙粛正運動・教化町村運動 | | Ⅳ 国民精神総動員運動・教化町村運動 | | Ⅴ 常会運動 | | | Ⅵ 教化市町村運動 | | | 各キーワード小計 | A～H語群小計 |
|---|---|---|---|---|---|---|---|---|---|---|---|---|---|---|---|---|---|---|---|---|
| 西暦<br>年号 | | 1928年<br>昭和３年 | 1929年<br>昭和４年 | 1930年<br>昭和５年 | 1931年<br>昭和６年 | 1932年<br>昭和７年 | 1933年<br>昭和８年 | 1934年<br>昭和９年 | 1935年<br>昭和10年 | 1936年<br>昭和11年 | 1937年<br>昭和12年 | 1938年<br>昭和13年 | 1939年<br>昭和14年 | 1940年<br>昭和15年 | 1941年<br>昭和16年 | 1942年<br>昭和17年 | 1943年<br>昭和18年 | 1944年<br>昭和19年 | | |
| A | 精神 | | 4 | 2 | 5 | 13 | 50 | **98** | 84 | 67 | 55 | **92** | 38 | 10 | 7 | 1 | 8 | 4 | 538 | 768 |
| | 時局 | | | 1 | 2 | 7 | **22** | 17 | 2 | 4 | **28** | 16 | 13 | 13 | 4 | 1 | 1 | | 131 | |
| | 国体 | 1 | | 1 | 5 | | | 5 | **6** | 3 | **9** | | | 2 | | | | | 32 | |
| | 貯蓄 | | | | | | | | | | 1 | **16** | 6 | 3 | 2 | **16** | 10 | 1 | 55 | |
| | 錬成 | | | | | | | | | | | | 2 | 2 | **5** | 1 | 1 | 1 | 12 | |
| B | 教化網 | 1 | 2 | 9 | **15** | **14** | 4 | **15** | 3 | 1 | 3 | 6 | 2 | 1 | | | | | 76 | 76 |
| C | 更生 | | | | 1 | **79** | **111** | **74** | 29 | 57 | 17 | 27 | 5 | 1 | 3 | | | | 404 | 404 |
| D | 選挙 | | | | 4 | 8 | 4 | 4 | **55** | **22** | 18 | | 2 | | | 4 | | | 121 | 121 |
| E | 動員 | | 10 | 1 | | 2 | 7 | 6 | 10 | 8 | **38** | **75** | 24 | 6 | 5 | | 1 | | 193 | 369 |
| | 銃後 | | | | | | | | | | 23 | **93** | **46** | 9 | 4 | 1 | | | 176 | |
| F | 教化町村 | | | | | | 1 | 11 | 45 | **60** | 32 | **63** | 35 | 29 | 26 | 8 | 11 | 1 | 322 | 398 |
| | 教化市 | | | | | | | | | | | | | 10 | **22** | **20** | 17 | 7 | 76 | |
| G | 常会 | | | | | | 2 | 3 | 6 | 15 | 12 | 14 | **67** | **73** | 47 | 11 | 11 | 1 | 262 | 466 |
| | 部落 | | | | | 1 | 4 | 10 | 14 | **37** | 10 | 19 | 23 | 7 | 7 | 5 | 5 | | 142 | |
| | 町内 | | | | | | 1 | 1 | | 1 | | 8 | 3 | **9** | 5 | **10** | 3 | | 41 | |
| | 隣組 | | | | | | | | | | | | | **7** | **13** | | 1 | | 21 | |
| H | 報徳・尊徳・二宮翁 | | 5 | | 1 | 6 | 11 | 10 | **33** | **23** | 5 | 2 | 4 | | | | | | 100 | 210 |
| | 禁酒・酒なし | | 3 | 3 | 2 | **9** | 8 | 2 | 6 | 5 | 5 | 6 | 3 | 4 | 2 | 2 | 2 | | 62 | |
| | 仏教 | | **9** | 2 | 1 | 2 | 2 | 1 | 2 | 1 | 4 | 4 | | | 1 | | | | 29 | |
| | 教育会 | | **6** | 1 | 2 | | 3 | 1 | 2 | 1 | 1 | 1 | | | | | 1 | | 19 | |
| 各年小計 | | 2 | 39 | 20 | 38 | 141 | 230 | 258 | 297 | 305 | 261 | 442 | 273 | 186 | 153 | 80 | 72 | 15 | 2812 | |

※各キーワード上位回数はゴシックで示した。

も満洲事変（その後の国連脱退）・日中戦争開戦・太平洋戦争開戦の後に急増しており、時局認識＝戦時下の思想統制と、貯蓄＝戦費調達とが「教化」上の重要課題であったことが窺える。これに比して「国体」や「錬成」は少数で、むしろ中央教化団体連合会のキーワードとはいい難いことがわかる。

B群の「教化網」は一九三〇（昭和五）年に急増し、特に一九三〇（昭和五）年と一九三一（昭和六）年においては全キーワードのなかでも突出した存在感を示している。これは一九二九（昭和四）年と一九三〇（昭和五）年の全国大会の協議や決議事項で「教化網の完成」が論じられていた時期とも重なるものであり、初期の重要課題であったことがわかる。

C群の「更生」は一九三二（昭和七）年～一九三四（昭和九）年に集中して数多く確認できる。一九三二（昭和七）年八月の全国大会では「国家非常時局ニ際シ緊急実施ヲ要スヘキ教化対策」として「国民更生運動要綱」を決議しており、国民更生運動への本格的な取り組みを展開した時期と符合する。『教化運動』誌上では「更生運動地方便り」（三六号、一九三三年二月）～「更生運動仄聞録」（三八号、一九三三年四月）～「更生運動地方色」（四七号～五六号、一九三三年九月～一九三四年二月）といった連載が行われている。

D群の「選挙」は特に一九三五（昭和一〇）年に急増する。同年五月には選挙粛正委員会令が公布され、六月には選挙粛正中央連盟が結成されている。同じ六月の中央教化団体連合会全国大会では「選挙粛正ノ実ヲ挙グルニ適切ナル教化対策如何」が議論されており、「更生」に代わって「選挙」が重要課題となったことが窺える。

E群の「動員」と「銃後」は共に一九三七（昭和一二）年～一九三九（昭和一四）年に多く表れている。一九三七（昭和一二）年一一月の全国大会では「国民精神総動員ニ関シ教化団体トシテ採ルヘキ方策如何」が議論され、一九三八（昭和一三）年九月には例年の全国大会に代えて「銃後対策緊急協議会」として「国民精神総動員運動徹底方に関する件」や「銃後後援強化週間に関する件」が議論されていた点とも重なる。

F群の「教化町村」は一九三五（昭和一〇）年～一九四一（昭和一六）年まで、常に二〇以上登場し、「教化市」は一九四〇（昭和一五）年以降の最重要キーワードに位置づいている。『教化運動』誌上では「教化町村運動」または「教化町村だより」（八九号～二四八号、一九三五年一月～一九四〇年四月）や「教化市町村運動」（時おり「教化町村運動」と表記）（二四九号～二八四号、一九四〇年五月～一九四二年一一月）といった連載が行われている。

G群の「常会」は一九三三（昭和八）年以降に教化町村運動の具体的方策となってから登場し、以降一九四四（昭和一九）年まで毎年確認できる。そのピークは一九三九（昭和一四）年～一九四一（昭和一六）年であり、各年内で最多登場のキーワードとなっており、「部落」「町内」「隣組」も合わせると一層際立った存在感を示している。これは一九三九（昭和一四）年に同会が雑誌『常会』を創刊し、翌年九月一一日には内務省訓令第一七号「部落会町内会等整備要領」により部落常会・町内常会・隣組常会の全国的整備が図られた時期とも符合する。

H群で最多は報徳関係で一〇〇に上るが、一九四〇（昭和一五）年以降は皆無となる。教化町村運動や常会は、同時期に大日本報徳社の「新興報徳運動」とも連携して展開されており、むしろ一九四〇（昭和一五）年以降の「報徳離れ」ともいうべき状況の方が目立つ。次に多いのは「禁酒」「酒なし」の六二であり、一九二九（昭和四）年～一九四三（昭和一八）年までほぼ毎年登場している。高島米峰が禁酒禁煙の推進者だった影響が少なからずあり、全国大会で何度か禁酒について協議されているほか、『教化運動』誌上でも時おり、「酒なし日」運動や「禁酒禁煙遵法週間」に関する報道がなされている。これに対して「仏教」は二九、「教育会」はさらに少なく一九であった。ともあれH群は他の語群よりも全体的に存在感は小さく、やはり官製運動への対応こそが同会と『教化運動』誌上を彩る基調であったことがわかる。

以上の分析から、機関誌上に現れた特色をもとに時期区分を試みるならば、以下のようになるであろう。これは「はじめに」で**表1**から捉えられた姿とも符合する。なお、第Ⅰ期と第Ⅱ期に関して『教化運動』第五七号附録「中央教化団体連合会史 十年の今昔」には、当事者の回顧や創立時の様子などが詳細に記されており、参考になる。

第Ⅰ期：（一九二四～）一九二八年から一九三一年まで
B群「組織づくり～教化網の完成」
第Ⅱ期：一九三二年から一九三四年まで
C群「国民更生運動」
第Ⅲ期：一九三五年から一九三六年まで
D群・F群「選挙粛正運動・教化町村運動」
第Ⅳ期：一九三七年から一九三八年まで
E群・F群「国民精神総動員運動・教化町村運動」
第Ⅴ期：一九三九年から一九四一年まで
G群・F群「常会運動・教化市町村運動」
第Ⅵ期：一九四二年から一九四四年まで
F群「教化市町村運動」

## 二、中央教化団体連合会の独自事業

### （一）教化町村運動・教化市町村運動

F群とG群は一九三四（昭和九）年から一九四四（昭和一九）年に至るまで他の語群に比して多数を占め、中央教化団体連合会の特色を色濃く示すものである。特に一九三四（昭和九）年二月以降、全国各地に「聖旨奉体教化町村」を指定して展開された「教化町村運動」は、一九三八（昭和一三）年九月五～六日に行われた「全国教化連合団体銃後対策緊急協議会」の議案「五、教化都市指定に関する件」で「教化市」「教化区」の設定も加え、一九三九（昭和一四）年以降は「教化市町村運動」へと拡充している。表4は全道府県に運動が展開されていった様相をまとめたものである。

**表4　教化町村運動開始年度別指定道府県**

| | |
|---|---|
| 1934年度 | 福島県　三重県　兵庫県　長崎県　石川県　富山県　岡山県 |
| 1935年度 | 青森県　岩手県　宮城県　秋田県　山形県　埼玉県　静岡県　高知県　福岡県　佐賀県　熊本県　大分県 |
| 1936年度 | 東京府　新潟県　福井県　愛知県　島根県　広島県　香川県　愛媛県　宮崎県 |
| 1937年度 | 長野県　滋賀県　和歌山県　鳥取県　山口県　鹿児島県　沖縄県 |
| 1938年度 | 北海道　千葉県　大阪府　奈良県　徳島県 |
| 1939年度 | 栃木県　群馬県　神奈川県　岐阜県　京都府 |
| 1940年度 | 茨城県　山梨県 |

※『教化町村施設一覧　昭和九年度指定』一九三五年、『教化町村施設一覧　昭和十年度指定』一九三九年、『教化町村施設一覧　昭和十一年度指定』一九三九年、『教化町村施設一覧　昭和十二年度指定』一九三九年、『教化町村施設一覧　昭和十三年度指定』一九三九年、『教化町村施設一覧　昭和十四年度指定』一九四一年、『市町村指導の体験を語る　教化市町村振興懇談会記録』一九四一年、（以上、中央教化団体連合会編・発行）より作成。

『教化運動』誌上には、開設式の様子やその後の経過報告が連載も含めて多数掲載されており、本資料を通覧することでかなりの情報を得ることができる。注目すべきは、一九四〇年代にも毎年継続して教化市区町村の指定が続けられ、第Ⅵ期には同会の主要事業となっている点である。**表5**は、一九四〇年代の追加指定も含めた指定教化市区町村の全貌であり、これまで山本悠三や筆者（須田）の研究でも捉えきれなかった一九四三（昭和一八）年度指定分までが含まれている。地方改良運動期の模範村「選奨」とは異なり、宮内省からの下賜金交付と「聖旨奉体」という名誉意識とにより強制的に駆動された模範事例「創出」事業である。戦時色が深まるなか、教化市区町村の追加指定による裾野の拡大がいかなる意図で行われ、実際にどのような影響をもちえたのか、今後解明されるべき課題といえよう。

## 表5　各都道府県の教化市区町村一覧

| 都道府県名 | 教化市区町村名（指定年度〔昭和〕） |
| --- | --- |
| 北海道 | 千歳郡千歳村（13）　瀬棚郡東瀬棚村（13）　松前郡小島村（13）<br>雨龍郡沼田村（13）　中川郡幕別村（13）　上川郡東鷹栖村（13） |
| 青森県 | 東津軽郡西平内村（10）　東津軽郡後潟村（10）<br>南津軽郡浅瀬石村（10）　北津軽郡中川村（10）　上北郡三澤村（10）　三戸郡中澤村（10）<br>中標津郡藤代村（15）　下北郡大畑町（15）<br>西津軽郡森田村（18） |
| 岩手県 | 岩手郡御明神村（10）　紫波郡彦部村（10）　和賀郡二子村（10）　膽澤郡佐倉河村（10）　下閉伊郡船越村（10）<br>九戸郡葛巻村（15）　西磐井郡金澤村（15）　江刺郡玉里村（15）　上閉伊郡青笹村（15）<br>東磐井郡摺沢村（18）　気仙郡猪川村（18）　二戸郡小鳥谷村（18） |
| 宮城県 | 伊具郡館矢間村（10）　名取郡愛島村（10）　志田郡敷玉村（10）　栗原郡長崎村（10）　桃生郡大谷地村（10）<br>宮城県塩釜市（17）<br>刈田郡七ヶ宿村（18）　柴田郡金ケ瀬村（18）　宮城郡七北田村（18）　黒河郡大松沢村（18）<br>加美郡色麻村（18）　栗原郡宮沢村（18）　玉造郡真山村（18）　登米郡豊里村（18）　本吉郡新月村（18） |
| 秋田県 | 鹿角郡七瀧村（10）　北秋田郡真中村（10）　河辺郡下北手村（10）　由利郡南内越村（10）　平鹿郡川西村（10）<br>鹿角郡錦木村（15）　北秋田郡栄村（15）　山本郡富根村（15）　南秋田郡脇本村（15）　河辺郡四ツ小屋村（15）<br>由利郡小友村（15）　仙北郡大川西根村（15）　平鹿郡堺町村（15）　雄勝郡新成村（15） |
| 山形県 | 西村山郡溝延村（10）　北村山郡東根町（10）　東田川郡大和村（10）<br>西田川郡大泉村（10）　西置賜郡長井村（10）<br>南村山郡瀧山村（15）　南村山郡宮生村（15）　東村山郡出羽村（15）　西村山郡西山村（15）<br>東置賜郡亀岡村（15）　西置賜郡荒砥町（15）　東田川郡長沼村（15）　西田川郡豊浦村（15）　飽海郡本楯村（15） |
| 福島県 | 相馬郡太田村（9）　信夫郡大森村（9）　田村郡中郷村（9）　河沼郡野澤町（9）　南会津郡楢原村（9） |

| | |
|---|---|
| | 耶麻郡関柴村（15） 安積郡富田村（15） 西白川郡信夫村（15） 双葉郡大野村（15） 岩城郡渡辺村（15） |
| 茨城県 | 久慈郡黒沢村（15） 新治郡牛渡村（15） 東茨城郡堅倉村（15） 稲敷郡君賀村（15） 結城郡飯沼村（15） |
| 栃木県 | 河内郡横川村（14） 下都賀郡国分寺村（14） 栃木県足利市（14） |
| 群馬県 | 邑楽郡長柄村（14） 北甘楽郡新屋村（14）<br>吾妻郡伊参村（15） 山田郡川内村（15）<br>群馬郡小野上村（16） 多野郡多胡村（16）<br>碓氷郡細野村（17） 佐波郡名和村（17）<br>勢多郡芳賀村（18） 利根郡利南村（18） 新用郡藪塚本町（18） |
| 埼玉県 | 北足利郡安行村（10） 入間郡梅園村（10） 秩父郡大瀧村（10）<br>大里郡鉢形村（10） 北埼玉郡川辺村（10） 北埼玉郡利島村（10）<br>南埼玉郡鷲宮町（15） 北葛飾郡川辺村（15） 比企郡八和田村（15） 児玉郡藤田村（15） |
| 千葉県 | 香取郡豊浦村（13） 夷隅郡端澤村（13）<br>千葉県銚子市（16）<br>安房郡大山村（18） 海上郡嚶鳴村（18） 君津郡松丘村（18） 東葛飾郡浦安町（18） |
| 東京府 | 西多摩郡大久野村（11） 南多摩郡元八王子村（11） 北多摩郡大和村（11）<br>西多摩郡霞村（15） 北多磨郡多摩村（15） 南多摩郡川口村（15） |
| 神奈川県 | 足柄上郡古田島村（14） 愛甲郡玉川村（14） |
| 新潟県 | 中頸城郡下黒川村（11） 刈羽郡高柳村（11） 西蒲原郡粟生津村（11） 佐渡郡金沢村（11） |
| 富山県 | 下新川郡大布施村（9）⇒櫻井町（18） 婦負郡野積村（9） 射水郡浅井村（9）<br>永見郡女良村（9） 東礪波郡北般若村（9）<br>上新川郡新保村（15） 中新川郡浜加積村（15） 西礪波郡林村（15） 西礪波郡鷹栖村（15）<br>浦河郡萩伏村（18） 紋別郡上湧別村（18） |
| 石川県 | 江沼郡月津村（9） 能美郡根上町（9） 石川郡旭村（9） 河北郡宇ノ気村（9） |

| | |
|---|---|
| | 羽咋郡西増穂村（9） 珠州郡寶立村（9）<br>石川郡美川町（15） 鳳至郡河原田村（15） 鹿島郡豊川村（15）<br>石川県小松市（16） |
| 福井県 | 坂井郡雄島村（11） 大野郡荒土村（11） 今立郡新横江村（11） 大飯郡佐分利村（11） |
| 山梨県 | 東八代郡英村（15）<br>西八代郡栄村（17）<br>北巨摩郡小渕沢村（18） |
| 長野県 | 埴科郡東条村（12） 南安曇郡温村（12）<br>下伊那郡山本村（18） 北佐久郡三都和村（18） |
| 岐阜県 | 羽島郡下中島村（14） 土岐郡瑞浪町（14） 大野郡上枝村（14）⇓高山市（18）<br>加茂郡川之上村（14） 海津郡吉里村（18） 揖斐郡北方村（18） 本巣郡網代村（18）<br>山県郡谷合村（18） 武儀郡下之保村（18） 郡上郡川合村（18） 可児郡伏見村（18）<br>恵那郡加子母村（18） 益田郡朝日村（18） 吉城郡袖川村（18） 不破郡関ケ原町（18） 岐阜県高山市（18） |
| 静岡県 | 田方郡北狩野村（10） 駿東郡静浦村（10） 庵原郡両河内村（10） 浜名郡和地村（10）<br>周智郡天方村（15） 志太郡岡部町（15） 富士郡須津村（15）<br>引佐郡奥山村（16） 磐田郡福田町（16） 小笠郡桜木村（16） 安倍郡大川村（16） 静岡県沼津市（16）<br>賀茂郡宇久須村（18） 榛原郡坂部村（18） |
| 愛知県 | 渥美郡神戸村（11） 南設楽郡鳳来寺村（11） 碧海郡富士松村（11） 丹羽郡扶桑村（11） 幡豆郡吉田町（11）<br>愛知県名古屋市西区新道連区（14） 愛知県名古屋市昭和区御劒連区（14）<br>愛知郡猪高村（18） 西春井郡北里村（18） 知多郡小鈴谷村（18） 額田郡本宿村（18） 八名郡石巻村（18） |
| 三重県 | 飯南郡射和村（9） 一志郡豊地村（9） 多気郡荻原村（9） 志摩郡桃取村（9） 阿山郡島ヶ原村（9）<br>桑名郡桑部村（15） 河芸郡大里村（15） 安濃郡明合村（15） 名賀郡神戸村（15）<br>北牟婁郡赤羽村（15） 員弁郡十社村（15） 鈴鹿郡椿村（15） 度合郡内城田村（15） 南牟婁郡尾呂志村（15） |

| | |
|---|---|
| 滋賀県 | 神崎郡八幡村（12）⇒神崎郡能登川町（17）　蒲生郡苗村（12）　高島郡青柳村（12）<br>甲賀郡大原村（12）　東浅井郡田根村（12） |
| 京都府 | 久世郡寺田村（14）　北桑田郡平屋村（14）　与謝郡日置村（14） |
| 大阪府 | 豊能郡東能勢村（13）　泉南郡日根野村（13）<br>大阪府堺市（15） |
| 兵庫県 | 多紀郡味間村（9）　加古郡八幡村（9）　美嚢郡上淡河村（9）　揖保郡西栗栖村（9）　津名郡塩田村（9）<br>赤穂郡高田村（15）　三原郡市村（15）　美方郡温泉町（15）　養父郡宿南村（15）<br>川辺郡長尾村（16）　有馬郡八多村（16）　加東郡上東條村（16）　多可郡松井庄村（16）<br>印南軍上荘村（16）　神崎郡粟賀村（16）　佐用郡徳久村（16）　城崎郡香住村（16）　氷上郡葛野村（16）<br>武庫郡御影町（17）　明石郡平野村（17）　加西郡在田村（17）　飾磨郡曾佐村（17）<br>宍粟郡神戸村（17）　出石郡資母村（17）　朝来郡山田村（17）<br>兵庫県洲本市（18） |
| 奈良県 | 添上郡五ヶ谷村（13）　磯城郡多武峯村（13）　宇陀郡室生村（13） |
| 和歌山県 | 那賀郡中野上村（12）　有田郡城山村（12）　西牟婁郡下芳養村（12）⇒田辺市（17）　東牟婁郡下里村（12）<br>和歌山県田辺市（17） |
| 鳥取県 | 八頭郡社村（12）　東伯郡山守村（12）　日野郡二部村（12）<br>八頭郡安倍村（16）　気高郡松保村（16）　岩美郡田後村（16）　東伯郡八橋町（16）<br>西伯郡余子村（16）　日野郡米澤村（16） |
| 島根県 | 八東郡熊野村（11）　大原郡海潮村（11）　簸川郡出東村（11）　簸川郡国富村（11）　美濃郡安田村（11）<br>能義郡能義村（17）　八東郡恵曇村村（17）　八東郡講武村（17）　大原郡加茂町（17）<br>飯石郡赤名町（17）　仁多郡阿井村（17）　簸川郡碑原村（17）　安濃郡佐比売村（17）<br>那賀郡江津町（17）　邑智郡阿須那村（17）　美濃郡小野村（17）　鹿足郡青原村（17）<br>知夫郡知夫村（17）　邇摩郡久利村（17）　島根県出雲市（17） |

| | |
|---|---|
| | 周吉郡中條村（18） |
| 岡山県 | 御津郡宇甘西村（9） 赤磐郡高陽村（9） 吉備郡福谷村（9） 川上郡富家村（9） 久米郡稲岡南村（9）<br>阿哲郡本郷村（15） 邑久郡美和村（15） 苫田郡西加茂村（15）⇒苫田郡加茂町（17）<br>児島郡灘崎村（15） 小田郡北川村（15） 上房郡豊野村（15） 英田郡楢原村（15）<br>和気郡藤野村（15） 上道郡富山村（15） 浅口郡大條院町（15） 後月郡青野村（15）<br>勝田郡古吉野村（15） 真庭郡美川村（15） 都窪郡清音村（15）<br>岡山県玉野市（16） |
| 広島県 | 佐伯郡平良村（11） 豊田郡久友村（11） 世羅郡神田村（11） 芦品郡宜山村（11） 比婆郡比和村（11） |
| 山口県 | 吉敷郡東岐波村（12） 美弥郡伊佐町（12）<br>大島郡屋代村（15） 都濃郡富岡村（15） 佐波郡出雲村（15） 熊毛郡大野村（15）<br>豊浦郡小串町（15） 阿武郡佐々並村（15） 山口県宇部市（15）<br>都濃郡長穂村（18） |
| 徳島県 | 名東郡南井上村（13） 美馬郡貞光町（13） 勝浦郡多家良村（13） |
| 香川県 | 三豊郡高室村（11） 綾歌郡山田村（11） 香川郡檀紙村（11） 木田郡十河村（11） 大川郡石田村（11） |
| 愛媛県 | 周桑郡吉井村（11） 喜多郡菅田村（11） 西宇和郡町見村（11） 東宇和郡渓筋村（11） 北宇和郡三島村（11）<br>愛媛県八幡浜市（15） 宇摩郡中曽根村（15） 新居郡神郷村（15） 越智郡富田村（15）<br>伊予郡原町村（15） 上浮穴郡石山村（15） |
| 高知県 | 香美郡三島村（10） 長岡郡大篠村（10） 吾川郡長浜町（10） 土佐郡森村（10） 高岡郡檮原村（10）<br>安芸郡北川村（15） 長岡郡吉野村（15） 香美郡夜須村（15） 土佐郡鏡村（15）<br>吾川郡清水村（15） 高野郡久禮町（15） 幡多郡後川村（15）<br>高知県高知市長浜区（18） |
| 福岡県 | 糟屋郡勢門村（10） 宗像郡神興村（10） 鞍手郡木屋瀬町（10） 三潴郡木室村（10） 築上郡角田村（10）<br>福岡県小倉市（15） |

| | |
|---|---|
| | 八女郡豊岡村（18） 浮羽郡水分村（18） 糸島郡小富士村（18） |
| 佐賀県 | 佐賀郡兵庫村（10） 小城郡砥川村（10） 東松浦郡玉島村（10） 杵島郡中通村（10） 藤津郡能古見村（10）<br>三養基郡北茂安村（15） 神埼郡背振村（15） 西松浦郡黒川村（15） |
| 長崎県 | 西彼杵郡矢上村（9） 東彼杵郡宮村（9） 北高来郡江ノ浦村（9） 南高来郡多比良村（9） 北松浦郡吉井村（9）<br>長崎県長崎市（14）<br>西彼杵郡長与村（15） 西彼杵郡日見村（15） 東彼杵郡上波佐見町（15）<br>北高来郡古賀村（15） 壱岐郡石田村（15） |
| 熊本県 | 玉名郡南関町（10） 鹿本郡千田村（10） 上益城郡河原村（10） 玉磨郡湯前町（10） 天草郡御領村（10）<br>飽託郡小山戸島村（15） 宇土郡網津村（15） 菊池郡陣内村（15） 下益城郡中山村（15）<br>阿蘇郡高森町（15） 八代郡千丁村（15） 葦北郡二見村（15）<br>熊本県八代市（16） |
| 大分県 | 東国東郡熊毛村（10） 大分郡西庄内村（10） 南海部郡切畑村（10） 大野郡上井田村（10） 玖珠郡南山田村（10）<br>速見郡大神村（16） 直入郡都野村（16） 下毛郡真坂村（16） 宇佐郡高並村（16）<br>日田郡小野村（16） 北海部郡佐志生村（16） 西国東郡臼野村（16） |
| 宮崎県 | 西那珂郡大束村（10）<br>児湯郡都農町（11） 西諸県郡高原町（11） 東臼杵郡北郷村（11） 北諸県郡三股村（11）<br>宮崎郡田野村（15） |
| 鹿児島県 | 揖宿郡喜入村（12） 川辺郡枕崎町（12） 薩摩郡藺牟田村（12） 始良郡山田村（12） 囎唹郡月野村（12） |
| 沖縄県 | 島尻郡高嶺村（12） 中頭郡宜野湾村（12） 国頭郡大宜味村（12）<br>島尻郡玉城村（15） 中頭郡読谷山村（15） 国頭郡羽地村（15） |

※教化市・教化町村とも昭和一五年度までは『市町村指導の体験を語る　教化市町村振興懇談会記録』一九四一年による。教化市町村の追加指定に関して、昭和一六年度は『教化運動』第二七三号（一九四一年一一月一日）と第二七五号（一九四二年一月一日）、昭和一七年度は『教化運動』第二八七号（一九四二年一二月一日）と第二八八号（一九四三年四月一〇日）、昭和一八年度は『教化運動』第二九七号（一九四四年三月一五日）から作成した。

## （二）雑誌『常会』の創刊

第Ｖ期の一九三九（昭和一四）年七月には雑誌『常会』が創刊される。これに伴って『教化運動』は月二回から月一回発行となり、中央教化団体連合会は『教化運動』と『常会』の二つの月刊誌を発行する団体となった。一九三四（昭和九）年以降、「教化町村運動」下で常会開設を推進してきた中央教化団体連合会は、各種講演会のほか『国民生活の更新と教化常会』（国民更生叢書第一九編、一九三六年）や佐々井信太郎述・中央教化団体連合会編『常会の組織とその運営』（一九三九年）を刊行して普及を進めてきた。これに加えて月刊雑誌を発刊した理由とは何か。『教化運動』第二二六号には、その意図が以下のように報じられている。[10]

地方の実施状況を見るに必ずしも完璧とは言ひ得ないものが多いのは、一つに常会に関する基本意識が不明であること、次に指導者の信念及び方法に於て不充分なものあることに依る。斯くては折角の常会も開催はしても名実が伴はないこととなる、雑誌「常会」はこれ等の各種の弊を除去し正しい運営をなさしめたいのである。（中略）雑誌「常会」は、これ等指導者の教材ともなり知識ともなる諸種の資料を提供する。（中略）常会を運営してゆく上に必ずぶつかる障碍やら失敗やらをどうして克服するか、不振にある常会をどうして活発にしたか或ひは新に常会を開くための諸種の準備や知識に就て等々直ぐに役立つものをモットーに読者諸氏に見えたい。

官製運動のなかで広がりを見せていた常会は、同時に「不振」をも呈していたことが窺える。その克服策を各地の指導者に示すため、雑誌『常会』が創刊された。常会のノウハウの供給源となったのが教化町村運動で、雑誌『常会』誌上で連載された「常会現地報告」や「常会ところどころ」には教化町村からの寄稿が多数掲載されていった。

雑誌『常会』は『教化運動』同様に散逸が烈しく、今後の資料収集・復刻・翻刻や内容の分析が俟たれるところである。[11]

## 三、『会報』『教化運動』に頻出する人名

表6は、索引で登場回数の多い人名に絞って目次データへのキーワード検索を行い、各期の上位五名を挙げたものである。第三代会長の斎藤実の存在感は大きく、第Ⅰ期から第Ⅲ期までの論稿・登場回数が最多であり、かつ死後の第Ⅳ期にも追悼記事が多数あるため名が挙がっている。総じて多いのは松井茂、加藤咄堂、高島米峰である。設立当初から長く中央教化団体連合会理事を務めた内務（警察）官僚の丸山鶴吉（誌面への登場回数は二〇回）は、自伝に以下のように記している。[12]

大正十三年私が朝鮮から引揚げて間もなく（中略）丁度教化団体の全国協議会が東京で開催されることになつたので一木博士は私にも教化団体の理事になって仕事を分担してくれと頼まれたので、私は已むなく承知して、この大会の一部門の委員長を勤めた。（中略）当時教化団体連合会の理事中最も熱心なのは、加藤咄堂氏と、高島米峰の両氏であつた。この関係で私はこの両氏と終生非常に懇親を重ねた次第であり、段々教化団体の仕事の重要事項にも深入りして参与するようになった。一木博士が宮内大臣に就任の結果会長を辞任された後、三人は種々協議して後任会長として山川健次郎男爵に狙いを定めて三人打連れて目白の男爵邸を訪ねて（中略）三度び往訪し懇談して漸く承諾を得た。（中略）会長就任後二ヶ月位した時（中略）教化団体連合会の機構改革に関する原案を作製して、これを私に示され、「これを円滑に確実に実現するのは容易でない、君ひと奮発して専務理事として引受けて働いて貰いたい」という依頼であつた。私は（中略）松井茂博士の適任なることを力説して、専務理事に推薦した。（中略）松井博士は遂に山川男爵の懇望を容れて教化団体連合会の専務理事に就任長年熱心にこの事業発展の為めに努力せられた。山川会長逝去後、後任会長に清浦伯爵を引き出す際にも、松井博士と前記三名で度々大森の伯爵邸を

訪問してそれに成功したし、清浦伯爵没後、後任会長に朝鮮総督を退いて静養されていた斎藤子爵を引出すのにも私が主役を買って成功した。（中略）二・二六事件で斎藤子爵の逝去後、野村吉三郎対象を会長に引出すのにも又私は主役を勤めた。こんな関係で、この連合会の解体まで私はこの会と深い関係があつた。一種の思出の種である。

清浦圭吾と斎藤実の会長就任順に記憶違いがみられるものの、丸山は仏教運動家として熱心に参画していた理事・加藤咄堂と参与・高島米峰と連携し、後に内務（警察）官僚仲間の松井茂を常務理事に加え、会の中核メンバーを構成していたことが窺える。

松井茂は自伝で常務理事時代を以下のように回顧している（加藤咄堂と高島米峰の回顧は未見[13]）。

又余が財団法人中央教化団体連合会の常務理事となったのは昭和三年十二月のことで、当時の山川健次郎男の懇望もだし難く就任したのである。（中略）余は社会教化の上からも国民警察、国民消防の思想をこの会を通じて国民に了解せしむべき希望の下にこれを承諾したことであった。（中略）畏くも今上天皇に於かせられては同会に対し九万円の御下賜金があり（中略）而してこれが同期となつて後年聖旨奉戴教化町村なるものを全国に作成することとなり、先づ全国中より五つばかりの町村を選んで五ヶ年計画を以て模範町村を作るべく志し、その最初の一つとして福島県を挙げたが（中略）余も親しくその地に臨み、これを奨励したことであつた。（中略）而してこの「常会」の有意義なることはこの教化町村に於て初めて認められ（中略）今や盛大なる国民運動として全国にこれが普及を見るに至ったのである。而してこの常会は警察消防の上より云ふも、皇民警察、皇民消防振起の基礎ともなり得る次第であつて、余も熱心にこれを主張し来り（後略）

松井自身は、自らのキャリアで培った警察・消防思想を人々に浸透させる場として意義を見出していたようである。

その後、教化町村運動のなかで常会への注目が高まると、自らも常会推進を担っていったことが回顧されている。

第Ⅴ期と第Ⅵ期に挙がっている古谷敬二は、一九二二（大正一一）年に日本大学文学部専門部宗教科を卒業後、神奈川県内務部社会課、財団法人神奈川県匡済会を経て、一九二五（大正一四）年四月三〇日に教化団体連合会主事となり、一九三八（昭和一三）年段階で職員側トップである常任幹事を務めていた人物である。[14] 一九四〇（昭和一五）年六月には中央教化団体連合会の常会叢書第一輯として古谷敬二述『常会の話』、翌年には第四輯として古谷敬二述『常会の心構へと開き方』が刊行されている。同会生え抜きの常会運動の中心人物であった。

人物に関してもう一点付言すべきは、常会の熱心な推進者であった大日本報徳社副社長・佐々井信太郎があまり登場しない点である。佐々井は参与として名を連ねつつも、『会報』『教化運動』には一九三一（昭和六）年から一九三八（昭和一三）年まで、計一四回登場するに過ぎない。前述したように、一九四〇（昭和一五）年以降の「報徳離れ」ともいうべき状況と重ね合わせるならば、中央教化団体連合会（の中心人物たち）は、いよいよ常会運動に本腰を入れるに際して、佐々井や報徳運動と一定の距離をとったようにも映じる。この点は雑誌『常会』における報徳関係者の登場回数や、同時期に存在した中央報徳会や『斯民』との関係などを重ね合わせつつ、今後検討されるべき課題の一つといえよう。

**表6　各期の登場人名上位5名**

| 期：年代 | 人名（登場回数） |
|---|---|
| 第Ⅰ期：1928年から1931年まで | 斎藤実（17）、松井茂（12）、加藤咄堂（10）、大島正徳（7）、高島米峰（5） |
| 第Ⅱ期：1932年から1934年まで | 斎藤実（69）、加藤咄堂（41）、松井茂（33）、高島米峰（26）、隘径生（25） |
| 第Ⅲ期：1935年から1936年まで | 斎藤実（57）、田部重治（27）、松井茂（20）、高島米峰（20）、加藤咄堂（15） |
| 第Ⅳ期：1937年から1938年まで | 加藤咄堂（35）、高島米峰（23）、松井茂（19）、斎藤実（18）、富田文雄（14） |
| 第Ⅴ期：1939年から1941年まで | 加藤咄堂（24）、松井茂（18）、高島米峰（10）、古谷敬二（11）、小野武夫（9） |
| 第Ⅵ期：1942年から1944年まで | 古谷敬二（4）、清浦圭吾（4）、富田文雄（3）、加藤咄堂（2）、国府犀東（2） |

## 四、『会報』『教化運動』に現われた道府県・植民地名

表7は『会報』『教化運動』誌上に登場した道府県・植民地名の数を一覧にしたものである。「北海道」を除き府県を省いて検索したので、府県名と同じ都市・府県庁所在地名も含んでいることになる（例：「東京」は東京府・東京市・東京都を含む）。毎号必ず掲載された各地からの報告は、人々が教化政策をいかに受容し、また動員されたのか、中央教化団体連合会側がモデルとして選奨した事例は何かなどを探る手がかりがつかめる。

道府県・植民地の登場回数の平均は約五五回であり、これを基準にみると以下のように明らかに登場回数に疎密の差が見出される。

一〇〇回超：東京、三重、大阪、兵庫
九〇回台　：京都、佐賀
七〇回台　：岡山、長崎、朝鮮、台湾
二〇回未満：樺太、沖縄、茨城

『教化運動』編集は東京で行われており（編集者は一貫して前出の古谷敬二）、東京の回数が多くなる背景要因と考えられる。これに加えて近畿地方が多いのは、第二六号から（管見の限りでは第四八号まで）設けられた「近畿附録」が影響している。『教化運動』第二五号には次のように報じられている。[15]

本紙に地方版を増設すべしとは既に久しく地方読者の要望する所であつた。（中略）地方版はこれを「何々附録」

## 表7　道府県・植民地名の登場回数

| 西暦<br>年号 | 1928年<br>昭和3年 | 1929年<br>昭和4年 | 1930年<br>昭和5年 | 1931年<br>昭和6年 | 1932年<br>昭和7年 | 1933年<br>昭和8年 | 1934年<br>昭和9年 | 1935年<br>昭和10年 | 1936年<br>昭和11年 | 1937年<br>昭和12年 | 1938年<br>昭和13年 | 1939年<br>昭和14年 | 1940年<br>昭和15年 | 1941年<br>昭和16年 | 1942年<br>昭和17年 | 1943年<br>昭和18年 | 1944年<br>昭和19年 | 計 |
|---|---|---|---|---|---|---|---|---|---|---|---|---|---|---|---|---|---|---|
| 北海道 | | 2 | 1 | | 2 | 6 | | 1 | | 2 | 7 | 5 | | 4 | 4 | 3 | | 37 |
| 青森県 | | | 1 | | 1 | 5 | 1 | 7 | 7 | 4 | 3 | 1 | 3 | | 1 | 2 | | 36 |
| 岩手県 | | 2 | 1 | 3 | 3 | 1 | 2 | 1 | 9 | 5 | 4 | 1 | 1 | 1 | 1 | 1 | | 36 |
| 宮城県 | 1 | 2 | | | 2 | 3 | 2 | 5 | 5 | 3 | 4 | 2 | 1 | 3 | | | | 33 |
| 秋田県 | 1 | | 2 | 1 | 7 | 5 | 4 | 7 | 9 | 3 | 4 | 3 | 5 | 1 | | 2 | | 54 |
| 山形県 | 1 | 2 | 2 | | 4 | 3 | 1 | 7 | 7 | 6 | 1 | 1 | 2 | 1 | | | | 38 |
| 福島県 | | 2 | 2 | 1 | 3 | 7 | 3 | 9 | 4 | 4 | 4 | 4 | 2 | 3 | | 1 | | 49 |
| 茨城県 | | 2 | | | 2 | 4 | 1 | 4 | | 1 | | | 2 | 1 | | 1 | | 18 |
| 栃木県 | 1 | 1 | 4 | 1 | 4 | 2 | | 5 | 3 | 3 | 6 | 2 | 1 | 1 | | | | 34 |
| 群馬県 | 2 | | 2 | | 2 | 2 | 1 | 3 | 2 | 2 | | 2 | 2 | 5 | | 2 | 1 | 28 |
| 埼玉県 | 2 | 5 | 6 | 2 | 4 | 5 | 3 | 8 | 10 | 3 | 4 | 2 | 3 | 4 | 1 | 1 | 2 | 65 |
| 千葉県 | | 3 | 1 | 1 | 5 | 4 | 1 | 1 | 2 | 4 | 2 | 5 | 1 | | 2 | 1 | 3 | 36 |
| 東京府・東京市 | 2 | 5 | 5 | 7 | 13 | 12 | 10 | 10 | 8 | 20 | 7 | 8 | 11 | 5 | 1 | | | 124 |
| 神奈川県 | 1 | 1 | 2 | 3 | 3 | 2 | 3 | 6 | 8 | 1 | 2 | 6 | 3 | 2 | 2 | 2 | | 47 |
| 新潟県 | 1 | 5 | 2 | 2 | 7 | 8 | 2 | 5 | 6 | 8 | 3 | 3 | 2 | 3 | | 1 | | 58 |
| 富山県 | 3 | 2 | 2 | | 8 | 4 | 4 | 6 | 11 | 3 | 3 | 3 | 1 | 2 | | | | 52 |
| 石川県 | 1 | | 1 | 2 | 6 | 4 | 6 | 9 | 7 | 5 | 6 | 5 | 1 | 1 | 1 | 2 | 1 | 58 |
| 福井県 | 1 | 3 | | 1 | 4 | 3 | 5 | 6 | 7 | 6 | 1 | 5 | 2 | | 1 | | | 45 |
| 山梨県 | | 1 | 2 | 1 | 5 | 4 | 2 | 3 | 3 | | 4 | 1 | 2 | 2 | 3 | 2 | | 35 |
| 長野県 | 2 | 3 | | 1 | 3 | 4 | 4 | 4 | 3 | 3 | 6 | 3 | 4 | 1 | | 3 | 1 | 45 |
| 岐阜県 | 1 | 3 | 7 | 4 | 8 | 6 | 5 | 4 | 2 | 2 | 2 | 2 | 4 | 1 | | 2 | | 53 |
| 静岡県 | 2 | | 1 | 4 | 5 | 6 | 6 | 13 | 15 | 2 | 4 | 2 | 1 | 2 | | 1 | | 64 |
| 愛知県 | 1 | 4 | 6 | 5 | 5 | 2 | 4 | 7 | 3 | 11 | 4 | 5 | 2 | 2 | | 6 | | 67 |
| 三重県 | 2 | 3 | 1 | 5 | 15 | 17 | 10 | 15 | 17 | 6 | 8 | 1 | 1 | 1 | | | | 102 |
| 滋賀県 | 2 | 5 | 2 | 4 | 8 | 14 | 7 | 3 | 2 | 2 | 5 | 2 | 1 | 1 | | 3 | | 61 |
| 京都府 | 3 | 2 | 4 | 7 | 23 | 20 | 5 | 4 | 4 | 5 | 5 | 1 | 3 | 2 | 3 | 1 | | 92 |
| 大阪府 | 1 | 4 | 8 | 6 | 16 | 16 | 4 | 14 | 8 | 4 | 9 | 1 | 6 | 2 | 1 | 1 | 1 | 102 |
| 兵庫県 | 1 | | 4 | 10 | 14 | 21 | 16 | 8 | 11 | 7 | 9 | 5 | 8 | 1 | | 1 | | 116 |
| 奈良県 | 1 | 2 | 1 | 4 | 9 | 10 | 9 | 2 | 1 | 3 | 6 | 1 | 1 | 1 | 2 | 3 | | 56 |
| 和歌山県 | 2 | 2 | | 6 | 13 | 13 | 1 | 4 | 5 | 6 | 6 | 2 | 1 | 1 | | | | 62 |
| 鳥取県 | 1 | 2 | 1 | | 4 | 4 | 3 | 4 | 2 | 2 | 3 | 3 | 5 | 4 | 4 | 1 | | 43 |
| 島根県 | | 4 | 2 | 3 | 9 | 2 | 2 | 8 | 13 | 3 | 5 | 6 | 1 | 2 | | 1 | | 61 |
| 岡山県 | 3 | 2 | 1 | 1 | 9 | 5 | 8 | 14 | 6 | 5 | 1 | 5 | 7 | 4 | 4 | 1 | | 76 |
| 広島県 | 1 | | 1 | 2 | 5 | 8 | 4 | 3 | 7 | 5 | 7 | 8 | 6 | 6 | 1 | 1 | | 65 |
| 山口県 | 2 | 3 | | 1 | 3 | 2 | 7 | 2 | 1 | 3 | 4 | 2 | 2 | 2 | 2 | 4 | | 40 |
| 徳島県 | 1 | 2 | | 1 | 2 | 4 | 1 | 2 | 6 | 4 | 6 | 5 | 1 | 1 | 1 | 1 | | 38 |
| 香川県 | | 3 | | 3 | 5 | 3 | 2 | 6 | 3 | 5 | 3 | 6 | | 2 | | | 1 | 42 |
| 愛媛県 | 3 | 4 | 5 | 12 | 6 | 8 | 4 | 1 | 8 | 4 | 1 | 3 | 2 | 1 | | | | 62 |
| 高知県 | | 1 | 1 | 4 | 4 | 4 | 6 | 7 | 7 | 4 | 2 | 2 | | 1 | 1 | | | 44 |
| 福岡県 | | 1 | 1 | 4 | 4 | 3 | 7 | 9 | 7 | 5 | 4 | 1 | 5 | 3 | | 2 | | 56 |
| 佐賀県 | 3 | 4 | 1 | 8 | 7 | 6 | 11 | 16 | 10 | 9 | 8 | 5 | 4 | 1 | | 3 | | 96 |
| 長崎県 | | 2 | 1 | 5 | 4 | 6 | 5 | 14 | 8 | 6 | 7 | 10 | 9 | 1 | 1 | | | 79 |
| 熊本県 | 1 | 4 | 1 | 2 | 5 | 4 | 4 | 6 | 9 | 4 | 2 | 3 | 1 | 1 | 1 | | | 48 |
| 大分県 | 2 | 3 | | 3 | 4 | 4 | 3 | 8 | 5 | 2 | 3 | 3 | 1 | 1 | 1 | 1 | | 44 |
| 宮崎県 | | 1 | 1 | 1 | 4 | 4 | 5 | 2 | 10 | 2 | 4 | 5 | 1 | 2 | | | | 42 |
| 鹿児島県 | 2 | 4 | 2 | 3 | 8 | 4 | 5 | 3 | 1 | 4 | 5 | 7 | 1 | 1 | | 2 | | 52 |
| 沖縄県 | 1 | 1 | | 2 | 2 | 1 | | 1 | 1 | 1 | 3 | 2 | 1 | | | | | 16 |
| 樺太 | | | 1 | | 2 | | 4 | | | | | | | | | | | 7 |
| 朝鮮 | | | 3 | 2 | 6 | 7 | 7 | 7 | 8 | 7 | 9 | 10 | 3 | 1 | | | | 70 |
| 台湾 | | | 1 | 5 | 2 | 3 | 21 | 5 | 6 | 11 | 5 | 9 | 1 | 1 | | | | 70 |
| | 55 | 107 | 93 | 143 | 299 | 295 | 231 | 299 | 297 | 220 | 211 | 179 | 128 | 89 | 39 | 59 | 10 | 2742 |

※道府県・植民地名はひとつの記事につき１件とした。

とし、本紙二頁大の別附録を添付し当該地方の情況を詳報するもので、先づ最初の試みとして近畿附録「大阪、京都、兵庫、和歌山、三重、奈良、滋賀」を発行する計画であるが、成績を見た上で、引続き読者数多く、教化運動の盛んなる地方に順次及ぼしていく筈である。

この地方附録がその後、どれほど広がったのか否か。全貌解明は今後の課題といえよう。

このほか、北海道・東北地方と九州地方は平均を下回る傾向が見られる。そのなかでも佐賀県と長崎県、そして植民地の朝鮮と台湾が平均を大きく超えている。中央教化団体連合会の影響力が強く及んだためか、またはモデルとなる事例が創出されたためなのか。中心人物や実践報告の内容などを重ね合わせたうえで検討されるべき課題といえる。特に植民地に関しては、丸山鶴吉や松井茂に朝鮮在任歴があることとの関連や、植民地政策上における「教化」のもつ意味など今後の研究に俟つべき点は多いといえる。

## おわりに

関東大震災から昭和恐慌を経て戦時に至る激動期、中央教化団体連合会が掲げた「教化」とはいかなる内実を有し、人々を総力戦体制へと駆り立てたのか。『会報』『教化運動』誌上から甦ってくる政策側のボルテージと、地域において教化を担った人々（町村長・教員・中堅農民・女性・青年など）の姿から読み取れる情報は豊富である。全体を貫く国粋主義的なトーンに流されることなく、当時の切実さや戸惑い、喜怒哀楽や功罪といった多面的な様相が読み取られ、今後の昭和戦前史の再考に活用されていくことを期待したい。

未見号があるにも関わらず復刻版刊行を試みたのは、散逸に任せてきた史料的空白を埋める意義に加え、これを機に新たな未見号の「発掘」を期待してのことである。事実、『教化運動』創刊号が未見のまま二〇一八年一一月に第一回配本をした後、二〇一九年二月になり大倉精神文化研究所の未整理資料や関係者所蔵分で『会報』第五号や『教化運動』創刊号など未見二〇号分（臨時号等含む）、「近畿附録」九号分などがあるとの情報が寄せられ、第二回配本に収録し、かつ本解説の内容を補充することができた。ここに改めて感謝の意を表するとともに、さらなる未見号の発掘への期待を記しておきたい。

（注）

1 「沿革」『財団法人中央教化団体連合会要覧 昭和十三年』一九三八年、八～九頁。「社会教化活動の強化」学制百年史編集委員会『学制百年史』文部省、一九七二年（引用はhttp://www.mext.go.jp/b_menu/hakusho/html/others/detail/1317713.htmより）。

2 佐藤秀夫「天皇制公教育の形成史序説」現代史の会『季刊現代史』第八号、一九七六年（後に『教育の文化史1 学校の構造』阿吽社、二〇〇四年所収）。

3 中央教化団体連合会『財団法人中央教化団体連合会要覧 昭和十年』一九三五年、六七頁。

4 「創刊の辞」『教化運動』第一号（一九三〇年八月二〇日）第一面。

5 前掲『財団法人中央教化団体連合会要覧 昭和十年』、六七頁。

6 山本悠二『教化団体連合会史1』学文社、一九八六年。山本悠三『教化運動史研究』東京家政大学研究報告書、下田出版、二〇〇四年。山本悠三『近代日本の思想善導と国民統合』校倉書房、二〇一一年。このほか先行研究として「第四章第六節二 教化動員期の教化団体」（国立教育研究所編『日本近代教育百年史第八巻 社会教育2』一九七四年、四五四～四七〇頁）、蛭田道春「昭和初期における中央教化団体連合会の役割」『仏教文化学会十周年北條賢三博士古希記念論文集 インド学諸思想とその周延』二〇〇四年、三～二五頁）があるが、いずれも『要覧』を主資料としており表1

の一九三八（昭和一三）年までの概況をやや詳述した範囲を出ない。
7　一九四四年二月の第二九七号には明確な廃刊宣言等が記されておらず、廃刊時期の特定は今後の課題である。
8　拙稿「大正末～昭和戦時下における全国教化連合団体代表者大会の開催」として一五回連載で史料紹介・分析を行ったものが、近代日本教育史料研究会『かわら版』第三七三号（二〇一七年九月）から第三八七号（二〇一八年一一月）に収録されている。
9　総目次・索引の最終とりまとめは不二出版。目次の一次データ入力は①大分大学所蔵分について、二〇一五～二〇一七年度科学研究補助金・基盤研究（B）課題番号：15H03480「日本型教育行政システムの構造と史的展開に関する総合的研究」研究代表者：梶山雅史（岐阜女子大学教授）の一環として研究分担者：須田将司がすすめた共同作業（アルバイト：平山諒・比留川龍里・越野賢治・古澤綾・木下純・小板橋夏樹）、②西山氏・大倉精神文化研究所所蔵分を須田将司、③その他を不二出版、という分担体制で行った。なお、キーワード分類の手法は金澤史男による中央報徳会『斯民』の解説（『斯民』目次総覧〈新版〉不二出版、二〇〇一年所収）に大いに学ばせていただいた。
10　「直ぐ役立つものを目標に雑誌『常会』の準備進む　七月一日創刊号発行」『教化運動』第二二六号（一九三九年四月一五日）第五面。
11　現段階で確認されている現物に、『教化運動』誌上に掲載された『常会』誌の刊行予告から内容を採録することで、五九号中五七号分の目次を明らかにすることができた。これを拙稿（「中央教化団体連合会刊・雑誌『常会』（一九三九－一九四四）の所蔵状況・目次一覧」『東洋大学文学部紀要』第七二集教育学科編ＸＬⅣ、二〇一九年三月）にまとめている。『教化運動』に雑誌『常会』の情報を重ね合わせることにより、総力戦体制化へと転ずる活動実態と各地の状況がよりクリアに描出されるだろう。
12　丸山鶴吉著・「七十年ところどころ刊行会」編『七十年ところどころ』一九五五年、二四一～二四四頁。
13　松井茂先生自伝刊行会『松井茂自伝』一九五二年、四四三～四四五頁。

14 〔古谷敬二履歴書〕（国立公文書館蔵「中央教化団体連合会・（昭三・一二～昭一九・五）」請求番号：平六文部 〇〇五〇〇一〇〇〇）。「職員氏名」『財団法人中央教化団体連合会要覧 昭和十三年』一九三八年、一七頁。

15 「本紙の一大飛躍地方附録を増設」『教化運動』第二五号（一九三一年六月三日）第四面。

# Ⅱ　総目次

# 『教化運動』総目次・凡例

一、本総目次は、中央教化団体連合会『教化運動』第一号～第一二九七号（一九三〇年八月～一九四四年三月、うち九〇・一七九・一八四・二〇三・二一九号は未見）に臨時号、号外を含む計二九四号と、『会報』第五・七・八号（一九二八年一二月～一九二九年一二月）計三号より作成した。

一、仮名遣いは原文のままとし、原則として旧漢字、異体字はそれぞれ新漢字、正字に改めた。また、明らかな誤植、脱字以外は原文のままとした。

一、標題は原則として本文に従った。副題および小題は基本的に――（ダッシュ）のあとに示した。

一、広告等は割愛した。

一、＊印は編集部の補足であることを示す。

（編集部）

# 『中央教化団体連合会会報』

## 第一号～第四号　＊未見

## 第五号　一九二八（昭和三）年一二月一〇日

昭和三年十一月十日即位礼当日紫宸殿ノ儀ニ於テ賜ハリタル勅語
御大礼に際し普く教化事業関係者諸君に望む　山川健次郎　(1)
教化網の完成へ（その五）　強化事業の連絡統制
四国各県及岡山県に於ける教化事業関係者懇談会――共存共栄の本義と斯業の連絡定型の方途を協議
東京府教化団体連合会発会式　十月廿五日東京府商工奨励館に於て盛大に挙行／御大典記念事業として連合会を設立　栃木県強化事業連合会組織協議会／青森県教化事業連合会発会式／愛媛県教化団体連合会発会式　十月十六日道後公会堂にて挙行／県連合会設立の前提として神、仏、基各教化連盟を組織せられた富山県／県下社会事業大会に於て連合会組織を決議　岡山県教化団体連合会近く発会されむ／明春早々発会式を挙行する　静岡県教化団体連合会　1
各地に開いた国力振興講演会　10
本会記事
財団法人中央教化団体連合会の設立認可せらる　本会評議員の委嘱――加盟団体より各二名宛　13
国体観念の闡明を中心とした講習会――九月下旬に開催した第三回社会教化講習会　14
外人の眼に映じたる御大典の盛儀（その一）　御大典の鹵簿を拝観して　グレン・ショウ　20
御大典記念として開催する第五回全国教化事業関係者代表者大会――十二月十四、五、六の三日間　京都市に於て　21
本会理事会記録　22
二大不祥事件の真相を聴く――教化対策の確立に資せむがための本会内部講演会　23
加盟団体へ奨励金交付　25
教化事業調査会彙報
調査委員の委嘱　26
加盟団体の活動――四月以降に於けるその成績
東京府教化団体連合会／京都府教化団体連合会／大阪府教化団体連合会／教化団体兵庫県連合会／埼玉県教化団体連合会／群馬県教化事業連合会／岐阜県教化団体連合会／三重県斯民会／広島県教化事業連合会／山口県教化事業連合会／和歌山県教化連盟　33
外人の眼に映じたる御大典の盛儀（その二）　適切な表現の言葉を持たぬ羨むべき日本国民性　ヘッヂス　45
参考資料
農村青年芸術教化要項　45

国家観念の徹底を期するには如何なる図書を読むべきか
——教化事業調査会第三部小委員会に於て調査したる参考良書の調 58
教化方法の研究（下） 加藤　咄堂 62
地方情報
各府県における教化施設　神奈川県／新潟県／静岡県／長野県／秋田県／福井県／石川県／富山県／山形県／鳥取県／岡山県／徳島県／愛媛県／熊本県／鹿児島県／沖縄県 85
関東大震災第五周年記念日とその日の施設——本会と東京府教化団体連合会の共同主催 105
地方各教化団体の近況
京都府教化団体連合会加盟の各団体／新潟県下所在の各団体／埼玉県教化団体連合会加盟の各団体／群馬県教化事業連合会加盟の各団体／奈良県下所在の各団体／愛知県教化事業協会加盟の各団体／滋賀県下所在の各団体／長野県下所在の各団体／宮城県教化事業連合会加盟の各団体／富山県下所在の各団体／山口県教化事業連合会加盟の各団体／大分県教化団体加盟の各団体／佐賀県下所在の各団体／鹿児島県下所在の各団体 106
雑報　教化団体に関する事務所管は文部省へ——本年十月一日移管せらる 127
人事消息 役職員異動／役職員出張 128
パンフレット頒布の状況 129

**第六号**　＊未見

**第七号〈教化総動員号〉**　一九二九（昭和四）年一〇月二八日

教化総動員
教化総動員運動と我等の希望 山川健次郎 1
教化動員の趣旨 小橋　一太 5
本会に於て決定した教化動員に関する要項 財団法人中央教化団体連合会 11
教化動員要項附録　思想悪化の一原因としての政治思想及至行動 16
あゝ九月一日！　全国教化総動員の第一声——関東大震災第六週年記念日に於ける本会施設の数々 19
教化網の完成へ（その七）　教化事業の連絡統制
全国に張られた教化網——地方教化連合機関の組織完く成る 21
佐賀県教化連合会創立協議会及発会式七月上旬教化懇談会の機会に際して／熊本県教化団体連合会発会式／長崎県教化団体連合会発会式／奈良県教化連盟成立／鳥取県教化連合会の設立／岩手県教化団体連合会設立／新に教化団体連合会を創設して教化運動の陣容を整へた高知県／千葉県教化団体連合会生る／長野県教化事業協会の設立／富山県教化団体連合会発会す／滋賀県教化団体連合会設立九月十四日発会式を挙行／香川県教化団体連合会創立／郡市町村教化網完成の趣旨によつた鹿児島県教化連盟の組織成る／新潟県教化団体連合会成る　市町村教化網の充実を図る／福井県教化事業連盟創立　併せて懇談

会並講演会を開催／新に組織せられた三重県教化団体連合会、松井・蜷川両博士の講演／茨城県精神作興連合会／徳島、沖縄に於ても既に設立　何れも十月中旬発会式を挙行　22
北九州四県に開いた教化事業関係者の懇談会　福岡県／熊本県／佐賀県／長崎県　32
教化総動員より国民総動員へ（『大日本報徳』三二九号）　37
本会記事
教化と政治を主題とした第四回社会教化講習会――回を重ぬるに従つて増加する受講の人々　38
講習科目並担任講師／第四回社会教化講習会修了者氏名　40
国力振興に関する講演会――北九州四県に於ける懇談会に併せて各県共開催　43
第六回全国教化事業関係代表者大会――来る十一月十、十一両日、東京に於て開催の予定　44
第六回全国教化事業関係代表者大会要項　44
全国学務部長会議を機として本会第一回評議員会を開催――八月二十四日学士会館に於て　45
本会理事会記録――第三回理事会／第四回理事会　49
各地方へ講師の派遣並役職員出張　51
役職員異動　52
教化事業調査会彙報――第十二回例会／第十三回例会　54
忠孝茶碗　56
加盟各団体及各地方の活動――本年四月以降に於ける状況
北海道精神作興会／東京府教化団体連合会／京都府教化団体連合会／大阪府教化団体連合会／埼玉県教化団体連合会／愛知県教化事業協会／岐阜県教化団体連合会／島根県教化団体連合会／岡山県教化団体連合会／大分県教化団／宮崎県教化事業協会／鹿児島県教化事業連盟　57
各地方連合団体に於ける教化総動員実施計画一覧
大阪府教化団体連合会／長崎県教化団体連合会／新潟県教化団体連合会／埼玉県教化団体連合会／奈良県教化連盟／岐阜県教化団体連合会／長野県教化事業協会／宮城県教化事業連合会／福島県教化団体連合会／山形県教化団体連盟／島根県教化団体連合会／徳島県教化連盟／香川県教化団体連合会／熊本県教化団体連合会／鹿児島県教化連盟　57
教化資料最新刊　84
地方情報
東京府教化団体連合会加盟の各団体
皇典講究所／財団法人明治神宮講／財団法人皇民会／中央義士会／社団法人聖訓奉仕会／日本弘道会／財団法人清明会／愛国青年社／日本青年修養会／大日本護国会／誠忠会／鉄道保養院／日本青年館／財団法人上宮教会／国柱会／働く会／日本国民禁酒同盟　85
京都府教化団体連合会加盟の各団体
報徳会総務所／一徳会／使命社／温故会／楓会／交通安全会本部／一人会／京都市連合報徳会　96
埼玉県教化団体連合会加盟の各団体
横手主婦会／横手仏教子供会／入間郡仏教会／仏教女子青年会／昭和同志会　99

茨城県下の教化施設
北相馬郡高井村／東茨城郡磯浜町／結城郡岡田村／行方郡武田村／真壁郡紫尾村 100
栃木県教化事業連合会加盟の各団体　宇都宮安国会 102
愛知県教化団体連合会加盟の各団体
国本社名古屋支部／愛知県仏教会／須成向上会 102
宮城県教化事業連合会加盟の各団体
柴田郡仏教保護会／唐桑仏教青年向上会／白窓親友会並宮城県仏教会 103
福井県下の教化施設 103
滋賀県下所在の各団体
滋賀県弥栄会の成立／滋賀郡教育会／滋賀県昭和会 104
長野県下所在の各団体
長野県仏教社会事業協会／下伊那郡国民精神作興会／碩水寺修養会／長野県連合禁酒会 105
富山県下所在の各団体　富山県神道教化連合会 106
山口県教化事業連合会加盟の各団体
豊浦郡神社協会／大津郡教育会／阿武郡教育会／天理教都濃郡連合会／都濃郡神社会／美禰郡教育会 107
和歌山県教化連盟加盟の各団体　和歌山県仏教徒連盟の設立 107
愛媛県教化団体連合会加盟の各団体
松山日曜学校連盟、愛媛県仏教会／愛媛県仏教会／愛媛県善隣会／越智郡仏教団 108
香川県下所在の各団体　社会教育活動写真講演会 109
佐賀県教化連合会加盟の各団体
佐賀県楠公会／佐賀県良風作振会／敬神護国青年団 109
鹿児島県下所在の各団体
鹿児島市連合報徳会／鹿児島禁酒会／鹿児島県官公吏禁酒同盟会／活動写真会 110
ラヂオ講演及教化大講演会予告 111
本会発行パンフレット頒布数統計表（前号の続き） 111
教化動員号の後に 112

## 第八号〈大会特輯号〉　一九二九（昭和四）年一二月二八日

口絵　第六回全国教化事業関係代表者大会
第六回全国教化事業関係代表者大会速記録
開会式
会長挨拶　山川健次郎 2
内閣総理大臣祝辞　浜口　雄幸 4
文部大臣訓辞　小橋　一太 5
内務大臣祝辞　安達　謙蔵 7
協議会
文部大臣諮問事項討議／本会会務報告／本会提出協議事項討議／府県教化事業連合団体提出協議事項討議／前大会ニ於ケル決議事項中其研究調査ヲ本会教化事業調査会ニ委託セラレタル事項ノ措置報告／文部大臣諮問事項に対する答申／中央教化団体連合会提出協議事項に対する決議／参加者感想発表／府県教化事業連合団体提出協議事項ニ対スル決議 9

教化大講演会　104
答申並決議とその措置　106
本会記事
本年度教化事業奨励金交付を了る――加盟各地方連合団体四十七団体に対し　109
各地の教化講演会に講師及本会役職員の出張　109
役員異動　110
教化総動員の趣旨に基きラヂオ放送による教化講演――各放送局へ中継にて全国へ　111
「皇室と皇国」筧克彦／「皇室御歴代の聖徳に就いて」辻善之助／「我が国経済の現状」梶原仲治／「国民道徳の根本原理」嘉納治五郎／「乃木大将の殉死に就いて」山川健次郎　112
最近本会から発行した教化資料　115
教化事業調査会彙報――第十四回例会　116
第一回道府県教化連合団体事務主任者打合会議――十一月十二、十三日両日文部省会議室に於いて開催　117
道府県教化連合団体事務主任者打合協議会出席者氏名　118
道府県教化事業連合団体事務主任者打合会協議事項――協議事項に対する質問、応答及意見　120
懸賞募集による公私経済緊縮当選標語――内務省社会局から発表　138
加盟各団体の活動――九月以降に於ける状況
北海道精神作興会／東京府教化団体連合会／大阪府教化団体連合会／神奈川県社会事業協会教化部／新潟県教化団体連合会／埼玉県教化団体連合会／千葉県教化団体連合会／三重県教化団体連合会／愛知県教化事業協会／山梨県教化事業協会／滋賀県教化団体連合会／岐阜県教化団体連合会／福島県教化団体連合会／岩手県教化団体連合会／山形県教化団体連盟／福井県教化事業連盟／鳥取県教化連合会／島根県教化団体連合会／岡山県教化団体連合会／山口県教化事業連合会／愛媛県教化団体連合会／大分県教化団体連合会／熊本県教化団体連合会／宮崎県教化事業協会／鹿児島県教化連盟　139
各地情報
東京府下所在の各団体
道会／社団法人上宮教会／社団法人聖訓奉仕会／神宮奉斎会／皇典講究所／大日本護国会／皇国修養会／中央報徳会／愛国青年社／財団法人生活改善同盟会　166
大阪府下所在の各団体
大日本国旗宣揚会／聖訓奉仕会関西支部／西野田乃木講社／枚方乃木講社／西野田愛郷会／覚醒社／大阪和光会／大日本国光宣揚会／慈母の会／実唱実行会／日の本修養会／浪華乃木会／日本魂社大阪支社／堀江乃木講社／敬神組／船場修養会／皇国擁護修養会／自治会／大阪中央乃木講社／希望者大阪府連盟　168
新潟県下所在の各団体
県青年団／県女子青年団／青年指導者協議会　169
埼玉県下所在の各団体
松光山弘徳会／飯能自分会／日本弘道会豊岡支会／報恩

会／仏教伝道会／天理教秩父郡支会／男衾念仏修養団／寄居町外六ケ村仏教会／仏教女子至誠会／昭和同志会／仏教女子青年会／潮止仏教会／今宿亀井教風会／甘楽各宗和敬会　169
千葉県下所在の各団体
財団法人興風会／千葉県教育会／新更会／皇国農本教化教会／木更津町大正会／公正会／善導会／和田善導会／修養会／昭和会　171
愛知県下所在の各団体
慈友会／日本魂社名古屋支社／大正報徳会／至誠会／名古屋排酒会　172
滋賀県下所在の各団体
滋賀県連合保護協会／滋賀県弥栄会／甲賀郡教育会／蒲生郡教育会　172
島根県下所在の各団体
美濃郡教育会　173
山口県下所在の各団体
豊浦郡教育会／玖珂郡教育会／豊浦郡神社協会／豊浦郡連合仏教団／美禰郡教育会／萩仏教団／宇部市連合報徳会／都濃郡神社会／都濃郡教育会／天理教下関市連合会／熊毛郡仏教団／天理教宇部市連合会　173
愛媛県下所在の各団体
愛媛県仏教会　174
佐賀県下所在の各団体
神崎郡連合教化団／佐賀作興会／佐賀楠公会　174
熊本県下所在の各団体
熊本県婦人団体連合会／熊本県連合処女会　175
本会発行パンフレット頒布数統計表（前号の続き）　175

# 『教化運動』

## 第一号　一九三〇（昭和五）年八月二〇日


創刊の辞　1
教化を任とする者の覚悟　山川健次郎　1
教化の要諦　松井　茂　2
「教化運動」の創刊に際して　関屋　龍吉　2
教化網の完成へ
　兵庫県に於ける市町村教化網完成促進方に関する訓令並に通牒／盛大を極めたる鹿児島県教化連盟大会　市町村教化網の組織を決議／名称会則を改正して県下教化網の完備に進む　愛媛県教化連盟／北九州三県に於ける教化連合大会と講演会　東大講師大島正徳氏の講演／市町村に教化網設置勧奨　栃木県教化事業連合会　3
教化強調週間　十月三十日より十一月三日まで五日間――各教化機関の一斉活動を望む　3
教化研究の要綱　加藤　咄堂　4
教化事業調査会彙報　第二十一回例会／第二十二回例会　4
講師派遣並に本会役職員の出張／本会職員異動　4
第二回道府県教化連合団体主務者会議
　六月下旬二日間に亘り文部省会議室に開催　教化強調期間其他重要事項を決定　5
山川会長の学務部長招待　5
社会問題・経済問題及民衆芸術を主題とする第五回社会教化講習会　5
官庁だより　地方長官会議其他の諸会議と教化関係事項――特に教化網の組織に関して　6
国産品愛用運動の教化的意義（上）　佐々井一晁　6
祖国精神に燃ゆる欧米各国を巡りて　松元稲穂氏帰朝談　7
地方通信
　国産品愛用奨励運動　東京府教化団体連合会／大阪　国旗及旗に関する展覧会及講演会　大日本国旗宣揚会／兵庫　望楠書院　吉野山夏季大学／埼玉県教化団体連合会総会／県又は各種団体と共同にて教化講習会並夏期講座開催　愛知県教化事業協会／愛知　八代大将追悼式　名古屋市教化団体連合／母への感謝日　名古屋母の会・愛知県婦人連盟／岐阜　総会並教化講演会　岐阜県教育会／椎尾博士の講演　岐阜県仏教会／教化講演会開催　岐阜県仏教会　8


## 第二号　一九三〇（昭和五）年九月二〇日


言論　国民的思想の欠如　1
教化運動に対し民間有志の奮起を促す　加藤　咄堂　1
群馬と栃木で教化問題座談会　地方教化関係者はかく叫ぶ
　群馬　神社寺院教会は社会的に進出せよ／栃木　農村窮乏は如何にして救はる、か　2

教化網の完成へ
市町村教化連合会の組織着々進む　佐賀県教化連合会のもとに／大阪府に於ける市町村教化網組織の具体案きまる／愛媛県下に於ける教化連盟の組織　既に八郡市に及ぶ　3
第七回全国教化事業関係代表者大会　来る十一月下旬三日間に亘り日本青年館に開催　振つて参加を望む　3
経済問題や社会問題を深く研鑽せよと第五回社会教化講習会初まる　3
教化強調期間　十月三十日より十一月三日まで五日間──各教化機関の一斉活動を望む　3
社会思想研究上の注意　桑田　熊蔵　4
教化事業調査会彙報　第二十三回委員会例会　4
調査会報告別冊第四輯公表　4
警察と教化及社会事業との連絡を図るため警視庁に開かれた懇談会　強く、正しく、明るき警察の丸山警視総監の試み　5
当面の諸問題（一）　小学校教員と減俸問題　大島　正徳　5
禁酒禁煙遵法運動──禁酒禁煙遵法運動中央委員会の奮起　5
官庁だより　全国青年代表者御親閲と令旨奉戴十周年記念祝典並表彰式　6
国産品愛用運動の教化的意義（下）　佐々井一晁　6
復興の新装成れる帝都に大震災七周年記念日を迎ふ　思出新なる今年九月一日　7
復興の新装なれる帝都　7
震災記念堂の峻成　7
中央教化団体連合会と諸種の記念施設　7
ラヂオ講演　7
ポスター　7
リーフレット　東京府教化団体連合会　各加盟団体の出動　7
其の他　地方加盟団体との連絡　7
酒なし日運動　7
市内各所の追憶の催し　7
地方通信
高層建築物屋上国旗掲揚──大阪府の新しい試み／滋賀巡回映画会／教化講習会と講演会　埼玉県教化団体連合会／震災記念日を第一回教化強調日に──福島県教化団体連合会の活動／富山県に於ける教化事業講習会──融和問題の進出を図る／秋田県教化団体連合会主催思想講習会／禁酒実行功労者表彰──宮崎県教化事業協会の意義ある行事／ダンスホールと麻雀を取締れ──大阪府連合会が知事に陳情／社会事業と教化事業の研究会──栃木県で開催せられる　8

## 第三号　一九三〇（昭和五）年一〇月二〇日

言論　教化強調の好機　1
勅語渙発四十周年記念に際して　田中　隆三　1
国体の精華　松井　茂　1
（＊標語）教化強調期間迫る!!　官民協戮して時難を一掃せよ──教化機関は総動員を以て之れに当れ　1
教化網の完成へ

管内市町村長に対し知事から諮問――京都府の教化網組織促進／着々準備は進む――島根県下の教化網施設／官民協力して速に市町村教化網の完成を期す――兵庫県に於ける教化の振興方策／愛媛県下に於ける教化連盟――組織と其の機能の活躍 3
十一月十九日から二十一日まで　全国教化事業関係代表者大会　教化の振興方策を討議すべく東京に開催す 3
借金問題と責任感（上）　佐々井一晃 4
社会当面の実際問題に正しき理解を得た　第五回社会教化講習会の成績 4
官庁だより
東京における教育勅語渙発四十周年記念式並に記念講演会／令旨奉答歌と日本青年の歌／文部省主催思想講習会 5
教化者の苦衷を語る＝山梨県教化座談会 5
松井博士、佐々井一晃氏の講演――甲府市に於ける教化講演会 5
当面の諸問題（二）　失業対策と農村振興　高島　米峰 5
山川会長、松井博士を陣頭に兵庫、大阪、京都で教化問題座談会 6
悪化は急速度　教化は何時も追はれてゐる　日常生活に則して教化をやれと――神戸に於ける座談会 6
大国旗を中心に　憂国の同志胸襟を開いて語る――大朝、大毎の幹部も出席した大阪の座談会 6
地方教化のこだま　時局対策と教化運動　繁田　武平 6
清浦伯爵も臨席せられて　京都府の座談会盛会――佐上知事率先大いに意見を吐く 7
地方通信
鳥取県における教化懇談会／自覚を促し教化を勧めんとする第二回静岡県連合婦人会――十月五日静岡市にて開催／親孝行展覧会の開催／大阪府教化団体連合会主催の第四回社会教化講習会／第三回岡山県教化団体連合会大会／日曜学校講習会――愛知県教化事業協会の新しい試み／埼玉県教化団体連合会加盟団体協議会／富山県の神道教化連盟総会 8
全国各地方における教化強調の実施要項
青森県教化団体連合会／三重県教化団体連合会／神奈川県社会事業協会教化部／山形県教化団体連合会／福島県教化団体連合会／滋賀県教化団体連合会／新潟県教化団体連合会／秋田県教化事業連合会／山梨県教化事業協会／広島県教化事業連合会 8
ラヂオにより記念講演を放送 8

## 臨時号　一九三〇（昭和五）年一〇月三〇日

明治天皇御製（＊和歌） 1
教育勅語の精神　山川健次郎 1
明治天皇御製（＊和歌） 2
明治天皇の御聖徳　石黒　忠徳 2

**第四号**　一九三〇（昭和五）年一一月二〇日
言論　第七回全国教化事業関係代表者大会に望む　1
菊薫る明治節の佳辰に聖上陛下青年団代表を御親閲――空前の盛儀に感激する全国代表三万五千人　1
現時の日本及び日本人　高島平三郎　2
盛況裡に愈々開かれた第七回全国教化事業関係代表者大会――教化振興方策の討議と全国教化功労者選奨式　3
教化網の完成へ
一挙にして贏ち得た福岡県下の市町村教化網――各郡市別に協議会を開き社会教育中枢機関を設置／南宇和、温泉両郡にも教化連盟の成立――急速度に進展する愛媛県下の教化網　3
生活改善に対する教化方策――教化事業調査会調査　4
教化事業調査会彙報　第二十四回委員会例会　4
借金問題と責任感（下）　佐々井一晁　5
暴力行為と教化　5
講師派遣／本会職員異動　5
写真説明（京城駅着の山川爵を迎へた斎藤総督／京城公会堂に於ける講演会の盛況）（＊写真）　6
共存共栄の旗幟の下に教化は進む朝鮮へ！　全鮮関係有力者相寄つて教化の根本方策を討議――本月七、八両日京城に開かれた教化関係者懇談会　6
至誠　途たゞ国を憂ふるのほか余念なき会長山川男爵――老体を提げて初めて渡鮮　6
斎藤総督を初め官民有力者二百数十名出席　6
第一日　朝鮮に於て速に実施すべき教化施設及青少年指導の方法如何　6
第二日　一般教化問題の意見交換と協議事項に対する対策決定　7
松井、本多両講師によりて引続き各地で講演会――京城、平壌、大邱、釜山の四ケ所に巡講　7
本会寄附行為を改正し朝鮮台湾樺太等まで加盟範囲を拡張した第七回理事会　7
教化強調期間各地方は如何に動いたか――本会施設事項　8
全国各地方の熱烈な運動
大阪府／京都府／奈良県／千葉県／島根県／栃木県／岩手県／神奈川／愛媛県／長崎県／島根県／群馬県／鹿児島県／石川県／高知県／熊本県／埼玉県／北海道／其の他　8

**第五号〈第七回全国教化事業関係代表者大会特輯〉**　一九三〇（昭和五）年一二月二〇日
全国教化事業関係代表者大会開かれて教化運動の前途弥々多事――潑溂たる意気に燃えた第七回大会　1
山川会長挨拶　山川健次郎　1
内閣総理大臣祝辞（臨時代理）　幣原喜重郎　1
文部大臣訓辞　田中　隆三　2
内務大臣祝辞　安達　謙蔵　2
大会余録　3

文部大臣諮問事項 5
協議事項 5
其他ノ協議事項ト決議 5
教化の聖戦に従ふこと多年功労顕著なる人々選ばれて山川
会長より表彰せらる――栄誉を担へる五十三氏 6
選奨経過報告　松井　茂 6
選奨の光栄に浴して
繁田武平／安藤嶺丸／水谷多香樹／中村寛澄／柴田寅
三郎／山端息耕／増森彦兵衛／馬場了照／峰田一歩 6
山川会長告辞　山川健次郎 7
宮内大臣祝辞　一木喜徳郎 7
文部大臣祝辞　田中　隆三 7
総代答辞　亀岡　豊二 7
答申及決議は如何に処理せられたか――参加者は責任を以
てその実行を促進せよ 8
五分間の熱弁を聴く――大会二日午後の感想要旨 8

**第六号**　一九三一（昭和六）年一月三日

皇紀二五九一年を迎ふ 1
世界に輝く教育勅語　金子堅太郎 1
反スピードイズム　国府　犀東 3
徳川時代の教化運動としての石門心学について――注目せら
れつゝある最近の傾向 3
教化者の見識 3
竿頭一歩（労働者教育と真理探求）　惣田太郎吉 4
教化事業調査会彙報　第二十五回委員会例会／第二十六回委
員会例会 4
第二回本会評議員会――補欠理事を選任し終つて懇談会を開く 5
本会評議員委嘱 5
牛塚東京府知事新に本会理事に就任 5
教化事業調査員増員 5
当面の諸問題（三）　目標を高く掲げて運動方法の全整を期す
藤野　恵 5
かくれたる在英の偉人　好本督先生苦心の著『祖国に寄す―
英国の魂―』に題す　佐々井一晁 6
来る紀元の佳節をトして第六回建国祭を行はる――今年は家
庭への進出を計る準備に忙しいその本部 7
山川男爵の喜寿を祝ひ　立体写真銅像を贈呈――教化関係有
志の計画 7
家庭教育振興の訓令並に通牒――文部大臣から各地方長官へ 7
文部省主催思想講習会 7
婦人団体を結成し大日本連合婦人会を創立――客臘文相官邸
に於ける準備委員会で決定 7
選奨の光栄に浴して所感の一端を述ぶ　亀岡　豊二 7
教化網の完成へ
年新なると共に教化統制機関の機能発揮に邁進せよ――教
化網の完成促進と既成教化網の活動　／大阪府下の教化
網――産業及経済的諸団体に進出して一躍百十一団体を
算ふ／愛媛県各町村における教化網完成協議会――早く

も実際運動に着手／長崎県でも着々実現／本年三月までに完成せしむる意気込で全力を傾注する兵庫県／滋賀県教化団体連合会主催教化中心者講習会及懇談会 8


## 第七号　一九三一（昭和六）年二月三日

言論　公民的教養の急務 1
教化といふことの困難に就て　紀平　正美 1
紀元節の家庭祝祭化を提唱す――第六回建国祭に当りて　後藤　文夫 2
新時代と教化運動の一生面　矢吹　慶輝 2
山川会長病まる――帝大病院に入院専ら加療中漸次快方に向はる 2
教化上に於ける緊急提議　佐々井信太郎 3
合理的共同社会とは――本年最初の教化事業調査会に於ける討議研究 3
教化運動従事者養成のため第七回講習会を開く――三月十四日から六日間日本青年館に於て 4
懸賞論文著述審査進む――当選発表は三月三日の本紙上 4
郡市別による協議会を開催せよ 4
スピード時代漫語 4
紀元の佳節を梅の節句に建国祭本部で提唱――盛なる当日の祝典 5
大日本連合青年団が青年団指導者の養成所を開設 5
第二回全国融和団体連合大会の開催――二月五・六日東京にて開かる 5
大日本連合婦人会発会式――三月六日地久節当日日本青年館にて挙行 5
文部省主催　短期思想講習会 5
労務者教育協会設立の企画 5
本誌読者の福音――近く実施する新計画 5
当面の諸問題（四）　教化運動の分化　小尾　範治 5
フランスの農村を訪れて　笠森　傳繁 6
我等は殿堂を有せず　金襴の衣に代ゆるボロ一枚　街頭教化の第一線を行く――金田聖労院主を訪ぬる記 7
教化網の機能を発揮せしむるため各郡市で協議――盛んに活動する三重県 8
愛媛県下における教化講演並に活動写真会 8
県下教化関係者を集めて短期の講習会を開催――高知県教化団体連合会 8
香川県で教化講演会――県連合会の施設 8
静岡県下の思想講座 8
家計簿の頒布――石川県教化団体連盟の試み 8
楠公朗吟会 8
大阪府教化団体連合会創立五周年記念大会――中之島公会堂で盛大に挙行 8
名古屋における家庭教育振興協議会及び同講演会 8

## 第八号　一九三一（昭和六）年三月三日


言論　われ等は失望せず　1
教化上より見たる帝国議会　松井　茂　1
山川会長経過良好――二月十六日肺炎を併発せられたるも漸次快方に向はる　2
帝国議会で　教化問題に関して福原男爵と幣原首相代理との一問一答　2
きさらぎ　2
懸賞募集「現代に於ける国民教化の方策を論ず」及び教化資料――当選発表　3
開催の期日迫る――第七回教化事業講習会　4
第二十八回教化事業調査会例会　4
入選者を訪ねて
信ずるところを卒直に――篤学な前田元次氏／たゞ御指導を仰ぎたいばかりにと二等入選の北原康哉氏語る／永年の研究と経験とが凝つて入選した長尾精一氏／創造の主義教化を提唱する本間良助氏／七十四歳の老翁――支那に旅行して二月十日に帰つた元学習院の先生秦天門氏　4
おもかげ　1　加藤咄堂居士の一面　高島　米峰　4
誌上講演　1　我国農村の経営及其教化　山崎　延吉　5
青年は何故にマルクス思想に傾きつゝあるか　加藤　咄堂　9
復興は先づ精神から――新興精神綱領を高く掲げて理想境の建設に努力する静岡県下の震災被害地　10
第二回全国融和団体連合大会　斯業促進の方策を二日間に亘つて討議　10
聖戦四十年の功労を讃えて表彰祝賀開催さる――加藤咄堂先生のために　10
当面の諸問題（五）　命がけでやれ!!（教化に対する我が素懐）　松村　介石　10
高知、愛媛、大分で座談会　11
地方通信
紀元節を期し第二回教化強調運動――愛媛県の施設／理事会と評議員会――長崎県教化団体連合会で／岐阜県教化団体連合会並岐阜県共同主催の思想問題に関する講演会――勝地金華山麓にて／今年も更に教化強調日を設定――岐阜県教化団体連合会の企て／議会に請願――国旗の取扱方制定を　国旗観念普及会から／東京全市校僕表彰慰安会／愛媛県下に於ける各種教化講演会／薩摩郡教化連盟評議員会　11
教化網の完成へ――町村自治と教化
三重県で優良村を表彰／郷土の実生活に即して市町村教化是の樹立を図る――和歌山県連盟の試み／宇和島市教化連盟発会式／姫路市に於ける教化連絡機関設立の機運動く／昭和六年度の事業の一として市町村に教化委員の新設（岩手県）／戸毎に徹底する興国の精神――愛媛県下清水村の連盟規約　12

## 第九号　一九三一（昭和六）年四月三日

言論　速に市町村教化網を完成せよ！　1
明暗両様の社会相　深作　安文　1
おもかげ　2　恩師穂積陳重先生に対する追懐　上　松井　茂　2
単なる座談でない県民教化の大方針に――知事夫人を初め多数の婦人も参加した高知の座談会　3
出来上つた写真像　山川会長の御容姿にそのま、そつくり――喜寿祝賀会から近く贈呈　3
世界各国失業者数　仏誌エキセルシヨール所載　3
やよひ　3
現代社会生活に於ける道徳的欠陥――教化事業調査会調査　4
第二十九回教化事業調査会例会――別項現代社会生活に於ける道徳的欠陥を調査発表　4
教化四十余年――その労を讃仰した美はしき夜の集ひ　加藤咄堂先生祝賀会　4
加藤咄堂居士華甲寿言　高島　米峰　4
貧乏礼讃　4
松山と宇和島で教化を語る座談会　郡市町村教化網の機能発揮の方策その他　5
当面の諸問題　殿堂説教の時代は去つた――膝を交へて真剣に語り合へ　下村　壽一　5
教化道場の一週間　幹部養成の講習会終る――その一般概況　6
財団法人中央教化団体連合会第八回理事会　昭和六年度予算審議　6
教化網の完成へ
和歌山県下市町村教化網の完成促進／経済は窮乏するとも人々の魂をきづつけるな　大分での座談会／村予算に教化施設費を計上――佐賀県で模範の玉島村教化連合会／市町村教化網を布き教化事業の基礎確立を期す――佐賀県教化関係者講習会で協議／教化網の完成に就て――香川県では小冊子配布／島根県下各町村の教化事業協会設立を促進／兵庫津名郡教化団体連合会発会式／二市三郡二百五十町村に教化連合会を組織――進展する兵庫県の教化網　7
地方通信
愛知県に於ける教化事業関係者大会／第三回山口県教化事業大会――三月九日山口市で開催／地方連合団体の評議員会一束（＊徳島県教化連盟）／教化講演会（＊長崎県教化団体連合会／兵庫県教化団体連合会）　8
僧良寛の春の歌　佐々木太道　8

## 第一〇号　一九三一（昭和六）年五月三日

言論　敢て上層国民の反省を望む　1
教化運動と其の従事者　関屋　龍吉　1
うづき　1
教化運動の一方面としての成人教育　福谷　益三　2

晩春帰郷（＊和歌）　さゝき　たいどう　2
我が国体に就いて　今泉　定助　3
苦楽の長短　三浦　梅園　3
教化対策の確立――教化事業調査会で既に公表したる調査研究の成果を見る　4
第三十回教化事業調査会例会――四月十七日午後一時半より社会局小会議室にて　4
文部省の推薦図書――本年三月までに十七部を推薦　4
おもかげ　3　恩師穂積陳重先生に対する追懐　下　松井　茂　4
春宵独語　ＫＦ生　4
誌上講演　2　新興精神の強調　佐々井信太郎　5
学校教育と家庭教育　三輪田元道　9
教化網の完成へ
先づ都市に中枢機関を組織――福岡県下の教化網／愛媛西宇和郡教化連盟の活動／促進さる、鹿児島県下教化網完成近し／兵庫――朝来と印南の両郡に教化連合会の創設／岡山――高梁町教化連合会成る　10
禁酒以上　金田日出男　10
予報　情報
山梨県教化事業協会総会――協議と講演に盛況を極む／府県各連合会の協議会――熊本　滋賀　奈良　佐賀　福岡　三重　大阪／秋田県下で政治教育巡回講演／沖縄県下二市三郡に教化講演会／教化網完成の方法を協議したら――岩手県下仏教家大会／東京　日本魂社創立十五周年紀念大会／三重　三重県斯民会第二十回総会／新潟　佐渡一の宮主催巡回講演　11
蒙古来を記念して精神作興の大運動――元寇弘安役六百五十年記念会の計画　11
時代の動きと吾等の立場　ＹＫ生　12
俳句と和歌　12

## 第一一号　一九三一（昭和六）年六月一日

言論　考察に値する事象一二　1
諸制度の改革と民心建直しの急務　大島　正徳　1
さつき　1
農村恐慌時代打開の途――先づ重課負債より救へ　東郷　実　2
おもかげ　4　河瀬秀治翁の面影　加藤　咄堂　2
時の記念日を機として時計の尊厳を維持せよ　棚橋源太郎　3
教化運動の一方面としての成人教育（承前）　福谷　益三　3
我が国体に就いて　二　今泉　定助　4
故本会参与　本多日生氏葬儀――聖応院日生上人　4
教化事業調査会第三十一回例会　4
発起人代表者参邸して記念の寿像を贈呈――山川男爵喜寿の祝賀　5
教を奉じて五十年　その感謝の会――本邦感化事業の父留岡幸助氏の催し　5
奉教由来記（1）　吉備の片田舎で初めて聞く西洋軍談講釈

日本宗教平和会議——世界平和実現の促進運動　留岡　幸助　5
内外経済世相　一　晁　5
第九回本会理事会——更生予算の審議　6
評議員委嘱　6
予報　情報　6
連盟の活躍を促して教化の徹底を期する——愛媛県の新活動／釜山府と教化団体関係者の懇談会／第四回広島県教化事業連合会総会／東京　農村打開の産業講習会開催／鹿児島県下に於ける各町村の教化活動／和歌山市に教化統制機関を組織／今後の発展を期する為施設事項を調査——沖縄県教化連合会の試み／兵庫　姫路教化連合会第一回総会　7
教化問答　繁田　武平　8
初夏雑題（＊俳句）　雪　府　8


## 第一二号　一九三一（昭和六）年七月二日

山川健次郎先生の薨去を悼む　1
噫　山川会長——薨去までの経緯　1
葡萄酒御下賜——旭日桐花大綬章加授　1
哀しき日　その日のしめやかな通夜　1
勅使御差遣と弔問客に混雑の山川邸　1
簡素にして荘厳——旧慣を一掃した模範的葬儀　2
朝野諸名士千数百名——悲しき最後の告別　2
本会に対して弔辞を寄せられたる各位に深甚の謝意を表す　2
遺言により遺骸を帝大で解剖　2
言論　興国の原動力　3
山と市　松浦　一　3
山川会長の薨去に因みて——在京各紙から　3
みなづき　3
亀山天皇／後宇田天皇御製、昭憲皇太后御歌（＊和歌）　4
蒙古来六百五十年——弘安国難の回顧　三上　参次　4
時代川柳子の眼に映じた元寇　4
元寇弘安役六百五十年記念祭　4
大島正徳氏渡米　4
明治維新以後の我が国文化史を究明——近く開かる、第六回社会教化講習会　5
教化問題の座談会　開催計画延期　5
国民教化振興のため教育を擁護せよと——全国連合教育会総会で声明　5
読者より　吾等の求むるもの　大山　生寄　5
奉教由来記（2）　肩あげも下りぬのに生意気だと最初の洗礼試験に失敗　留岡　幸助　5
我が国体に就いて　三　今泉　定助　6
第三十二回教化事業調査会例会——六月十九日午後一時半より社会局小会議室にて　6
評議員委嘱　6
平和主義か愛国主義か——新興国チエッコスロバキア大統領マサリックの平和観　6

社会教育制度の確立と政治教育普及策を議した全国社会教育主事会議 7
教化振興のため隔意なき意見の交換　本会の社会教育主事招待 7
当面の諸問題――時代相の一面　森　巻吉 7
映画を通じて見たる社会相　橘　高廣 8
社会思想に関する図書――最近一ケ年の発行数 8
海の彼方 8
時弊の国救と指導に全力を傾注せむ――東京府教化団体連合会総会で宣言 9
目覚ましい兵庫県下各方面の進出――情報二三 9
愛知県における社会教化講習会――七月下旬名古屋市日暹寺にて開催 9
朝鮮釜山府に教化委員を設置 9
郡市教化網の統整、完成を図る（＊岩手県） 9
京都府教化団体連合会代表者協議会 9
佐賀県教化連合会総会 9
京都　北桑田方面活況を呈す 9
佐賀県下の要地八ヶ所で教化関係者座談会 9
満州　満州瓦房店教化連盟で行事表の配布 9
愛媛　双岩村教化連盟の教化時報 9
台湾から観た内地――特に教化を中心として　在台十年人 9
内外経済世相　中欧の経済暗雲と賠償・戦債支払猶予問題　一　晁 10


## 第一三号　山川健次郎先生追悼号

一九三一（昭和六）年八月三日


故山川男爵を憶ふ　一木喜徳郎 1
故山川男爵を憶ふ　倉富勇三郎 1
面影と筆蹟（＊写真）
遺志を継承して微力を今後に効さむ　松井　茂 2
先生の知遇に感ず　加藤　咄堂 2
幕末風雲の裡に育まれた偉大なる麒麟児――その生立から成人まで 2
恭悼　山川男爵七律一首以代清虀（＊漢詩）　国府　種徳 3
山川男を憶ふ　平沼騏一郎 3
つはものの交り　加藤寛六郎 3
何時でも変りのない偉大な山川先生　古在　由直 4
嗚呼山川先生　君島　八郎 4
（＊追悼文）　Ishikawa - chiyomatsu 4
（＊追悼文）　植村澄三郎 4
会長として出馬を懇請した当時の想出　今泉　定助 5
山川先生剖見記事　緒方知三郎 5
山川先生を憶ふ　新城　新蔵 5
山川先生略歴 6
最初で最終の朝鮮行――今は気にかゝる当時の挨拶 6
七十七年振りに山川男入城 6
男爵山川健次郎博士を追憶す　井上哲次郎 7

医者として感得したこと　稲田龍吉　7
フロックコートを着た乃木将軍　小笠原長生　8
炬燵　青嵐　8
（＊追悼文）　松浦鎮次郎　8
故山川会長三七日法要――七月十六日伝通院に於て　8
ハイカラ物語　8
平久子の説――故先生の雑記帳から　9
（＊追悼文）　藤原咲平　9
（＊追悼文）　桑木厳翼　9
山川男爵の追憶　石塚英蔵　9
（＊追悼文）　堀内信水　9
（＊追悼文）　伊東忠太　10
（＊追悼文）　原嘉道　10
山川先生　桑木或雄　10
（＊追悼文）　鵜澤聡明　10
オンノレの杖　10
ペスト患者　坂内青嵐　10
御在位七年――一職員の立場から　古谷敬二　11
先生と浅蜊　11
踊などには興味が無い　11
山川先生の追憶　中村清二　12
（＊追悼文）　大森金五郎　12
山川先生詠草三題（＊和歌）　12
会津武士は斯くして養成された　柴五郎　13
紙よりの玉　坂内青嵐　13
山川先生ヲ憶フ　清水澄　13
（＊追悼文）　深作安文　13
（＊追悼文）　坪井九馬　13
家庭における山川先生　14
山川健次郎先生を偲ぶ　柴五郎　14
（＊追悼文）　紀平正美　14
（＊追悼文）　岸辺福雄　14
第八週　大震災記念日を迎へて――その日の活動準備進めらる　15
近く開かる、第六回社会教化講習会――申込締切は八月末日　15
第三十三回教化事業調査会　15
逸事逸談　地方旅行の手帳から　K・F　15
ふづき　15
大阪府教化団体連合会を財団法人に――加盟団体代表者会議で決定　16
会則を変更し組織単位を郡市とした兵庫県連合会　16
愛媛　北宇和郡教化連盟大会　16
京都　加佐郡教化委員会組織成る　16
佐賀県教化連合会総会　16
佐賀県主催　東松浦郡内教化座談会　16
好結果を挙げた思想講習会――兵庫県と連合会共同主催　16
新潟　市町村教化団体設立極力奨励　16
奈良県教化事業研究会　16
京都府　教化団体連合会最近の動き　家庭教育研究会其他　16

**号外** 一九三一（昭和六）年八月八日
本会々長決定 斎藤実子就任

**第一四号〈臨時号〉** 一九三一（昭和六）年九月一日
震災記念日に当り親愛なる我が国民に訴ふ 斎藤 実 1
（＊標語）起てよ国民！ 進んで難局を戦へ省みて不断に備へよ！ 財団法人中央教化団体連合会 1

**第一五号** 一九三一（昭和六）年九月三日
就任に際して所懐を陳ぶ 斎藤 実 1
新会長を迎へて
就任を祝す 田中 隆三 1
就任を祝す 岡田 良平 1
はつき 1
言論――教化を損ふ者 2
斎藤新会長を迎へて 松井 茂 2
斎藤新会長（右）と山川前会長（左）（＊写真） 2
斎藤新会長就任――八月七日文部大臣官邸に開催の理事会に於て満場一致推選 3
斎藤会長臨席のもとに静岡愛知奈良で座談会開かる 3
外遊中の大島正徳氏から（＊俳句） 3
第六回社会教化講習会開催の期＝迫る 3
教化指導者講習会の施設方法――教化事業調査会調査 4
文部省主催 社会教育指導者講習会 4
奉教由来記（3） 受難の座敷牢 留岡 幸助 4
「自治の興廃この一票」――府県会議員選挙を控へて 潮 恵之輔 5
海の彼方 5
あゝ九月一日 八たび廻り来た大震災記念日――斎藤会長の獅子吼を初め種々の催し 6
教化優良村めぐり（一） 福岡県糸島郡福吉村全村学校を視る 佐々井生 6
台湾に教化を布け――台湾日日新聞の所論 6
東京府教化団体連合会評議員会 7
東洋思想講習会 長崎県 7
選挙浄化の標語募集――長崎県教化団体連合会 7
大阪府教化団体連合会主催社会教化講習会 7
鹿児島県下に於ける教化諸会合 7
この郷を見よ この人を見よ 五ケ年計画で四万五千円の新築校舎――石川県下の禁酒村 7
県下教化関係者を集め第二回思想問題講習会開催――岐阜県並同県教化団体連合会主催 7
世界経済の展望――ドイツはどうなる？／英国も危急 一 晃 8
台湾から見た内地「その二」 特に教化を中心として 在台十年人 8

## 第一六号　一九三一（昭和六）年十月三日


山陽先生と日本外史　塩谷　温　1
ながつき　1
言論　山陽逝いて百年　2
十四の教化団体共同して頼山陽百年記念会――若槻首相以下三千名出席　2
頼山陽と尊王思想（講演要旨）　三上　参次　2
本会理事　一戸兵衛大将薨去　2
府県会議員の改選を前にして――選挙廓清の教化運動各地で行はる　3
予告　第八回全国教化関係代表者大会――十一月十八日より三日間　3
斎藤子爵田中文相と会見して教化振興に関し進言す　3
モスクワ一瞥――社会局社会部長大野緑一郎氏帰朝談　3
近代日本研究の講習会終る――斎藤会長の熱誠に一同感激　4
官民相会して丸腰の懇談会――教化団体の主力を注ぐ点如何　4
元寇弘安役六百五十年祭――京都府教化団体連合会　4
第三十四回教化事業調査会例会　4
家庭教育研究会　4
山陽先生に対する世人の批判に就て（講演要旨）　清浦　奎吾　5
滋賀県における第二回教化中心者講習会　5
第三回融和事業指導者講習会　5
小学児童の運動競技に於ける危険性　東　龍太郎　5
教化問題座談会――斎藤新会長最初の出馬に中部三県の緊張せる座談会　6
六十余名中終日一人の喫煙を見ざる真剣味　静岡県／国民的理想目標を何処に求むるか？　愛知県／思想悪化の諸原因とその対策を語る　県公会堂の一日　奈良県
内外時事　満蒙の権益擁護！　一　晁　8
良書紹介　『聖鑒』（清水東平編纂）　8


## 第一七号　一九三一（昭和六）年一一月三日


言論　教化者の自己清算　1
満洲事変につきて　米田　実　1
いよ、畏き明治神宮の御神徳　有馬　良橘　1
極東の真事態を認識せよ　斎藤　良衛　2
教育に関し勅語を賜ふ　2
開会の期を待つ第八回全国教化代表者大会　2
全国各地に延び行く市町村教化網――二十四府県についての現況調査
福島県／栃木県／埼玉県／千葉県／神奈川県／長野県／岐阜県／愛知県／三重県／滋賀県／京都府／大阪府／兵庫県／和歌山県／島根県／香川県／愛媛県／高知県／福岡県／佐賀県／熊本県／大分県／宮崎県　3
英訳された斎藤会長のラヂオ講演　3
かみなつき　3
我が国体に就いて　四　今泉　定助　4

独逸の青年運動（『マンチエスターガージヤン』紙より）　4
第三十五回教化事業調査会例会　4
法律の根柢に道徳　その根本に宗教！と説く高橋警視総監を
　中心に　社会事業と教化の懇談会　5
奉教由来記（完）　感化事業に生涯を委ねた動機　留岡　幸助　5
教化は益々旺んに事業の振興を阻害する整理は不可　6
台湾から見た内地　特に教化を中心として（其三）　6
教化優良村めぐり（二）　佐賀県東松浦郡七山村の施設を見る　6
教化の塔　金港のほとりに屹立する神奈川県庁の変つた試み　6
教化網の完成を期する神奈川県下の短期教化強調運動――詔
　書渙発記念日前後三日間　7
強調週間を設定し主旨の徹底を期す　三重県教化団体連合会　7
米の成る木の実物教育　7
経済と満蒙問題の講演会　埼玉　7
山陽先生終焉のゆかりの地京都で百年記念大会　7
われらの御国の讃美――広島県の教化強調運動　7
教化統制機関設置を県から慫慂　和歌山　7
兵庫村教化連盟成る　福井　7
町村教化事業協会設置に努力　島根県教化団体連合会　7
東京府教化団体連合会が希望社に反省を求む――理事会で措
　置を決す　7
内外時事　一　晃　8
大島正徳氏帰朝　8
文部省体育課長山川建氏帰朝　8
新刊紹介　8

**号外**　一九三一（昭和六）年一一月一八日

斎藤子爵新に教化に関して声明す
　教化立国の大旆の下に　斎藤　実　(1)

**第一八号　教化大会特輯**　一九三一（昭和六）年一二月三日

新興日本の建設に驀進せよ――急迫せる世局に際して開かれ
　た第八回全国教化大会　1
斎藤子爵の威容を仰ぎ厳粛なる開会式――式後会長新に声明
　を発す　1
教化立国の大旆の下に　1
各議題の説明と緊急動議の続出――総会早くも緊張す　第一日　2
大会ゴシップ　2
十二月十五日克己日――難局に処する国民的意気の喚起と満
　蒙派遣軍将士慰問のために　3
文部大臣諮問事項其他の審議にあたつた第一部会〔その第
　一日〕高島米峰氏を部長に審議は進む　3
その第二日　第一部会――討議に万全をつくして遂に委員附託　4
靄立ちこめた朝まだき明治神宮に参拝　4
大会雑感　高島　米峰　4
綽々として余裕あり　部会案を決定して後――時局懇談会
　（第三日）　4
本会提出議題を中心に難局打開の教化対策を議して――論戦

に火花を散した第二部会の盛況　5
一箇年に主力を注ぐべき教化対策如何　第一日　5
故人に生写しの記念像を廻つて思ひ出の数々を語る——故山川会長追悼会　5
第二日　教化網の完成か経済的対策の樹立か白熱せる意見の交錯　6
本年の大会について　大島　正徳　6
「新日本の建設」を廻つて猛烈な論戦　第三日　6
第二部会委員会　6
代表者靖国神社参拝　6
第三部会——時局問題を中心として真摯なる討究　第一日　7
第二日——昨日に引続き議論沸騰　7
斎藤博士を聘して満蒙問題の講演を聴く——第二日午後　7
文部省主催読書の夕——特に大会参加者を招待　7
忌憚なき二三の希望は！　佐々木信太郎　7
二十有余の重要問題悉く審議し尽されて教化の新方針を明示した答申と決議　8
大会で委託された事項の調査方針を決定す——本年掉尾の調査会　9
第三十六回教化事業調査会例会　9
見たり・聞いたり　9
第三部・第三日——委員会の審議終り重要問題対策きまる　9
答申決議の措置は如何に？——教化機関は起つて実績を収めよ!!　10
第一線の闘士はかく叫ぶ——大会第二日午後の意見発表　10
大会決議の報告と具体案の協議　10
依然健闘を継続しつゝある　愛媛県教化連盟　10
本会評議員会——理事監事各半数の選挙を行ふ　11
帝国教育会主催の勅語奉読式並に講演　11
加盟団体に事業奨励金交附　11
初めて開かれた労務者教育協議会　11
我が国体に就いて（五）　今泉　定助　11
内外経済近状——英国財界の不良深刻化　一　晁　12
文部省推薦図書　12

**第一九号**　一九三二（昭和七）年一月三日

言論　新興日本の建設！　1
勅諭御下賜五十周年を迎ふるに際して　荒木　貞夫　1
暁鶏声（＊画）　坂内　青嵐　1
満蒙に於ける文化的使命　加藤　咄堂　2
満州事変の推移に就いて　建川　美次　3
外遊雑感　大島　正徳　4
一年間に九十一万六千人の増加——市部は全人口の二割五分弱　4
本会役員改選　4
地方評議員諸氏の隔意なき懇談　5
海の彼方　5
教育家諸君に望む　斎藤　実　6
二十八年振りに故国を見る　山形　莫越　6
幾多の美談を迫した「克己日」の運動——詳細は次号に報道　7

満蒙問題で遊説する日本びいきのゾルフ前駐日独逸大使 7
この赤誠を将士におくる!! 7
内外経済世相――金輸出再禁止！ 一晃 7
十二年十五日克己日（＊ポスター） 8
どう実行したら？ 大会決議の具体化につき協議会
山梨県／富山県 8
朝鮮 明年度教化費予算六万円を計上 8
教化総動員計画 奈良県 8
軍事経済両方面に亘り満蒙問題講演会 8
地方情報
東京／新潟／台湾／釜山／三重 8


## 第二〇号 一九三二（昭和七）年二月三日

言論 国民試練の好機
総選挙に際し国民の覚醒を促す 斎藤実 1
選挙標語 一票けがれて国けがる 1
不敬事件と国民の戒慎 松井茂 2
梅の節句 咄堂生 2
近事片録 2
中央教化団体連合会理事会 2
総選挙を前にして一票を汚すなの猛運動 3
第三十九回教化事業調査会例会 3
第一回教化関係幹部講習会講習員募集 3
多難の秋 紀元節を迎へて――昭和七年建国祭に際し
「梅の節句」の建国祭――年々盛んになる国民行事 後藤文夫 4
財団法人中央教化団体連合会役員改選 4
紀元節を中心に愛媛県下の第三回教化強調運動 5
鳥取県下三箇所で教化懇談会 5
聖旨普及の方策を掲げて報徳会が活躍 5
海の彼方 5
内外経済世相 一晃 5
「克己日」運動の総決算 国民的忠誠をこの事実に見よ――
金額総計三十万を突破せん！ 5
北海道／神奈川／京都／大阪／兵庫／長崎／新潟／埼玉／群馬／千葉／栃木／奈良／愛知／岐阜／宮城／福島／岩手／秋田／福井／鳥取／島根／和歌山／香川／愛媛／高知／朝鮮／熊本／福岡／岡山／大分／佐賀／宮崎／鹿児島／沖縄／滋賀／富山／山形／茨城／東京／三重／静岡／山口 6


## 第二一号〈臨時号〉 一九三二（昭和七）年二月一〇日

邦家非常の秋に際しわが官民諸士に訴ふ――今次の総選挙に直面して 斎藤実 1
選挙標語 一票けがれて国けがる 1
（＊標語）この一票売るなすてるな買ひとるな！ 財団法人中央教化団体連合会 2

## 第二二号　一九三二（昭和七）年三月三日


言論　封建的因襲の打破　1
満蒙新国家　加藤咄堂　1
桃の節句　咄堂生　1
上海事件と揚子江流域の経済的価値　武富邦茂　2
近事片録　2
暴力行為の頻出を斯く見る
紀平正美／泉二新熊／高島米峰／山室軍平／下村壽一／大島正徳／帆足理一郎　3
行刑と教化（上）　正木亮　4
3月14日――国民融和日の運動　4
感想録　大倉邦彦　4
佐々井一晁氏――本会を退いて社会運動へ　4
改選役員氏名補遺並正誤　4
幾多の新味を加えて愈々開催せらる、　第一回教化関係幹部講習会　5
岐阜・和歌山の教化問題懇談会――斎藤会長以下出席の予定　5
総選挙を機とした選挙廓清運動――全国一斉に行はる　5
第四十回教化事業調査会　5
教化事業調査会報告第二輯の刊行　5
本会評議員委嘱　5
欧米各国の娯楽施設　中田俊造　6
御あいさつ　佐々井一晁　6
経済時事　果して「金より物」の時代か？　7
海の彼方　7
文部省推薦優良図書　7
高島米峰氏指導の下に町村幹部を養成　佐賀　8
大阪府教化団体連合会評議員会並加盟団代表者会　8
富山　教化関係代表者打合会　8
満蒙と海軍との関係座談会（＊島根）　8
克己日運動――続報　広島県／樺太における克己日運動　8
台湾台北州の画期的教化運動――市町村教化網の組織促進　8


## 第二三号　一九三二（昭和七）年四月三日


言論　現状を直視せよ　1
政沢の普及と教化　犬養毅　1
桜咲く国　咄堂　1
近事片録　1
教化問題座談会――斎藤子爵を中心に教化促進の座談会　非常の秋国民の緊張味に欠くるところはないか　岐阜　2
議会政治を明るくせよ　暗流の一掃はこゝから初る――和歌山での真剣な叫び　2
房総の二日――千葉県下の先覚者相寄つて教化問題を語る
千葉市に於ける座談会／北条町に於ける座談会　3
教化運動拡大強化の方策としての教化組織を――完成する和歌山県　3
各地に県民性を打診す――岐阜・和歌山・千葉の座談会出席

者の見た地方民情調べ　4
昭和七年度の予算を議決した本会理事会　4
気軽な斎藤子爵　4
着々として調査の歩を進めつゝある　国民性の研究1　4
誌上講演Ⅲ　教化運動第二十三号附録　底知れぬ日本軍の強さ　松村　正員　5
行刑と教化（下）　正木　亮　7
国法を守れ！　未成年者禁酒禁煙遵法週間　7
本年度の融和方策　7
斎藤会長が豊岡大学へ臨席　7
本会評議員委嘱　7
調査資料　母性教化運動ニ適切ナル方法――教化事業調査会調査　8
第四一回教化事業調査会例会　8
文部省推薦優良図書　8
教化士魂涵養と新興日本の教化方策研究――第一回教化関係幹部講習会終る　9
県下数ケ所で懇談会（＊岩手）　9
克己日義金の使途を最も有効に（＊京都）　9
社会教育講習会（＊石川）　9
東京府教化団体連合会理事会　9
島根の国防強調週間　9
経済時事　二つの道――満州国立国に際して　隘　径　生　10

## 第二四号　一九三二（昭和七）年五月三日

言論　中正の道は闇し　1
教化の根本義　鳩山　一郎　1
端午　咄　堂　1
勤労・克己で生んだ軍用飛行機二機――兵庫県民愛国心の結晶　2
兵庫号献納命名式に於ける斎藤会長の祝辞　斎藤　実　3
社会教育振興のため教化機関の発達と委員の活動に期待――文部次官から通牒　3
宗教家諸君に望む――特に教化運動について　下村　寿一　3
宗教の社会的進出（雑誌『宇宙』高島米峰氏論文より）　高島　米峰　3
近事片録　3
調査資料　女子青年教化強調に関する具体的方策――教化事業調査会調査　4
第四二回教化事業調査会例会　4
本会評議員委嘱　4
大満洲国を見る　1　全く特異な気候風土――日本人の認識不足　上田　恭輔　5
溥儀氏と満洲　5
海の彼方　仏国の繁昌と力の回復　上（『カレントヒストリー』誌より）　ロバート・ヴァラー　6
国民性の研究　2　高島米峰／大島正徳／佐々井信太郎　6
靖国神社臨時大祭――合祀された英霊五百三十一士　7

台南州の社会教化巡回講演　7
靖国神社における祭神命日奉拝　7
勅諭下賜五十年記念祝典——四月二十四日二重橋外にて挙行　7
山梨県下に教化委員会設置　7
岡山県教化団体連合会総会　7
報徳学校落成式／一徳会二十五周年記念　京都　7
第十三回日本国民禁酒同盟大会——廿五歳禁酒法即時貫徹に関する決議　東京　7
文部省推薦優良図書　7
経済時事　貧国日本！——各国国民所得の比較　隘径生　8

## 第二五号　一九三二（昭和七）年六月三日

言論　われらの斎藤内閣　1
挙国一致の内閣は挙国一致の国民の上に立つ——組閣に際し特に教化関係者に告ぐ　斎藤　実　1
斎藤非常時内閣の成立・国民は協力一致して難局を突破せよ！
斎藤内閣に望む　松井　茂　2
教化内閣の出現　加藤　咄堂　2
斎藤内閣に無限の期待　石光　真臣　2
「うまくやって貰ひたい」　小笠原長幹　2
国病一掃の大国手　清瀬　一郎　2
難航突破の老提督　財部　彪　3
その人格に信頼す　米田　実　3
万民のために悦ぶ　中島　徳蔵　3
非常時清算の内閣だ　川崎　卓吉　3
朝野協力して国難に当れ　吉田　茂　3
明るい清い政治を　大妻コタカ　3
斎藤内閣々員　3
近事片録　2
梅雨　咄　堂　4
時局漫語　高島　米峰　4
本会彙報　4
本紙の一大飛躍地方附録を増設　4
教化運動第廿五号附録
誌上講演　満洲国の現状　上田　恭輔　5
時局重大の秋主力をこゝに注げ——岡山県連合会で決議　9
婦人用煙草の発売は怪しからぬ——「うらら」の発売を断然中止せよと本部から建議　9
市場から姿を消せ　城　ノブ　9
国民性の研究　3
棚橋源太郎／下村寿一／増子懐永／猪間驥一／惣田太郎吉　9
海の彼方　仏国の繁昌と力の回復　下（『カレントヒストリー』誌より）　ロバート・ヴァラー　10
勅祭賀茂の葵祭に京都府教化団体連合会の活躍　10
激励と故郷のたよりを送れ！　11
第二十一回三重県斯民会総会　11
鹿児島県教化連盟大会　11
台北州教化連合会天長の佳日に発会式　11
新潟県における愛国運動——軍用飛行機を献納計画　11

愛国精神発揚活動写真会　新潟　11
秋田県連合会総会　11
香川県連合会評議員会　11
会館新築落成式及定期総会　東京　11
楠公会東京本部大会並楠公精神顕揚大講演会　11
師範附属校で教化指導講習会　宮崎　11
町村自治と教化網（一）　岸川善之助　11
経済時事　新内閣と臨時議会　隘　径　生　12
斎藤内閣に寄する世界の声　12

## 第二六号　一九三二（昭和七）年七月三日

言論　新興日本建設の旗のもとに　1
更生の響（朝日新聞社撮影・＊写真）　1
非常時に処する国民の覚悟――自立更生の意気を以て直進せよ
高橋　是清　1
新興日本の建設へ！――非常時教化運動の提唱　1
近事片録　1
斎藤子爵の声明に答へて
大運動を起せ　伊藤　武彦　2
感激　松宮　石丈　2
時弊の匡救に猛進せむ　篠原英太郎　2
挙国一致内閣と教化の徹底　佐々井信太郎　2
会長閣下の御訓示を拝読して　山端　息耕　2
盂蘭盆　咄　堂　2
北満だより　T Y 生　2
時局深憂にたえず一大国民運動を起せと岐阜県教化団体連合
会長の提議　3
故山川男爵一周忌法要並に追悼会　3
山川前会長の一周忌に際して――故先生の隠れたる逸話
加藤　咄堂　3
面目一新の本紙　3
本会彙報　3
緊急理事会――内閣総理大臣官舎に於て開会非常時教化強調
運動実施方協議　3
徴兵を大観して我国民の資質向上を望む（上）　松村　正員　4
ラヂオの現状と将来（1）　中山　竜次　4
斎藤子爵の横顔――和歌山での後日物語り　古　谷　生　5
読者より　非常時の「東京」を訪ねる　南　海　生　5
こんな調査をしてほしい　教化事業調査会報告に関する調査
と新に府県の要望する調査事項　5
海の彼方　罪悪と暗黒の都市シカゴ――一道の光明現はる　6
兵庫県下教化網の現況　6
東京府教化団体連合会理事会――初出席の香坂新会長　6
時事漫吟　竹　斎　6
時難に善処すべく社会教育の振興を期せ――長崎県で管下関
係方面へ通牒　7
島根の社会教化指導者講習会　7
日支事変勇士の遺家族に弔慰金を贈る　7
加藤咄堂氏を聘し夏期大学と講習会を開催　石川　7

会報発行　栃木／石川　7
教化の振作に努め時難を匡救せむ――九州沖縄八県社会教育主事協議会で宣言　7
楠公会定例講話会　東京　7
昭和同志会の夏季大学講座　埼玉　7
町村自治と教化網（二）　川久保得三　7
経済時事　農村救済と平価切下げ問題　隘　径　生　8
近畿附録（一）
近畿附録の創刊に題す　9
堅実に教化の目的達成へ　前田宇治郎　9
近畿附録版の発刊を悦ぶ　北谷　義豊　9
本来の使命を全うせよ　山田　学道　9
教化網に関する県令の公布　9
勅祭石清水祭について――京都府教化団体連合会リーフレット　9
御駐輦期間禁酒を励行せよ――その実現を期する大阪府教化団体連合会　10
京都府教化団体連合会最近の動き――明治天皇御式年祭其他　10
兵庫県教化団体連合会理事会並評議員会　10
郷土の偉人（三重県の巻）　哲人芭蕉（一）　10
楠公会の笠置山夏期大学　10
店員及び店主の心得　10
家庭教育資料　その一　家庭川柳　八田　一男　10

## 第二七号　一九三二（昭和七）年八月三日

言論　非常時教化大会に望む　1
重大なる時局に際して国民に告ぐ　斎藤　実　1
教化運動の根柢を町村自治政の上に　福沢　泰江　2
銷夏　咄　堂　2
教化の精神　香坂　昌康　2
大会臨時号発刊予告　2
政府が国民的大運動を計画――救済対策実施と共に著手か　3
農村と社会教育の問題――文部省主催の懇談会　3
緊急全国教連大会開かる――灼熱の炎天下に議せらる、非常時教化対策如何！　3
各府県提出調査希望事項の処理――教化事業調査会の決定　3
松井博士の消息　3
近事片録　3
首相官邸に開かれた緊急理事会――非常時教化強調運動に関する重要協議　4
徴兵を大観して我国民の資質向上を望む（下）　松村　正員　4
本会彙報　4
通牒　4
アメリカと禁酒法――松井博士の船中便り　松井　茂　5
ラヂオの利用（上）　中山　竜次　5
若葉薫る神宮外苑に後藤農相就任祝賀会　5
農村救済策としての報徳式仕法に就て　佐々井信太郎　6

震災記念施設其他を協議　東京府連合会理事会　7
愛知に於ける第十二回夏期講座　7
社会教育の振興を勧奨する京都府の通牒　7
三重の社会教化指導者講習会　7
大々的教化運動の具体的方策を協議――高知県連合会の理事会　7
非常時五ケ年禁酒即行の提唱――日本国民禁酒同盟の活動　7
児童の頭に培ふ建国精神――建国祭本部が「いろはかるた」の懸賞募集　7
町村自治と教化網（三）　南出　次郎　7
経済時事　ローザンヌ協定の成立に就て――独逸賠償問題の経過（1）　隘　径　生　8
お上にお返ししただけ……と全財産を窮乏の居村に寄附　8
近畿附録
全国民を動かせ――凡ゆる国家機関を教化戦線へ　北谷　義豊　9
三重県連合会の本年度の事業予定　9
映画になった優良農村『田原村』　志野　隆則　9
大阪奈良の全国大会出席者氏名　9
花田仲之助氏　9
近畿　銷夏漫談　9
更生に勇む　和歌山県海草郡和佐村　10
京都　満蒙事情研究　10
宣伝団扇（京都）　10
温古会誌編纂（京都）　10
郷土の偉人（三重県の巻）　哲人芭蕉（一）　10
「芭蕉庵」の保存と蕪村翁の遠忌――今秋洛北の催し　10

## 第二八号〈緊急教化大会特輯〉　一九三二（昭和七）年八月二五日

灼熱の炎天下全国教化連合団体代表者大会開かれて非常時教化対策きまる　1
斎藤会長挨拶　斎藤　実　1
非常時ニ際シ教化者ノ態度ヲ表明ス　全国教化連合団体代表者大会　1
丸山鶴吉氏を議長に緊張の非常時会議　2
斎藤首相告辞　斎藤　実　2
山本内相告辞　山本　達雄　2
一木宮相告辞　一木喜徳郎　3
鳩山文相告辞　鳩山　一郎　3
大会の決議　4
大会ゴシップ　4
通牒と建議　6
会長招待　内閣総理大臣官邸におけるお茶の会　6

## 第二九号　一九三二（昭和七）年八月三〇日

新興日本の建設　国民更生運動に関する要綱　1
綱領と其説明及事例　1
九月一日を期し国民更生運動の第一声――全国教化機関総動

員へ！ 2
九月一日から県下一斉に自立奮闘週間――早起、貯金、禁酒、禁煙、内職のすゝめ　静岡 2
教化網を完成し自力更生運動にあたらす　鹿児島 2
更生への第一歩――九月一日から先づ精神作興週間　福井県教化連盟 2
非常時に対する精神的訓練と経済的用意を高調　福島 2
震災記念日を機とし岡山県教化連合会起つ 2
非常時教化のリーフレット配布　長崎 2
国民精神の更生運動――仏教連盟で托鉢に街頭へ　富山 2
教化連合会長の委嘱で地方委員を置く――佐賀の新しい企て 2
愛媛県と町村教化網 2
国民更生運動第一回強調週間――九月一日より七日まで全国一斉 2
講演放送予告ＪＯＡＫ　ラヂオを通じて全国民に訴へる 2
予告　綱領の説明 2
第九回大震災記念日を迎へ活動の全陣容整ふ 3
教化を徹底し精神的自覚を促す――道府県町村長会長会議で協定 3
日本国民禁酒同盟の「酒なし日」運動――九月一日全国一斉に 3
ラヂオの利用（下）　中山　竜次 3
道府県朝鮮樺太の連合団体主務者集つて運動方法を協議 4
本会彙報 4

## 第三〇号　一九三二（昭和七）年九月一〇日

新興日本の建設　国民更生運動要綱及綱領解説 1
綱領と其説明及事例 1
綱領の解説
総説　新興日本と国民更生　加藤　咄堂 2
1立憲的忠君愛国の本旨に基き公民としての自覚を喚起し、特に選挙の浄化、自治の確立に力むること　大島　正徳 2
2依頼心を排除し、克己忍苦の修練に耐へ、自力更生の潑溂たる気力を養はしむること　高島　米峰 3
3産業の経営を改善し、消費の合理化を図り、以て新興生活の基本を確立せしむること　佐々井信太郎 3
4社会連帯の意識を明にし、共済協力の美風を助長し、特に郷土聚落の振興に力むること　古谷　敬二 4
5弛緩廃頽の気風を掃蕩し、緊張努力の精神を振起し、特に官公吏及教育宗教に従事するものは、自己の使命に鑑み率先奮起に努むること　松尾　長造 5
6経済生活の道徳的意義を明にし、教化の運用をして国民の実生活に即せしむること　加藤　咄堂 5
中央及道府県・朝鮮教化連合団体役職員一覧 6

## 第三一号　一九三二（昭和七）年九月一五日


言論　国民更生運動　1
全国民に呼びかける
　国民更生運動の本旨を闡明す　斎藤　実　1
　農村経済更生に関して　後藤　文夫　2
　非常時局に際して　中島久万吉　2
斎藤首相を始めいよ〳〵街頭へ　東西の大講演会に獅子吼
　——国民更生大講演会　東京・大阪・神戸　2
更生運動第二回強調週間——十月一日より同七日まで　2
新秋　咄　堂　2
新興日本の建設を目指し国を挙げて更生の一路へ
　兵庫／奈良／鳥取／徳島／岡山／山形／埼玉／秋田／千葉
　／朝鮮／富山／福岡／山口／鹿児島／佐賀／大阪／新潟／
　長崎／愛媛／福井／宮崎／島根／京都／長野／山梨／静岡　3
　運動計画要綱を政府からも発表　3
　第一声をあげるまで——中央教化団体連合会の企て　3
斎藤首相の秘密？——一念奉公の赤誠隠れたるこの逸話　3
近事片録　3
本会彙報　4
国民生活建直し指導者講習会——大日本報徳社で開催　4
第三回教化中心者講習会——滋賀県連主催で十月上旬開催　4
満洲事変記念日に慰霊祭——愛知県教化事業協会の催し　4
加盟団体代表者会開催　大阪府連合会　4
郡教化専任者設置を知事へ建議　4
鉄道関係の教化団体新に連合会を結成して運動の強化を図る　4
教化網の完成へ
　周到詳密なる佐賀県教化連合会地方委員制　5
　鹿児島県における教化委員会設置促進　5
町村自治と教化網（四）　岐津　静夫　5
広島市に教化連盟——先づ各方面区で組織　5
更生町村の展望
　和歌山県／秋田県／大阪府／千葉県／新潟県／静岡県／岐
　阜県／山梨県／岡山県／香川県／兵庫県／福岡県／島根県
　／長野県　6
ラヂオの社会に及ぼす影響　中山　竜次　6
対満経済政策二、三の考察　上　池田　純久　7
思索の窓　小泉　英一　7
経済時事　ローザンヌ協定の成立に就て——独逸賠償問題の
　経過（2）　隘　径　生　8
近畿附録
　近畿各府県における更生運動
　国民更生運動近畿大会並に大講演会の開催　大阪　9
　自力更生委員会の設置　京都府　9
　兵庫県の運動要綱決定　9
　精神実際両方面より全県的大運動を起す　奈良　9
　敏活に趣旨の徹底を期せ——内務、学務両部長より通牒
　三重　9
　兵庫、三重、滋賀の全国大会出席者氏名　9

兵庫県農会の目覚しき活動――自力更生の活模範　9
醒ヶ井の「自力更生人形」――鍬を支へて黎明を仰ぐ　9
桃山御陵参拝　10
京都の全国大会出席者氏名　10
報徳会奉安殿落成　10
明治天皇御式年祭　10
牛馬愛護宣伝　10
京都仏教護国団　10
孝経講話　10
大阪府教化団体連合会代表者会　10
伏見桃山両御陵並乃木神社参拝　10
九月一日関東震災九周年記念デー　兵庫県教化団体連合会　10
矯風会神戸支部の酒なし日　10
読者より　城　ノブ　10
郷土の偉人（京都府の巻）　庶民の指導者石田梅巌（上）　10

## 第三二号　一九三二（昭和七）年一〇月三日

言論　更生運動と躬行示範　1
時局に鑑み国民の自覚奮起を望む　山本　達雄　1
菊花頌　咄　堂　1
国民更生運動いよ〳〵本格へ　斎藤首相、荒木陸相等街頭に
　国民更生の獅子吼――日比谷公会堂にその第一声　2
この心を引きしめこの生活を建直せ　斎藤　実　2
日本民族の使命　荒木　貞夫　2
後藤農相、中島商相相携へて関西へ――神戸で先づ第一声　3
経済主都大阪に於ける新興日本建設の雄叫び――舌端火を吐
　く商工農林両相と那須博士の熱弁　3
国民更生運動東北及北海道協議会――秋田でも座談会　3
国民更生運動近畿協議会――不況を克服し非常時に善処せむ
　と満場の決議　3
更生の方途を語る地方座談会
県に於ける最大の弊風を打破せよ――更生は手近から　香川　4
東京府の座談会　4
経済と教化との融合一致で進め――熱心な岡山の座談会　4
国難何ものぞ　国民はみんな一緒に苦しめ更生の心構へは
　これだ――広島の座談会　5
精神文化の昔に還れ　東郷　実　6
町村更生の実際　島根県加茂町の負債整理状況　6
対満経済政策二、三の考察　中　池田　純久　7
愛知県教化事業協会の戦病死者追悼会――斎藤本会長からも
　追悼の辞　斎藤　実　7
全土更生の途上へ展開する各地の活動
東京／神奈川／三重／岐阜／山形／石川／群馬／愛知／宮
城／茨城／青森／香川／高知／岩手／富山／大分／栃木／
熊本／福島／滋賀　8
近畿附録
更生運動の趣意　京都府教化団体連合会　9
国民更生運動近畿協議会出席者氏名　9
社会教化指導者講習会　三重県教化団体連合会　9

大阪枚方乃木講社　9
勅祭石清水祭――京都府教化団体連合会のリーフレットは　9
国民更生運動の一策として農人自力更生祭　長島　貞　9
郷土の偉人（京都府の巻）庶民の指導者石田梅巌（下）　10
京に遺る心学の道場明倫舎創立百五十年――厳として伝はる町人学府の面影　10
勅祭石清水祭に当り教化団体の活躍　10
乃木将軍二十年祭に当り楓会でリーフレット発行　10
山崎闇斎先生二百五十年祭　10
交通安全会の活動　10
大阪の株式町北浜の相互修養会　10


## 第三三号　一九三二（昭和七）年一一月三日

言論　政治国難の打開と更生運動　1
自力更生の基礎としての協働村落の建設　小野　武夫　1
全国一斉国民更生運動第三回強調週間――自十一月七日至十一月十三日　1
斎藤首相臨席のもとに東北四県国民更生運動協議会　2
東北の主都仙台における自力更生の熱弁　2
更生座談会廻り　農村は自給自足でゆけ時代に魁けてゐる秋田県――と県農会長の熱弁　3
明治節　咄　堂　3
更生運動九州方面と北陸の諸会合　3
遠目近聞録　3
更生を説く人々の話題――中央における座談会を傍聴して　4
本会彙報　4
徴兵制発布六十周年に当り所懐を述ぶ　松村　正員　4
教化網の完成へ
完成近い広島の教化網――各町村毎に各種団体連絡会設立　5
村教化連盟更に七ケ所組織さる　愛媛　5
熊本県下一市三郡に教化連合会成る　5
講習事項と更生町村の視察　5
大倉精神文化研究所の神道講習会　5
町村自治と教化網（五）　村田吉右衛門　5
内相官邸で更生運動懇談会　6
山本内相挨拶　山本　達雄　6
町村更生の実際2　島根県加茂町の負債整理状況（下）　6
今や白熱化した全日本の更生運動
大阪／神奈川／兵庫／埼玉／栃木／三重／静岡／山梨／岐阜／秋田／石川／富山／鳥取／島根／岡山／広島／山口／和歌山／徳島／佐賀／熊本／鹿児島／福岡／高知　6
自力奮闘週間懸賞当選標語　自力に優る資本なし　ほか　6・7
どちらもどちら――派遣講師と地方庁　旅　鳥　生　7
文部省成人教育講座開設十周年記念式典並講演　7
経済時事　家計の更生　隘　径　生　8
政治浄化と党弊打破を目指して大分に選挙粛正委員会　8
近畿附録
特色ある和歌山県の国民更生運動の要綱　9
従三位を贈らる闇斎先生――垂加神道の始祖闇斎学派の建

設者没後二百五十年に当つて遺徳表彰と追慕 9
自力更生ポスター（一徳会） 9
一徳会の国民更生運動 9
講演及映画会（仏立皇道会） 9
自力更生講習（修養団京都市連合会） 9
修養団関西大会 9
東本願寺が更生運動に乗出す――先づ魂の陶冶から 9
三重　可憐な女児の自力更生――学用品代等稼ぐ 9
奈良　磯田梅代女史提唱の婦人更生の要目 9
郷土の偉人（大阪府の巻）　町人芸術の巨星　近松巣林子 10
兵庫　劇場・映画館でも更生運動の宣伝／村民が挙つて奮闘を誓ふ自力更生祭／自力更生を計る――県産業組合長会 10
滋賀県の国民更生座談会――四日県公会堂で開く 10
自力更生の先覚者――明治の初めに経済計画を藩公に建白 10

## 第三四号　一九三二（昭和七）年一二月三日

言論　非常時昭和七年を送る 1
家庭についての諸問題――国際社会事業大会に出席して　松井　茂 1
村の座談会に斎藤首相の臨席――緊張した三田村の更生協議 2
歳晩　咄　堂 2
元気に溢れて松井茂博士半歳振りに帰朝 2
今泉定助翁古稀祝と感謝の会――一日上野精養軒にて 2
国民更生運動地方座談会特輯
更生運動の趣旨に基き新興日本の建設に敢行邁進せん――北九州四県協議会が決議 3
郷土聚落は更生の単位――指導者の赤裸々な誠こそ何人をも教化する力　宮崎 4
知事を始め町村座談会に行脚――更生の意気旺なる熊本の人々に聴く 4
六千の部落に小組合　これを活躍せしめよ――教化の地鹿児島に聴く 5
県民はかくして更生しわれらはかくして働きかける――県下の指導者を網羅し警察部長さんも終日熱心に傾聴した滋賀の座談会 5
更生を説くより社会機構の改善が急務ではないか　長野県 6
時局重大の秋教育家も街頭に進出せよ　富山県 7
建国の精神に則り生活形態を根本より建直せ　石川県 9
堅実な県勢を反映して和やかな座談会　福井県 10
娘さんの転心 3
一文に感奮 6
国民生活建直し指導青年講習会 9
対満経済政策二、三の考察　池田　純久 11
朝鮮に於ける更生運動と其の要項等 11
目覚しき岡山県連の運動――「克己日」も設定 11
鹿児島県の更生実話 11
『諏訪教化時報』新潟県諏訪村の教化団体から創刊 11
国民融和に関する文部次官の通牒 11
本会彙報 11

経済時事　為替の激落と非常時の認識　隘　径　生　12
教化網の完成と社会事業への進出開放を決議　12
近畿附録
郷土の偉人（奈良県の巻）　聖徳太子　13
三重　共存共栄の成績現れた有井村の更生振り　13
京都　温古会の更生運動実施項目　13
和気清麿公生誕千二百年祭　13
一徳会の自力更生講演会　13
読者より　一死以て国に殉ずるの覚悟　谷口萬次郎　13
聖駕奉迎感激に咽ぶ　京都府教化団体連合会代表者の奉拝
——御召列車京都駅御通過　14
大阪　自力更生の根本策——町村合併の機運動く　14
滋賀　経済更生委員会に附議せる指導町村決定　14
和歌山　国民更生は婦人から——婦人団体の申合せ　14
奈良　経済整備断行——更生運動の方針決定　14
京都、滋賀　連合報徳大会　14
蕪村と京都　百五十年祭に当り偲ばれる画俳両面の偉業
金福寺の賑ひ　14

## 第三五号　一九三三（昭和八）年一月三日

歳旦所感　1
年頭に際して教化関係者に望む　斎藤　実　1
国民更生運動の完成を望みて　松井　茂　1
朝の海　咄　堂　1
国際連盟を廻る各国の動向　米田　実　2
更生の意義　加藤　咄堂　2
型破りの外交官　われらの松岡洋右氏の若き日の逸話　2
農村経済更生は農村産業組合の拡充による　千石興太郎　3
農村経済更生と農業経営の改善　月田藤三郎　3
中央地方に講習会を開設——新春本会の活躍　3
遠見近聞録　3
めくらの満洲旅行土産ばなし　丸山　鶴吉　4
斎藤会長招待　本会関係者午餐会首相官邸にて開催　4
東北地方に匡救土木工事の現場を視察する　新居善太郎　5
全国青年篤農家大会大日本連合青年団初めての試み　5
桑田熊蔵博士を憶ふ　5
国民生活建直し指導青年講習会講習員募集　5
農聖尊徳翁の足跡を辿る——講習・視察行脚記　6
国歌「君が代」に就て　久志　卓真　6
町村更生の実際　3　山梨県豊富村の生活改善要目と其の実績　7
自力更生の実例
虚礼と冗費を省いた更生型の結婚式／長太郎焼の出来るまで／自力更生の活模範　7
国民更生運動ニ関スル活動写真フヰルム筋書懸賞募集要項　7
経済時事　回顧と展望　隘　径　生　8
兵庫県で目下実施並計画中のもの　8
産業組合東京支会の力強き更生運動　8

## 第三六号　一九三三（昭和八）年二月三日

言論　非常時克服への途　1
非常時漫評　高島　米峰　1
紀元節　1
国難危急の大局に当面して建国精神を述ぶ　丸山　鶴吉　2
農山漁村経済更生計画　小平　権一　2
遠見近聞録　2
国民更生と公民教育の理論と実際を講明――中央地方の講習会計画　3
支那の国民性　国松　文雄　3
国民更生運動と最近の本会　3
我国の人口　九〇・三九六・〇四三人――昭和五年国勢調査概要　3
紀元二五九三年の建国祭近づく　4
国民更生地方講習会――二月中旬近畿と九州で開講　4
本会彙報　4
夢見る人　4
東北地方に匡救土木工事の現場を視察する（中）　新居善太郎　5
社会教育主事会議――非常時局の施設につき協議　5
曾我廼家五郎一座観劇会――本会の社会教育主事招待　5
梅村登君の自力更生――岐阜県土岐郡土岐町大久手　6
神戸市教化連合会設立協議会開催　6
社会教化主事を各郡毎に配置――朝鮮・平南の新しい試み　6
各郡別に社会教育係新設　6
教化団体の事業を統制　6
明治聖徳追慕詠進歌の募集　6
全国に魁け栃木県で自力更生展覧会――三月二十三日から五日間　6
更生運動地方便り
大坂／兵庫／千葉／茨城／三重／岐阜／山形／青森／富山／岡山／鳥取／島根／高知　7
町村更生の実際　挙村一致自力更生の励行に邁進しつゝある北海道石狩郡新篠津村　7
経済時事　昭和八年度非常時予算の諸相　（＊隘径生）　8
近畿附録
建国の古を偲ぶ橿原の聖地に近畿国民更生講習会開かる　9
いきりたつた兵庫の更生運動ぶり　その実施状況　9
全村教育実施町村と其日割　9
相互金融の確立を期す　農村金融の改善　9
挙村一致の努力を申合す（＊京都府）　9
村の灯台　感心な青年団（＊滋賀県）　9
苦闘七ヶ年町の救済金を辞退す（＊大阪府）　9
郷土の偉人（滋賀県の巻）　浅見絅齋　10
京都府教化団体の動き　10
伏見十六会　10
道徳研究会　（＊谷口萬次郎）　10

## 第三七号　一九三三（昭和八）年三月三日


言論　日本文化再建の転機　1
教化時評　高島　米峰　1
彼岸　1
佐賀の山村を訪るゝの記（上）　古　谷　生　2
国民融和日に際して　赤堀郁太郎　2
支那の国民性　下　国松　文雄　2
教化振興章（朗誦文読方）――中央教化団体連合会選　3
遠見近聞録　3
官公吏、教育宗教家の一挙一動は国民の活模範――公費宴会は絶対廃止せよ（愛媛県の座談会）　4
後藤武夫氏逝く――教化に尽瘁して功多き人　4
国民更生に関する申合せ事項の実行に一路邁進せん――徳島の真剣なる決議　5
国民更生と新興精神　論壇の雄咄堂氏――愛国の大熱弁を揮ふ　5
全国地方民性の考察　加藤　咄堂　6
真剣味に溢れた国民更生近畿地方講習会　6
ゴシップ　6
更生運動地方便り
東京／京都／和歌山／兵庫／埼玉／長野／宮城／滋賀／徳島／香川／北海道　8
東北地方に匡救土木工事の現場を視察する（下）　新居善太郎　9
春寒克服の七日大成した共同労作――九州地方講習会終る　9
国民更生映画筋書の当選発表　9
農村の娯楽は　9
実行の促進を叫ぶ――広島の国民更生座談会　10
更生日本は融和から――非常時国民融和日の運動　10
経済時事　昭和八年度非常時予算の諸相　隘　径　生　11
京城教化団体連合会組織さる　12
阿蘇郡教化団体連合会十九日発会式挙行　12
町村教化の方策を協議――西宇和郡教化委員大会　12
愛媛県双岩村教化委員会で『教化時報』を発行　12
広島県教化事業大会開催　12
姫路の教化講演会　12
寸刻の暇なく心身を錬つた愛媛の国民更生講習会　12
家庭教育講演会　12
篤行者表彰　12
名古屋市社会教育委員大会　12


## 第三八号　一九三三（昭和八）年四月三日


国際連盟離脱に関する詔書　1
聖旨を肝銘して勇往邁進せよ――斎藤首相の告諭　斎藤　実　1
非常時緊急教化大会――皇国の重大時局に際会して挙国教化の振張を期す　五月十七・八・九の三日間　1
文部大臣の訓令とその指導並実施要領　1

遠見近聞録　1
言論　国際連盟離脱の大詔を拝して　2
連盟脱退後の我が国策に就て――国際連盟より極東連盟へ
神川　彦松　2
大詔を奉じ非常時教化の振興を期す――本会理事会で決定　2
時評　高島　米峰　3
春雨　咄　堂　3
佐賀の山村を訪る、の記（中）　古　谷　生　3
最近ドイツの政情――ヒットラーの独裁政治　五来　欣造　4
満洲の野に活躍する我が空軍　田副　登　4
凛冽の余寒を冒して心身練磨の十日間――教化関係幹部講習
会手記　宮　西　生　5
講習会終了者の起用　5
感想録の中から　5
月光会だより　5
非常時打開策として教化網を完備――精神作興に努める佐賀県　6
県下総動員で経済精神両方面から自力更生を計る　6
京城教化団体連合会理事会　6
兵庫県連合会理事会開催　6
更生運動仄聞録　6
茨城県の更生標語　6
意気衝天の教化大会――建国の精神を体して国民生活の安定
に努力せんと決議　7
予期以上の成果を収めて広島の国民更生講習会終る　7
秋田県の国民更生講習会　7
本月一日から「遵法週間」――官民合同で全国一斉に挙行　7
小学卒業生の禁酒宣誓　中津川生　7
福岡県にこんな豊かな「町」もある　海江田生　7
経済時事　世界的の非常時　隘　径　生　8
近畿附録
経済更生計画樹立町村を指定し全村教育実施　9
諮問事項を答申す　大阪市教化委員会　9
奈良県に方面委員連合会成立　教化方面にも協力　9
農家経済更生の申合せ（＊京都）　9
奇特な話　溝の清掃奉仕（＊津市）　9
郷土の偉人（和歌山県の巻）　南龍公と有徳院　9
飛鳥地方の史蹟を探る　国民更生近畿地方講習会受講者の
研究事項として　10
極左運動の本陣で思想浄化運動　委員を挙げて対策考究
（＊松阪市）　10
農村更生に貴重な役割をなす　弥栄村婦人会　10
篤農家表彰さる　東陶器村の梅川氏　10

**第三九号**　一九三三（昭和八）年五月三日

言論　再び緊急教化大会開かる　1
重大時局と我等の任務――大詔を拝して所懐を述ぶ　松井　茂　1
牡丹　咄　堂　1
緊急教化大会――皇国の重大時局に際会して挙国教化の振張

を期す　本月十七・八・九日　1
遠見近聞録　1
新興日本の使徒松岡代表帰る――国民の魂を打つ熱涙の弁　松岡　洋右　2
緊急全国教化大会迫る――発表されたその要項　3
畏し大御心――長時間に亙り各地方長官に民情を御下問　3
国際連盟に於ける日本の功績　大熊　真　3
時評　高島　米峰　4
満洲の野に活躍する我が空軍　下　田副　登　4
佐賀の山村を訪る丶の記（下）　古谷　生　5
月光会だより　5
本会彙報　5
自力更生は科学的に強く――神奈川県の計画なる　6
更生運動仄聞録　6
新興農村の建設を期し青年団員の結盟　6
明治の尊徳石川翁の講演全集出づ　6
二宮先生記念自力更生講演会並に報徳関係資料展覧会　6
第廿二回三重県斯民会総会　6
清明文庫開館式　6
長崎の教化関係者大会――非常時大講演会並に講習会　7
山梨県教化事業協会総会　7
台北州教化連合会の活躍ぶり　7
台中州から会則及入会手続問合　7
教化網を完成し教化の宣伝充実を期す――宮崎県の事業計画　7
八年度事業計画決定――兵庫県連合会評議員会開かる　7
天長の佳節に国際連盟脱退詔書奉戴式盛大に挙行せらる　7
京城の非常時局講演会　7
思想の善導に社会体育を奨励　7
岡山県の総会並に講演会　7
秋田の農村経営講習会　7
思想調査並に善導に主力を注ぐ　7
経済時事　日印通商条約廃棄問題　隘　径　生　8
消防歌歌詞募集　財団法人大日本消防協会　8
近畿附録
近畿地方に於ける教化聖戦の現勢（一）　和歌山県の巻　9
郷土舞踊好評　9
御仁慈畏し　御下問に奉答して各府県知事謹話／斎藤京都府知事／懸大阪府知事／白根兵庫県知事／広瀬三重県知事／伊藤滋賀県知事／清水和歌山県知事　9
教育教化関係者に非常時訓令を発す――和歌山県知事　9
兵庫県教化団体連合会評議員会　9
兵庫県の全村教育　9
教化施設の充実　木津村の更生計画（＊京都府）　9
郷土の偉人（兵庫県の巻）　赤穂義士の魂を築いた哲人素行　10
農村を率ゐる村長は自ら耕する百姓でなければならぬ（＊大阪府）　10
伊勢神宮と多賀神社へ更生祈願（＊滋賀県）　10
更生講演会（＊大阪府）　10
修養講習会（＊和歌山県）　10
東柘植村に社会教育課新設（＊三重県）　10

前校長の篤行（＊三重県）　10
禁酒運動家の模範結婚　10
めづらしい婦人の更生委員（＊大阪府）　10
勤労による尊い献金（＊大阪府）　10
非常時大講演会（＊大阪市）　10
三重県教育会の詔書十周年記念計画　10

## 第四〇号　一九三三（昭和八）年六月三日

言論　非常時教化大会を顧る　1
農村更生と隣保共助の精神　後藤　文夫　1
緑陰・読書　咄　堂　1
遠見近聞録　1
連日の疲労に屈せず熱心に実施方法を協議――地方連合団体主務者会議に於て　2
教化強調週間十一月七日より十三日まで　2
協力に活きる更生部落　愛媛県西宇和郡三島村大字下泊　3
大分県に於ける教化座談会と講演会　3
更生村落視察　3
本会彙報　3
中央地方教化連合団体要覧刊行　3
御詔書の謄本謹製を衍義の発行　3
更生運動仄聞録　4
月光会だより　4
聖旨を遵奉して教化の振興を期せよ――岡山県教化団体連合会総会における決議　5
松井博士を聘し第五回鹿児島県教化連盟大会開催　5
市会・県会議員の改選を機とし各所一斉に選挙粛正講演会を開催　5
埼玉県連合会理事評議員会並に総会　5
葵祭に教化宣伝　5
京都府教化団体連合会の代表者会議　5
国民更生運動時局講演映写会五班に分れて活動　5
富山の教化関係者講習会並教化座談会　5
大詔の御趣旨徹底の為大谷派蹶起せん――大会出席者から　5
広島県甲奴郡仏教会の大活躍　5
愛媛　西条町教化連盟委員会／桑原村振興会／教化映写会　5
農民画家ミレー　小泉　英一　6
まず指導町村に整理組合を作る――農家の負債整理　6
事務統制のため更生課を新設――福井県の英断　6
四国では最初徳島に更生課開設さる　6
時局に善処せしむるため「国民運動週間」設定　6
赤化を防ぐ教員の思想講習本月より開始す　6
どうしても赤字が出る――小作農の生活は楽でない　6
近畿附録
勅祭賀茂の葵祭に――京都府教化団体連合会の活躍　1
京都府教化団体連合会昭和八年度予算事業計画等決定　1
京都府連合会便り　1
京都の非常時国民運動講演会　1
村の更生委員会（＊京都府・大阪府）　1

負債の原因は？　南掃守村の調査（＊大阪）　1
選挙風景二題（＊大津市・奈良県）　1
箕面村社会教育委員会　1
近畿地方の大会出席者　1
向上の信念失はず自助自救の精神振起――泉北郡農会の更生案　1
市町村に社会教育委員設置――三重県と兵庫県　1
緊急教化大会所感　1
聖徳太子とその教化の御事蹟（一）　佐伯　定胤　2
更生々活の第一歩――時間励行は上成績（＊大阪府）　2
町の経済を町民に説明――由良町の試み　2
神岡村青年団五ヶ年間禁酒を決議　2
駐在巡査を監察官に――農村の青年団矯風会を組織（＊三重県）　2
村長のお嬢さん改善結婚のトップを切る（＊三重県）　2
英霊に額き尽忠報国を誓ふ――北濱相互修養会（＊大阪）　2

**第四一号〈教化大会特輯〉**　一九三三（昭和八）年六月一〇日

再び全国教化大会非常時の緊張を漲らせて――大詔奉体の方策決る　1
斎藤会長挨拶　斎藤　実　1
激励の辞　湯浅　倉平　1
教化大会　雑感三則　高島　米峰　2
祝辞　山本達雄／鳩山一郎　3
大会ノ決議　7
決議の報告と通牒　7
物質と同時に魂を与へよ　闘士はかく叫ぶ――大会二日の地方情況報告
教化網の運用に就て　村田吉右衛門　8
必成を期し得る時局匡救策に就て　入倉　善二　8
大分県に於ける選挙粛正運動の情況　伊藤　末尾　8
広島県教化網組織の大要と町村更生の事例　中野　信房　8
町村更生計画の大要とその実例　太田健治郎　8
現に実績を収めつつある部落及個人　過石井　清　8
部落及団体の更生実話　安田　英男　8
思想善導の具体的方法並に福井県に於ける報徳会の実況　児玉真一郎　8
福岡県に於ける国民更生運動と全村学校実施状況　蒲池　正雄　8
新居町における社会施設　渡辺　鎰吉　8
社会教育委員制度並に国民更生運動実施状況報告　伊藤　伊行　8
教化事業の統一と本県の施設　久保久一郎　8
時局問題が朝鮮の民心に如何に反映せるか　日野　春吉　8
大会ゴシップ　8

**第四二号**　一九三三（昭和八）年七月二日

言論　教化運動の新転機　1

大詔奉体と非常時日本　加藤　咄堂　1
理想の郷土　教化村を創設——福島県連合会の新運動　2
時評　高島　米峰　2
お願ひ　中央教化団体連合会　2
更生の農村行脚（其の一）天下の杉山に夜の教化常会を見る　春　洋　生　3
地方町村の教化施設を視察　3
講演に就て　伊豆　凡夫　4
お役所を廻る教化人の話　K　F　生　4
盂蘭盆　咄　堂　4
本会彙報　4
中外日報子に与ふ　編　輯　子　4
尊徳先生の遺教を遵奉して県民更生の根基に培ふ　報徳県富山　5
一歩一歩堅実に更生して行く加納部落　兵庫県神崎郡粟賀村　5
「政争王国」の転落！　後藤農相と松井博士の大獅子吼——大分で選挙粛正の猛運動　6
更生運動仄聞録　6
詔書の御趣旨徹底の具体的方策を議した鹿児島県連盟第五回大会　7
詔書を奉体して国民精神の興隆振作に努む——奈良県の国民更生運動　7
各都市で非常時教化懇談会開催——兵庫県連合会の催し　7
和歌山県下二ヶ所で非常時国民更生講演会を開催　7
愛知の教化事業関係者夏期講座　7
京都府教化団体連合会の活動　7
月光会便り　7
経済時事　目下開催中の世界経済会議　隘　径　生　8
経済戦線　8
花蘭抄（＊俳句）　笠井　栖乙　8
近畿附録
近畿地方に於ける教化聖戦の現勢（一）滋賀県の巻　9
自力更生精神の振作　更生計画村長会で県から注意（＊滋賀県）　9
兵庫県の非常時教化懇談会日割　9
奈良の講演会に鈴木大将等出講　9
和歌山県愈々結婚改善の統一的運動に著手　9
聖徳太子とその教化の御事蹟（二）　佐伯　定胤　10
非常時の運動に奮闘——姫路市教化懇談会　10
三重県市街地教育協議会　10
園部教化連盟会総会（＊京都府）　10
非常時の学校教育——麦を刈る校長さん達と中学生手料理のお弁当（＊滋賀県）　10
健げな娘の心に父親が改心した話（＊大阪府）　10
農童の胸に描く第一の偉人は尊徳翁——富田林校の調査　10
教化講演会（＊大阪府・京都市）　10
事務所変更（＊京都）　10

# 第四三号〈指導大綱解説特輯〉　一九三三（昭和八）年七月一五日


大詔奉体と非常時日本　1
指導大綱解説
総説　加藤　咄堂　1
指導大綱（イ）大義ヲ宇内ニ顕揚スル大国民ノ襟度ヲ保タシムルコト　松井　茂　2
指導大綱（ロ）世局ノ重大性ヲ認識シ挙国振張ノ秋タルヲ痛感セシムルコト
上、稀有の世変　神川　彦松　3
下、非常の時艱　編　輯　部　3
指導大綱（ハ）上下一心文武恪循衆庶淬礪以テ国民更生ノ実ヲ挙ケシムルコト
上、上下一心恪循淬礪　高島　米峰　4
下、国民更生の実を挙ぐるの方途　佐々井信太郎　5
指導大綱（ニ）正ヲ履ミ中ヲ執リ世局ニ処シテ協戮邁往セシムルコト　松尾　長造　5
指導大綱（ホ）日満親善ノ精神ヲ教養シ共存共栄ヲ以テ世界平和ノ基調タラシムルコト　池田　純久　6
教化振興章（朗誦文読方）――中央教化団体連合会選　7


# 第四四号　一九三三（昭和八）年八月三日


言論　非常時局と国民思想の帰趨　平泉　澄　1
フヒテ復興と其の精神　1
波　咄　堂　1
都市教化の重要性　加藤　咄堂　2
神都における本会主催の都市教化懇談会　2
満洲土産話　対満蒙精神活動　国松　文雄　2
本紙の劃期的大飛躍　2
時評　高島　米峰　3
酷暑を侵して時局教化対策協議会並に講演会　3
本会彙報　3
荘厳！　福島の教化村開設式――赤木知事、松井博士を始め臨席　四村民その決意を神明に宣誓
相馬郡太田村／信夫郡大森村／田村郡中郷村／南会津郡楢原村　4
非常時打開大講演会――福島県下三ヶ所にて開催　5
新潟県に於ける時局教化対策講習会　5
お願ひ　中央教化団体連合会　5
猛夏を突いて二千の聴衆を吸収した奈良の非常時国民更生大講演　6
花田氏を招き国民更生座談会並映画講演会開催　6
くだけた建国精神の鼓吹――「芸道連盟」設立　6
社会教化講習会開催　6

更生実話刊行　6
社会教育に資する話術の講習――文部省の新しい試み　6
地方文化向上の為夏期大学開設――石川県仏教会の主催で　6
三重県の自力更生研究懇談会　先ず阿山郡東拓植村で開催――同村の更生概要　6
更生運動仄聞録　7
朝鮮だより　7
地方通信　7
大震災十周年記念　標語懸賞募集　中央教化団体連合会／東京府／東京市／東京府教化団体連合会　7
話の種　7
経済時事　国際経済会議失敗に帰す　隘径生　8
経済戦線　8

**第四五号**　一九三三（昭和八）年九月一日

言論　大震災十年　1
関東大震災十周年記念日に際して　鳩山一郎　1
飛躍する本紙　待望の躍進版　1
都市教化の大綱を樹立すべく十七都市代表神都に参集――炎暑を冒して両日協議　2
遠見近聞録　2
関東大震災十周年記念日を迎へて非常時意識を一層強調　3
左右の思想病対治策を二権威者は斯く語る――所謂思想善導方策に応へて　4
真の皇道精神　大和一体の道――右傾主義者の蒙を啓く　秦　真次　4
赤病看護婦の一年を語る　紀平　正美　5
海外より　小尾範治／大島正徳　4
更生の農村行脚　その二　郷土更生を目指して挙村真剣の努力――ほがらかな笑ひのうちに　春　洋　生　5
時局教化対策を語る　覚王山の塾堂で憂国済世の大評定――中部三県の時局教化対策協議会　6
蒸せ返る公会堂で粛然たる時局問題講演会――名古屋市で松井、山川両博士の熱弁　松井茂／山川建　6
関東大震災十周年記念懸賞募集標語当選発表　6
指導者は魂を躍動せしめよ――熱火の意気に燃えた三重の座談会　7
話の種　7
新潟に於ける時局教化対策講習会開催期愈々迫る――講師の顔触れ決定　8
和歌山に於ける報徳講演会　8
時局教化対策座談会並に協議会講演会――青森、北海道で開催される　8
伊香保にダンス・ホールは禁物だと各教化団体で絶対反対の声明　8
福島の教化村その後の情報　8
教化町村幹部講習会　8
野沢町の教化町開設式――愈々八月三十一日に挙行　8

経済戦線　8
日本国民禁酒同盟の「酒なし日」運動　8
近畿附録
兵庫県下一斉に公徳週間の実施――九月十日から一週間　9
滋賀県の時局講演会　9
箕曲村民精神運動（＊三重県）　9
各地とも盛況　兵庫県非常時教化懇談会　9
滋賀県で社会教育委員を設置　9
校長さんの温い涙（＊奈良県）　9
三重県社会教育委員講習会　9
豊能郡宗教団連合会の組織（＊大阪府）　9
丸山理事熱弁を揮ふ――和歌山県下の非常時国民更生講演会　9
聖徳太子とその教化の御事蹟（四）　佐伯　定胤　10
江洲音頭由来　10


**第四六号**　一九三三（昭和八）年九月一一日


災厄を乗り越えて新日本更生の秋――偉大なる国民性は国難に育まる　杉村陽太郎　1
挙国振張の秋　精神作興週間――国民精神作興詔書渙発十周年　1
畑山知事臨場して厳粛なる教化町開設式――挙町一致理想郷建設に邁進する福島県野沢町　2
時評　高島　米峰　2
ロンドンにて　大島　正徳　2
上野の森に美術の秋来る　院展、二科、青竜展はじめ美の国日本の代表的花　3
芸術と教化運動　3
非常時日本と祖国中心の芸術　河野　桐谷　3
野沢町余談　3
彫塑余滴　朝倉　文夫　4
震災十周記念地方教化連合団体の活動ぶり　4
禁酒村々長の集ひ　御自慢の功績披露――日本青年館の村長禁酒懇談会　4
更生運動仄聞録　4
大震災記念日当日の大東京風景　5
訪村実に六十回――商大出の矢部善兵衛君農村に報徳結社を組織　5
広島で都市教化の協議会――本月一日県主催で開く　5
銃を持つ手で鍬を――近衛第一両師団の試み　5
第二回全国篤農青年大会――本年十二月開催さる　5
思想善導の陣を布く――長野県社会課の大活動　5
北宇和郡教化連盟総会　5
国民更生講演会　5
忘るな九・一八　満洲事変記念日迫る――各地の記念催し計画成る　5
山形市で開かれた農村経済更生協議会――主催本省並東北四県連合　5
珍らしい耕地愛護運動――滋賀県下農民の総動員　5
経済時事　解決を迫る我が人口問題　隘　径　生　6

## 第四七号　一九三三（昭和八）年九月二一日

時局と新聞　黒木　勇吉　1
挙国振張の秋　精神作興週間　1
（＊漫画）　1
秋風の賦　天　壇　生　1
スコットランドにて　大島　正徳　1
民衆の上に立つ人々よ　躬を以て教化の範を垂れよ――新潟県に於ける識者の偽らざる要望　2
強き印象を残して新潟の講演会終る　2
大和一体の道は先ず家庭より――其の修養体得の方法　秦　真次　3
月　咄　堂　3
更生運動指導者のため国民更生講習会を来る十月兵庫県に於て開催　3
彫塑余滴　朝倉　文夫　4
聞け！農村の叫び　農村の更生は負担の均衡から――全国農会大会　4
国民更生協議会長崎県主催　4
農民の苦しい生活相――農家経済更生資料　4
地方篤農青年に更生計画の意見を聞く座談会　4
満洲事変二周年　記念日を迎へて各地の催し　東京／新京／神戸／姫路／石川／長崎／熊本／高知／福島／静岡　5
一八日より二十四日マデ愛知県で克己週間――精神作興運動と派遣軍慰問醵金　5
更生運動地方色　群馬／静岡／愛媛／三重／千葉　5
各団体を動員して農山村の更生をはかる――朝鮮、慶尚南道の試み　5
新潟で開かれた経済更生協議会――農林省主催で　5
禁酒村三穂で喜びの踊り　5
農会と教育会のコンビ――「婦人農家経済改善同盟」　5
紀行　伊勢松坂　小泉　英一　6
海の彼方　6

## 第四八号　一九三三（昭和八）年一〇月一日

言論　精神作興週間の設定　1
教化運動者は其の力を忘る勿れ――今こそ挙国的教化の秋　松村　介石　1
精神作興週間――国民精神作興詔書渙発十周年記念　1
北海道の人々と語る時局教化対策協議会に松井、丸山両理事出席　2
札幌・函館の講演会で松井・丸山両理事熱弁を揮ふ　2
理事会余聞　風教問題討論　2
精神作興週間――十一月七日より十三日まで　3
海外発展の第一歩　先ず日本を知れ　東郷　実　4
勤労と祖国愛を結び文部省植民進出教育の方針　4
物質至上主義の満漢人の生活――日本移民の一考察点

戸田　貞三　5
日本に憧れる蒙古の名花一輪――高島平三郎氏の満洲土産話　5
本会彙報　5
祖国の真姿　5
第二回国民生活建直し指導者講習会　5
時局教化対策座談会　「娘のない村」を一掃せよ――その禍
因は何処にある　山形県新庄町にて　6
更生途上に勇躍する農山村続く凶作にも挫けぬ強気――潑溂
たる青森の座談会　6
お願ひ　中央教化団体連合会　6
赤の対策　教員の非常時に日本精神を鼓吹――新潟・思想県
視学設置　埼玉・講習会開催等　7
静岡県下の都市教化研究懇談会――静岡市外三市にて開催　7
更生週間宇部の行事　7
実例を求める――鳥取県学務部　7
放送プロ編成の指針を確立するため中央放送審議会の設立　7
香川の国民更生講演会――高松外三ケ所にて開催　7
青年団の美挙　7
思想対策と並行して映画国策樹立――関係省で統制委員会　7
話の種　7
更生運動地方色　静岡／秋田／北海道／茨城／長野　7
経済時事　物価下落と都市民の家計　隘　径　生　8
新潟行（＊俳句）　竹　斎　8
近畿附録
近畿地方に於ける教化聖戦の現勢（四）　奈良県の巻　9
三原都の非常時教化懇談会――実行事項を決議　9
暇なき村の建設――希望に輝く切目村　9
大阪教連の加盟団体代表者会議　9
非常時局講演会兵庫県下で　9
京都の教化団体代表会　9
守る公徳明るい社会――兵庫の公徳週間　9
志野隆則氏県社会主事に　9
神戸に於ける国民更生講習会へ――近畿地方の出席者　9
淡路猶存会の組織　9
経済更生の実行祈願祭　9
聖徳太子とその教化の御事蹟（完）　佐伯　定胤　10
愛郷心を涵養『郷土読本』編纂　10
馬見労禱学園――禁酒運動から村の有ゆる施設へ　10
玉緒村指導会創立　10

## 第四九号　一九三三（昭和八）年一〇月一一日

祖国第一主義で第二国民を訓練――少年団世界大会から帰つ
て　小尾　範治　1
良き母たれ！と少女を教育――ナチスの家庭教育を語る　月田　寛子　1
精神作興週間――国民精神作興詔書渙発十周年記念　1
江戸昔噺と其の教化　人情濃かなりし江戸時代の町家生活
――八十三翁の江戸回顧談　高村　光雲　2
自治の基本となる江戸の五人組制――禍福吉凶総べて連帯　2

町内教化に当る心学の先生 2
山恋し（＊詩） 2
海のかなた 2
精神作興週間――十一月七日より十三日まで 3
時評 高島 米峰 4
月光会便り 4
宮城県で『郷土読本』編纂の大綱きまる 5
大詔渙発記念日に思想善導融和促進に最善の努力を尽す 5
「如何にして転向したか」を聞く座談会 5
結婚改善の規約を制定 5
宮内省から理想の郷土視察 5
農村娯楽の再興 映画連盟も組織して力を入れる鹿児島県 5
非常時教育『美談集』を副読本として使用 5
岩手県で更生資料展 5
講談で思想善導――山梨県の試み 5
山奥の娘にもこの自覚あり 5
景気漸騰の吉兆か？――卒業生就職率向上 5
堆肥増産は更生の基 5
お願ひ 中央教化団体連合会 5
本会彙報 5
寄贈図書 5
都市教化留意要項 上
都市教化留意事項／上、都市教化の綱領 6

## 第五〇号 一九三三（昭和八）年一〇月二一日

東洋の盟主たる襟度を忘る勿れ――世界経済会議より帰つて 青木 得三 1
挙国振張の秋 精神作興週間 1
海のかなた 1
非常時の国民的総動員 精神作興週間迫る！――着々整ふ新陣容 2
大詔渙発記念日には総理大臣から告諭 2
精神作興週間実施に関する各省の通牒 2
聖徳太子御尊像遂に完成 2
時流に聴く 天壇生 2
信仰の生活化を強調し西本願寺でも克己週間 2
本会主事任命 2
都市教化留意事項 下
上、都市教化の綱領（二）／下、都市教化の方法施設 3
国難打開は生活改善よりと岐阜県から規約を発表 5
知事を会長とする思想研究会を創設――階級的思想の撲滅を期す 5
朝鮮京畿道で都市教化に乗出す――先ず女教員に講習して家庭の更生を目指す 5
テロ行為に鑑み思想善導を計る 5
青森の思想講習会 5
実補教育機関を充実して農村子弟を訓育――明年は「農民学

校」を建設　5
思想善導対策に講習会を開く　5
知事官舎へ県下篤農青年を招き更生座談会　5
挙村一致の精進ぶり　5
理想的の農業暦　5
不抜の魂を吹き込んだ神戸の国民更生講習会――緊張裡に其の幕を閉づ　6

**第五一号**　一九三三（昭和八）年一一月一日

国民精神作興詔書渙発十周年　詔書　1
非常時日本の闇雲を照破せよ――精神作興詔書渙発十周年に当りて　斎藤　実　1
強調要目の徹底は国家の非常時を救ふ――精神作興週間開始に際して　鳩山　一郎　1
非常時の国民的総動員精神作興週間　1
精神作興週間　挙国的大運動の展開その成果を日常生活の脚下に期すべく各地の準備工作すすむ　2
大坂／京都／兵庫／滋賀／和歌山／岐阜／長崎／島根／熊本／埼玉／広島／宮崎／福岡／群馬／宮城／新潟／茨城／石川／京城／鹿児島／三重／山口／慶北　2
国民精神作興詔書渙発十周年記念式　2
既往十年を顧みて我徒の使命を思ふ　松井　茂　3
国民精神作興週間　3
地方長官に対し記念式挙行方を通牒――客月二十七日文部省から　3
非常時日本の警鐘！　精神作興週間――諸家は斯く見る
国民更生には千載一遇の好機　粟屋　謙　4
国民の心に聖旨を蘇生せしめたい　池田　宏　4
恒久的な組織と徹底的訓練が肝要　関屋　竜吉　4
例へ教理を異にしても協心戮力して当れ　下村　寿一　4
この週間を反省週間とせよ　関屋貞三郎　4
青年的意気と捨身でやれ　丸山　鶴吉　4
維新の非常時と現下日本の非常時　潮　恵之輔　5
官民挙つて参加し聖旨徹底に努めよ　丹羽　七郎　5
記念日に際し一層聖旨の徹底を期せよ　三矢　宮松　5
教化の源泉は神明の御祐助　今泉　定助　5
中央の式典は厳粛荘重なれ　高島　米峰　5
大詔の前には没我的であれ　大倉　邦彦　5
基督教徒の国民更生運動　5
古義真言宗でも作興運動を興す　5
智山派の作興運動　5
本会彙報　5
外遊漫語　大島　正徳　6
転身記　古賀幾次郎　6
話の種　6
技術的方面から精神的指導へ転向　副業基礎工作開始――農民の経済的観念未だしの感　7
奈良県で非常時国民更生大講演会　7
更生案には祭りも減らす　7

十一月一日の更生記念日に表彰と講演会——長崎県の計画　7
福井でも『郷土読本』出版　7
真の教育は労作指導による全人陶冶から……と——和歌山県の全国初等教育大会　7
雑誌『更生』を発行　7
赤化対策　知事を会長に思想対策委員会——特に学生善導のため　7
中央から講師を招き講演会を開く——山梨の思想問題研究会　7
教化連合会主催の村民大運動会　7
興村の第一歩——「生活改善同盟規約」を制定　7
十周年記念に優良報徳会の表彰——京都報徳会にて　7
月光会便り　7
今秋いよ〳〵全台湾教化対策協議会——引続き各州で座談会及講演会開催に決す　8
経済戦線　8
新刊紹介　8


## 第五二号　一九三三（昭和八）年一一月一一日

聖慮優渥　教化御奨励のため御内帑金を下賜——恐懼感激偏に鴻恩に奉答せむることを期す　1
聖恩に浴したる各教化団体　1
国民精神作興詔書渙発記念式典十年前の感激も新に——中央地方各団体代表千有余名参列　1
文相訓令／鳩山文部大臣謹話　鳩山　一郎　1
「鴻恩の万一に奉答せむ」と斎藤会長の感激の謹話　斎藤　実　1
記念日を迎へ大正の丕訓を奉体して昭和の聖代に報効せよ——斎藤首相の告諭　斎藤　実　2
式辞　斎藤実／湯浅倉平／鳩山一郎／山本達雄　2
記念日に際して——講演の一節　松井茂／鎌田栄吉／一木喜徳郎　2
全日本の感銘こゝに鍾まる——厳かなりしその日の式典　2
朝鮮二千万同胞に新たなる奮起を促す——全鮮の教化団体を総動員して精神作興の一大運動　3
総督の声明　宇垣　一成　3
全台湾に於ける記念日の感激　3
首相の訪村後更生の実あがる——東京府座談会に聴く　3
釧路市教化連合会誕生　3
朝香宮妃殿下の御薨去を悼み奉る　3
国民精神作興詔書渙発十周年記念日に当りて　斎藤　実　4
精神作興週間に対する中央諸団体の協力——十一月一日首相官邸における代表者懇談会傍聴記　4
多艱多難の秋　聖旨を畏みて国運伸張の大本に培ふ——大地も振ふ精神作興週間
東京／長野／三重／広島／和歌山／北海道／千葉／石川／青森／神奈川／栃木／富山／岐阜／奈良／滋賀／鳥取／岡山／香川／愛媛／高知／佐賀　5
挙国振張の実を収めよと内務省からも通牒　5
精神作興週間に於ける各教団の活動　6

教化運動の新道標　こゝに樹立さる――岡山県の非常時教化振興協議会　6
浜松で思想問題講演会　6
地方色豊かな農村娯楽　6
本会彙報　6
新刊紹介／寄贈雑誌　6
展望塔内外ニュース　7
秋の錦　咄堂　7
政界は余りに混濁　心身の浄地を求む――八聖殿開殿式を前に安達謙蔵氏心境を語る　安達謙蔵　7
経済時事　世界を席捲する我が商品　隘径生　8
鳴子（＊俳句）　笠井栖乙　8

## 第五三号　一九三三（昭和八）年一一月二一日

本会緊急理事会を開催し地方連合団体に配賜――畏き聖旨を伝達　1
組織を整備して施設の完きを期せ――斎藤会長地方に通牒　1
感激一入深し――香坂東京府教化団体連合会長謹話　1
台湾に於ける協議会明春に延期せらる　1
緊急理事会　1
非常時の覚悟も床し――克己日の地方色　2
美談の国旗校庭に翻る少女の赤誠――克己日に輝く　2
児童のお小使を陸軍省に献金　2
平時に非常時訓練を　2
酒保を閉鎖――その金を貯金　2
節約は台所よりと婦人会の活躍　2
外人の観たる日本国民性（一）明治維新前　ドン・ロドリゴ　3
畏し聖恩に浴せる栄誉の団体鳥瞰（一）　詔書渙発記念式典の当日に　大日本連合女子青年団／財団法人大日本連合婦人会／少年団日本連盟／日本労務者教育協会／金鶏学院　3
一茶の芸術　小泉英一　4
埋没化石林の発見　4
ペンの雫　4
イヴァン・ブーニン――魂の故郷へ　4
人種学上の日本人とアイヌ人　4
教育功労者表彰　4
公娼全廃、レヴューの浄化等道徳的改革の強行――内務省いよ〳〵乗出す　5
非常時に現れた農村の意気　5
記念日に時の功労者表彰　5
都市美化運動改良調査委員会の街頭進出　5
全村農家に更生日記　5
横断的統制に全村学校を設置――弊風一掃を画す　5
赤穂義士大石内蔵展――詔書渙発記念日に因み十一月五日まで高島屋で　5
成人教育講座　5
岐阜県で思想問題講習会　5
千葉県で思想問題研究会近く設立　5

女子消防隊の旗挙げ　5
生活改善に団員服制定　5
本会彙報　5
展望塔内外ニュース　6
書道精進物語　内山　天壇　6
新刊紹介　6

## 第五四号　一九三三（昭和八）年一二月一日

言論　鴻恩奉答の途如何　1
米ソ国交回復の真相とその影響　米田　実　1
時評　高島　米峰　2
国難打開の指導者養成　裏日本の鳥取で時局教化対策講習会を開催――来る十二日から五日間　2
地方教化連合団体の配賜御礼言上　2
道路は村民の顔　精神作興を地で行く全村民総出動の涙ぐましき奉仕――熊本県一農村小学校長村上獅哮君の努力　古谷　敬二　3
転身記　二　警察署長から僧侶へ　江藤　喜友　3
外人の観たる日本国民性（二）明治維新前　ケンペエル　4
読書
徳富猪一郎氏著『増補国民小訓』／松井茂博士著『警察読本』／海軍大佐有馬成甫氏著『非常時海軍国防読本』　4
寄贈雑誌　4
展望塔内外ニュース　5
畏し聖恩に浴せる栄誉の団体鳥瞰（二）　詔書渙発記念式典の当日に
財団法人社会教育会／財団法人中央報徳会／財団法人報徳会／社団法人日本弘道会／社団法人大日本報徳社／財団法人修養団／生活改善中央会　5
各地の精神作興週間実施状況（その一）
大分／朝鮮／秋田／滋賀／徳島／愛媛／長崎　6
或る女学生の日誌――精神作興の一週間　6
第二回全国篤農青年大会――十二月五、六、七、三日間日本青年館にて開催　6
鉄道省で新たに週間を設け精神作興の猛運動　6
月光会便り　7
闘争から協調へ　地主も小作も相携へて更生に――百二十名挙つて全農を脱退　見よ！非常時の村　7
高知県下警察署一斉に国旗掲揚式を挙ぐ　7
全村各戸に国旗掲揚台の建設　7
知事も臨席して盛大なりし二宮祭　7
全国でも嚆矢――女子青訓の誕生　7
簿記帳は一戸に一部　7
婦女子の活躍農村に光彩を放つ　7
更生運動地方色
東京／八王子／静岡／山口／宮崎　7
雪の晨も雨の日も宮城前の清掃奉仕（1）　篤行の人前田政敏翁　8
お願ひ　中央教化団体連合会　8

経済戦線　8

## 第五五号　一九三三（昭和八）年一二月一一日

昭和八年を回顧す——擡頭し来りし日本精神の高調　加藤咄堂　1
除夜　咄　堂　1
国家の風教を乱るカフエー・ダンスホール麻雀賭博等に大鉄槌　明春を期して省令公布——警保局の宮野警務課長語る　1
転身記　3　地方長官から大日本連合青年団へ　福島　繁三　2
海のかなた　2
東京府連合会では御下賜金拝戴式を十二月九日府庁正庁に於て挙行　2
東京を街の辻に拾ふ　IK生　2
雪の晨も雨の日も宮城前の清掃奉仕（下）　篤行の人前田政敏翁　3
畏し聖恩に浴せる栄誉の団体鳥瞰（三）　詔書渙発記念式典の当日に
財団法人日本連合青年団／財団法人日本青年協会／財団法人日本国民高等学校／財団法人社会教育協会　3
各地の精神作興週間実施状況（その二）
熊本／兵庫／沖縄／奈良／佐賀／宮崎　4
教化施設としての全村教育　4
聖恩に感激　加盟団体から金壱百円也大坂府連合会へ寄附
——北浜相互修養会の美挙　4
聖訓奉旨会の記念式典——宣言を発表　4
第三回国民生活建直し指導者講習会　4
「赤」の恐怖を一掃すべく各地の思想対策　埼玉／秋田／奈良　5
聖旨奉体修養団東京大会——十二月三日日比谷公会堂に開催　5
各団体を動員して悪弊打破に邁進　5
常会を設け精神的更生を計る　5
克己日の義金を教化事業基金に　5
難治の村を建直し更生の祝賀会　5
日本精神を基調として小学校長を再教育　5
農会新築の記念に更生資料展を開催　5
静岡で社会教育委員会を設置　5
汗と涙の体験を語る——全国篤農青年大会　5
経済時事　来年度予算案成る　隘　径　生　6
新刊紹介／寄贈雑誌　6

## 第五六号　一九三四（昭和九）年一月一日

新春有感　1
皇太子殿下ノ御降誕ヲ奉祝ス　1
新春を迎へて一層奉公の誠を尽さん　松井　茂　1
年頭所感　斎藤　実　1
聖上陛下の御日常（上）　関屋貞三郎　2
斎藤会長より賀表を捧呈　斎藤　実　2
甲戌の春　2

揺ぎなき国体の尊さを味ふ――中央教化団体連合会創立十周年を併せ祝す　国府　犀東　2
御下賜金処理の状況――道府県よりの報告の中から　3
年頭早々更生活躍の覚悟も新たに――中国四国に於いて時局教化対策講習会を開催　3
非常時局と海軍　武富　邦茂　4
大欠伸／鉱山師（＊漫画）　信　堂　4
本会彙報　4
皇室に関する文字取締について（一）　佐野　恵作　5
感激と緊張の裡に鳥取の教化講習会閉幕――講義と行事と寒気に不撓の心身を鍛錬して　5
自力更生は笑ひから　5
時流に聴く　内　山　生　6
一層精神作興へ――名古屋市の社会教育協議会　7
皇紀運動漸次拡大す――西暦全廃を目指して　7
三千の農民集ひ難局打開を練る――松本に於る農民大会　7
文部省に思想局の新設　7
更生運動標語当選発表――山口社会教育課の企　7
台中の教化委員大会盛会裡に終る　7
全町学校で展覧会を開く　7
時局と国旗尊重へ釧路教連の活躍　7
虚礼を廃せと鹿児島の運動　7
生徒と先生で尊徳像を建立　7
人目を避けて清掃奉仕　7
話の種　7
更生運動地方色　宮城／福井／岡崎／島根／岩手　7
経済時事　回顧と展望　隘　径　生　8
附録　誌上講演　重畳せる非常時諸相の検討
昭和九年の国際情勢展望　神川　彦松　9
非常時政局の諸相　高橋　清吾　10
財政の現在と将来　阿部　賢一　10
非常時日本の経済・産業　牧野　輝智　11
流行思想と思想的訓練　土田　杏村　11
私の観たる非常時の意義　吉垣寿一郎　12

## 第五七号　一九三四（昭和九）年一月二一日

「創立十年を偲ぶ」尽きせぬ歓談の夕――一月十五日記念の会　1
各氏の所感
文部省移管当時を思ひ長足の進歩を賀す　粟屋　謙　1
山川男爵出馬当時の回顧　今泉　定助　1
混沌から統一へ――創立当時の悩みを語る　村地　信夫　1
会長挨拶　斎藤　実　1
所感　その二
文武の両氏を備へた創立当時の人々　三矢　宮松　2
神社と各宗団の教化運動を刺戟せよ　下村　寿一　2
不祥事頻発に鑑み世の教育教化者に質す　湯浅　倉平　2
今後の指導原理は信仰的精神の培養　林　竜太郎　2
本会の提唱には中央政府まで動く　香坂　昌康　2
十年間の精勤者　さらに廿周年にも臨みたい

宜ろしく政治家の観念を変更せよ　加藤　咄堂　2
今迄は準備時代　今後は実行時代　牛塚虎太郎　2
網の下部を重くせよ　山口　安憲　2
聖上陛下の御日常（下）　前田　多門　2
皇室に関する文字取締について（二）　関屋貞三郎　2
国の守　まもり十二景（その一）　靖国神社　佐野　恵作　3
中小学教員総出動で日本精神顕現運動　3
一村を挙げて教化総動員　3
皇道農民協会の誕生　3
自力更生に副業奨励策　3
本会彙報　3
経済時事　我が貿易政策の転換期——日印通商協定成る　3
附録　誌上講演　重畳せる非常時諸相の検討　隘　径　生　4
極東の情勢に就て　東条　英機　5
非常時局と海軍　日比野正治　6

## 第五七号附録　一九三四（昭和九）年一月二一日

中央教化団体連合会史　十年の古今
創立十年回顧要録　1
創立第一年の活動　大正十三年　1
実際的活動に入る大正十四年——三十種に近き小冊子の刊行　1
加盟団体に事業奨励金交付　1
山川男老躯を提げて地方教化行脚　大正十五年　2
府県教化連合団体組織促進に大童の昭和二年の活動　2
重要年誌摘録（地方施設ヲ除ク）　2
教化網の完成に努力本会組織の根本的改革　昭和三年　3
教化総動員を機に第一次教化網完成す　3
創立当時の思ひ出　加藤　咄堂　3
教化の旗幟！朝鮮に進む——月刊『教化運動』創刊　昭和五年　4
「教化立国の大旆の下に」の斎藤新会長の声明に奮起活躍した昭和六年　4
特筆すべき国民更生運動の展開　昭和七年　5
本会主催地方施設一覧　5
本会加盟団体一覧　5
国民精神作興の秋優渥なる聖恩に浴す　昭和八年　6
現在役職員　6
教化事業調査会調査事項　6

## 第五八号　一九三四（昭和九）年二月一日

非常時局に直面して大に建国精神を振起せよ　丸山　鶴吉　1
皇紀二五四九年建国祭　本年は特に家庭化を強調——催し物種々決る　1
国際貿易の発展は相互の協調精神　黒田　鴻五　2
日本商品の海外進出振り——国際商業戦線上数十年の苦闘酬ひらる　秋保　安治　2

海のかなた　2
皇室に関する文字取締について（完）　佐野　恵作　3
経済戦線　3
空中戦に再現した武士道精神　大場　弥□（不明）　4
外人の観たる日本国民性（三）明治維新前　ゴンチャロフ　5
事変以来皇軍の尊き犠牲九千八百七名　5
学芸
人生の教師シルレルの苦闘　1　竹下　映丘　6
小泉八雲記念館成る　6
北巨摩高原（＊詩）　西原　慶一　6
寄贈雑誌　6
建武中興六百年――記念会の組織と其の運動　6
備へよ非常時！　紀元節を克己日と定め国防献金運動　7
時局に処する方途を樹立――兵庫県の非常時教化懇談会　7
農相の講演に感激　村民奮起す　7
元禄時代の「若者契約」を再組織　7
石川県の教化実施町村決定　7
兵庫県で社会教育委員の設置　7
祭神政治の実現と精神作興を強調――具体案を全道に励行　7
生活改善に座談会を開く　7
非常時に直面し教化方針を示す――和歌山の講演会　7
話の種　7
時流に聴く　内　山　生　7
国際時事　欧洲の現状より見て実現不可能な伊国の連盟改造案　米田　実　8

## 第五九号　一九三四（昭和九）年二月一一日

待望の教化道場中央教化会館建設の機運動く！――同志の絶大なる支持協力を以て一挙に大成せしめよ　1
梅の節句　神武天皇の御威容を偲び奉る建国祭人形を献上　1
建武中興の大理想　平泉　澄　1
神社問題と教化運動
日本精神の一中軸神威盟合の精神的中心――日本的なる教化運動の中軸たらん　石田　馨　2
世界に類例なき精神文化の源泉（上）神社の六つの特質　河野　省三　2
女性と教化力　内　山　生　2
非常時打開の指導者を養成する教化関係幹部講習会――三月十六日から東京茗渓会館で　3
古今東西偉人の言行　天　壇　生　3
火の守　まもり十二景（その二）　望楼　3
時評　高島　米峰　4
皇太子殿下御誕生奉祝歌――文部省制定　4
明治維新の歴史に輝く高知県に於ける時局教化対策座談会の開催　4
冱寒を冒して苦行の五日――多大の収穫を得た岡山の教化講習会　5
教化聖戦の第一線へ大なる期待を繋げて四国四県の教化講習会終る　5

県民総動員で精神生活の充実――佐賀県で第二回精神作興週
間の催し　6
建国精神作興週間華々しく実施――愛知県の活躍　6
御生誕を寿ぎ奉る女子奉祝大会　6
教化運動の徹底策を協議――岡山市社会委員会　6
東京教連で理事会開催　6
岡山県連合会の御下賜金拝戴式　6
戸主主婦達が生徒の村民学校　6
楠公六百年祭の入選標語発表　6
農村青年に愛郷精神を植付く　6
本邦社会事業の父留岡幸助翁の逝去　6

## 第六〇号　一九三四（昭和九）年二月一一日

台湾教化運動に一時機を劃せん！――全島協議会の開催近し　1
全国の人材を集める教化関係幹部講習会の陣容整ふ――食費
宿泊費を本会で負担　1
教化事業御奨励の聖旨に奉答せんとし石川県に「教化町村」
設定さる――周密なる計画　懇切なる指導のもとに　1
畏し大御心農事を御聴講――安藤博士の光栄　1
熱烈真摯なる協議研究に「非常時教化」の実績期待さる――
由緒ある葵文庫で静岡県教化大会開催　2
教化団体との緊密なる連携を決議した融和事業全国協議会　2
世界に類例なき精神文化の源泉（下）　神社の六つの特質
河野　省三　2
話の種　2
外人の観たる日本国民性　明治年間　ベーコン　3
本会彙報　3
日本人は科学に対し創成と発見に富む　上――本邦自然科学
発達の跡　藤浪　彫一　4
近世科学不思議の扉の横顔　4
日本精神発揚を期し小学教員・三万五千聖上の親閲を仰ぐ
――四月三日宮城前にて　5
聖恩の深さには唯「感泣」の二字――武部普通学務局長語る　5
部落単位に国民更生運動　5
建武中興を偲び史料展を開催――楠公会主催　5
山梨で「農村更生展」　5
農村振興の祈願祭を執行　5
宮崎県農会で農村婦道を宣伝　5
皇紀宣伝へ徳島憲兵隊乗出す　5
自力更生の精農家　村井庄之助君　1　飯野　次郎　5
経済時事　弗平価の切下げまで（一）――米国経済政策の動き　6

## 第六一号　一九三四（昭和九）年三月一日

東洋平和の瑞祥満洲国の帝制実施と溥儀新帝の即位を祝す　1
執政が帝位に即かせ給ひし真意義　鄭　孝　胥　1
新皇帝拝謁の印象　三輪田元道　1
政務の総攬と心身の御修養に寸暇もなき御日常　2
運命の波に弄れ数奇を極めた新帝の半生　2

建国の苦楽を共に婦道の鑑鴻秋帝妃　2
帝政は亜細亜民族の伝統的心理の象徴――執政帝位御登極に際して駐日公使丁士源氏語る　2
君臣和楽の御祝宴に畏し内帑金御下賜――皇太子殿下御誕生のお慶びめでたく取り行はせ給ふ　3
満洲国帝政実施（＊漫画）　3
教化網の完成を訪ねて　1　新潟県の巻／滋賀県の巻　3
ベルギー皇帝崩御　3
本会彙報　3
三月の行事――中央教化団体連合会　3
日本の国体より満洲国は何を学ぶ
日本国家の真意義――読人知らずに無限の味ひ　三輪田元道　4
満洲新帝国と王道　井上哲次郎　4
『外人の観たる日本国民性』を読みて　高島米峰／高島平三郎　5
日本人は科学に対し創成と発見に富む　下――本邦自然科学発達の跡　藤浪　剛一　6
寄贈雑誌　6
秩父宮殿下を総裁に推戴し建武中興六百年の記念式典を盛大に挙行　7
旧来の陋習を打破し国民融和の完成を期せ　7
更生計画の成否は「精神の更生」にありと教化・教育方面総動員――山口県下の新転向　7
熊本宇土郡の教連総会　7
山口で生活改善協議会　7
青年の思想善導に社会主事を置く――咸南九年度の新施設　7
米子で社会教育振興協議会開催　7
峰田一歩君功績慰労祝賀会　7
祖先崇拝の淳風を振作――系譜書普及法規制定運動　7
愛媛県小学教員が精神振作大会郡市別単位で　7
冗費節約座談会　7
経済時事　弗平価の切下げまで（二）――米国経済政策の動き　8
経済戦線　8

**第六二号**　一九三四（昭和九）年三月一一日

新春の国際外交における変動　神川　彦松　1
台湾社会教化協議会に於て教化団体連合会設立――全島教化網の完成も近し　1
建武中興六百年記念日に当りて　有馬　良橘　1
教化網の完成を訪ねて　2　兵庫県／秋田県　2
満洲国帝政実施の反響
中華民国／イギリス／アメリカ／フランス／ドイツ／ロシヤ　2
台湾行――扶桑丸にて　古　谷　生　3
『外人の観たる日本国民性』を読みて　下村　寿一　3
帝国議会案内　黒木　勇吉　4
日本精神作興に関する十五ケ条の建議案（上）　我が政治家としての使命　荒川　五郎　4
経済と精神の両方面に力を注ぐ――鹿児島県の更生計画方針　5
福島県の国民更生講習会　5

御東征記念祭に祖国歌を全国的に募集　5
教練の余暇に農事へ精進――軍隊の経済更生運動　5
精神作興を高調――秋田の農村更生座談会　5
東京府教化団体連合会本年度総会終る　5
農村道場で精神を錬る高知県の弘岡上中ノ村　5
部落常会を組織――共存共栄に目醒めた地主　5
更生計画指定村「川越」　5
更生運動の指導者養成講習会の開催――愛媛県並県教化連盟
共同主催のもとに　5
教化協議会講演並映写会の開催　5
結婚改善策三題　5
自力更生の篤農家　村井庄之助君　2　飯野　次郎　5
学芸
人生の教師シルレルの苦闘　2　竹下　映丘　6
冬木（＊詩）　西原　慶一　6
新刊紹介／寄贈雑誌　6


## 第六三号〈台湾協議会特輯〉

一九三四（昭和九）年三月二一日


内台一元の楽土理想台湾の建設へ――歴史的大会議開かれて
台湾教化の根本方策決す　1
中川総督を始め全島官民有力代表者を網羅して台湾社会教化
協議会開かる――内地本会より松井茂博士以下出席　1
中川総督挨拶　中川　健蔵　2
新に設立の台湾教化団体連合会――即時、御下賜金を伝達　2
堂々数十項教化の根本方針きまる　2
台北州教化大会――州下の教化代表三百意気沖天の勢揃ひ　2
部落教化の充実を図れ――新竹州の座談会に熱烈なる意見続出　3
台湾における社会教化の対策　3
僅かに五日台湾の教化戦線を描く　3
整然たる組織を以て州下社会教化の徹底を期す――三月四日
協議会を開催　4
指導員の設置農村中堅人物養成――台南州の新施設　4
座談会席上高雄州教化連合会成立――教化委員制度も布く　4
内台融合の活模範国語演習会を見る――総督官邸の和やかな夕　4
時評　高島　米峰　5
愈々十六日から全国教化関係幹部講習会始まる　5
只管基金の蓄積増成を図り会の経済的基礎確立を期す――御
下賜金処理の状況（2）　道府県よりの報告の中から　5
寄贈雑誌　5
建武中興六百年祭　秩父総裁宮台臨の下に厳かに挙行さる
――明治神宮外苑日本青年館に於て　6
その日の地方色
青森／秋田／山形／宮城／横浜／茨城／静岡／埼玉／長野
／大阪／兵庫／滋賀／三重／石川／福井／香川／鳥取／熊
本　6
功利の念に超脱が真の日本精神なり――後醍醐天皇の真の御
理想　黒板　勝美　6
建武中興の精神が明治維新を招来す　徳富猪一郎　6

非常時県民の精神作興を目指す――愛知県教化事業協会 7
塾式の中堅青年道場――船城村の農士学校 7
忠魂顕彰標を掲げ国民尊敬の目標に 7
街頭から農民教育――市日を大改革 7
自力更生満一年 7
農村振興の徹底を期し社会教化主事を設く 7
敬神思想普及に全村挙つて御神灯を掲出 7
恩賜記念教化事業基金設置――兵庫県教化団体連合会の昭和九年度行事予定 7
日本精神作興に関する十五ケ条の建議案（下）議会提案者として斯く説明す 荒川 五郎 8
海の彼方 8

## 第六四号 一九三四（昭和九）年四月一日

全国教化大会開催 非常時教化対策の強調徹底を図り明朗日本の国運伸展を期す――四月二十九日、三十日、二日間の予定 1
正しく強気国民運動澎湃として起きん――今は世界文明の転換期 松岡 洋右 1
四月の行事――中央教化団体連合会 1
陸のまもり 守十二景 3 戦車 1
昭和九年度歳入歳出予算成立 台湾教連の加盟も決定――首相官邸に開催の本会理事会 1
台湾教化の一大発展時機 松井 茂 2
台湾社会教化協議会を終りて――安武文教局長語る 2
台湾雑記 加藤 咄堂 2
異常な緊張裡に全国教化関係幹部講習会終る 3
加盟団体で中央教化会館建設費分担可決――東京府の評議員会 3
謹厳の一生を文教に捧げた本会理事岡田良平氏逝く 3
第二回全国生活改善関係協議会――文部省大講堂に於て開催 3
時流に聴く 内山 生 3
寄贈図書 3
帝都の春を飾るお国自慢の豪華版！――郷土色豊かな第八回郷土舞踊民謡大会 神田海之助 4
官民合同の「遵法週間」――本月一日から 5
「茶粥」をすゝり全村更生に精進 5
自力更生の先駆――中村部落民の団結 5
目からの農村振興運動 5
スクリーンを通じ農家を指導 5
自力更生の篤農家 村井庄之助君 完 飯野 次郎 5
経済時事 今期議会を通過した主要経済立法 隘 径 生 6
お願ひ 中央教化団体連合会 6

## 第六五号 一九三四（昭和九）年四月一一日

非常時教化の徹底を議する全国教化大会迫る――決定を見た会議の要項 1
全国大会に引続き主務者打合会開催 1
御聡明の天資に輝く皇太子殿下の御近影 1

片々語録　1
台湾旅行記　霧社蕃界を訪ねて（一）　古谷生　2
柔道の根本原理と自己完成の要訣　嘉納治五郎　2
畏き御親閲と未曾有の御勅語を賜ひ三万余の小学教員感激　3
御親閲終了後精神作興大会　3
協心戮力　国民精神を作興せよ——斎藤兼摂文相の訓令　斎藤実　3
本会彙報　3
教化網の完成を訪ねて　3　広島県／福岡県　4
日本精神の発揚を第一に教育刷新の計画数々　5
長生産業史の華——物故功労者の慰霊祭　5
農村カーニバル祭　5
今更何の生活改善と同盟脱退　5
村の更生に感心な乙女　5
報徳会の新運動——趣旨の拡大強化を図る　5
報徳会講習会——実践躬行の履修に努む　5
これは珍しい経済更生帳簿共進会　5
涙ぐましい更生競技——神里村民の熱意　5
創立二十周年乃木講大会盛大に挙行　5
水戸学の農民道場　5
県農会の記念事業として婦人農会を結成　5
経済更生指導員講習会　5
話の種　5
国際時事　欧米の二問題——極東にも影響するであらう　米田実　6
時流に聴く　内山生　6
寄贈雑誌　6

## 第六六号　一九三四（昭和九）年四月一一日

言論　精神作興時代　1
全国教化連合国体代表者大会　1
日本の桜　咄堂生　1
新加盟の台湾教連より先づ大挙出席の第一報来る——盛会と成果を待望さる、第十一回全国教化大会　2
教化大会を機に功労者を選奨——会長より記念牌を贈る　2
台湾旅行記　霧社蕃界を訪ねて（二）　古谷生　2
教化網の完成を訪ねて　3　岐阜・愛知の中部二県／佐賀県　3
国民の心身と兵役　池田純久　4
海の彼方　4
農村教育者の立場から　上　S・M生　4
共同生活の下に農村更生への新道場——中堅農村青年を養成　5
国鉄精神に還れと鉄道省の作興週間　5
本年度事業計画決定　宮崎県教化事業協会　5
教化網完成さる　愛媛県西宇和郡　5
国民更生運動指導者講習会　5
日本精神高揚の会　5
全国第一の教化道場に——静岡県の古渓荘　5
生活改善に十二条の掟　5
農村更生団の連合大会　5

高知県の『郷土読本』 5
新百姓道による農業報国を高唱――福岡の農事組合大会 5
農民道場など重要問題附議――萩市で開かれた都市農会長会議 5
申合せ違反者は制裁 5
学芸
人生の教師シルレルの苦闘 3 竹下 映丘 6
箱根紀行 上 小泉 英一 6
新刊紹介 宮西一積著『日本精神史』 松井茂／加藤咄堂 6
寄贈雑誌 6
お願ひ 中央教化団体連合会 6

## 第六七号 一九三四（昭和九）年五月一日

天長節皇太子殿下御降誕奉祝拝賀式全国大会の盛観！ 二重橋畔に鹵簿を奉迎――集ふ各地方の代表四百名 1
賀表 松井 茂 1
五月の行事――中央教化団体連合会 1
教化網の完成を訪ねて 完 四国・高知県 紹介の結語 2
台湾旅行記 霧社蕃界を訪ねて （三） 古 谷 生 2
皇謨を扶翼し奉り世界の行詰りを救はん 荒木 貞夫 3
学芸
箱根紀行 下 小泉 英一 4
『外人の観たる日本国民性』（『東京朝日新聞』「読書頁」より） 福田 市平 4
旧慣を一掃 生産改善に乗出す――農漁村更生により良き指針 5
中堅婦人に時局の実相を説く――教化講演会開催の計画 5
講習会を開き教化地方委員の素質向上を計る 5
二週年を迎へ全市教員大会 5
教化村を指定し精神的更生を計る 5
珍らしい試み――徒弟と女中さんの講座 5
農村教育者の立場から 下 S・M生 5
映画を通じ農村の社会教化 5
道路愛護会を主婦のみで組織 5
話の種 5
経済時事 新平価解禁問題と日本銀行金買入法 隘 径 生 6

## 第六八号 〈教化大会特輯〉 一九三四（昭和九）年五月二一日

天長節皇太子殿下御降誕奉祝全国教化大会の盛観――聖旨奉答の時局教化方策決す 1
常務理事挨拶 松井 茂 2
祝辞 斎藤実／湯浅倉平／山本達雄 3
斎藤会長首相官邸に「お茶の会」を開き大会出席者の労を謝す 5
会長挨拶 斎藤 実 5
大会の終りを彩る「教化功労者選奨式」――栄ある七十三氏 7
会長代理挨拶 松井 茂 7
文部大臣祝辞 斎藤 実 7
総代山鹿元次郎氏答辞 山鹿元次郎 7

各地の教化戦線を描く――大会二日に開かれた状況報告演説
一、特ニ努力セル教化施設ニ就テ　水野　正七　8
二、教化町村設定ニ就テ　大和　七郎　8
三、長野県下伊那郡ニ於ケル青年ノ赤化ト国民精神作興の体験　北原阿智之助　8
四、地方青少年教化施設ノ一端　塙　瑞比古　8
五、朝鮮ニ於ケル社会教化施設ノ概要　奥山　仙三　8
六、地方教化施設ニ就テ　遠山信一郎　8
七、台湾ノ教化施設ニ就テ　岡江　豊　8
八、報徳社及個人更生実話　入倉　善三　8
九、国民精神作興徹底ニ就テ　能勢　天佑　8
農山村教化の実際を聴く座談会（一）　古谷敬二／関田義臣／佐々井信太郎　9
我が国家の認識　大倉　邦彦　9
道府県朝鮮台湾の主務者を網羅して今年度の施設を協議　10
「国民更生教化指導講習会」を開催して教化町村指導者養成　11
地方長官会議における斎藤文相の訓示　斎藤　実　11
第四回国民更生教化指導講習会開催　11
鴻恩に副ひ奉り朝鮮で教化団体連合会結成――近々京城で発会式の予定　12
恩賜金の管理方法等を協議――埼玉教連の理事評議員会　12
敬神と更生――さい銭をあげて貯金をさせる　12
教化網を布き善行を申合せて実行に移す　12
寄贈雑誌　12
大日本連合青年団の盛んな二つの行事――精神作興旗拝戴式／皇太子殿下御降誕奉祝大会／創立十周記念大会　12

## 第六九号　一九三四（昭和九）年六月一日

言論　国民の師表たる者　1
農山村教化の実際を聴く座談会（二）　関田義臣／佐々井信太郎／古谷敬二／金作之助／松井茂／河野完三郎　1
街頭のまもり　守十二景　4　ゴーストップ　1
経済更生運動の先進県　近畿・兵庫を歩くの記（一）　芳　舟　生　2
台湾旅行記　霧社蕃界を訪ねて（四）　古　谷　生　2
六月の行事――中央教化団体連合会　2
旬間話題　2
操觚者として滞米卅年の体験を語る　合衆国の善悪二面　上　山形　莫越　3
時局教化対策打合せの座談会――先づ山口で開催　3
文部省青年教育課長小尾範治氏放送局に入る　3
本会彙報　3
学芸　緑蔭回顧――中学時代の読書　田部　重治　4
寄贈雑誌　4
我が国の禁酒成績を携へ世界禁酒大会へ出席の小塩完次氏語る　4
全村教育の結果部落教化網の完成　兵庫県加東郡福田村　5
「赤」に躓ける者を正道に踏直さす道場――皆川司法次官提唱の「大孝塾」完成近し　5

大孝塾の使命――皆川次官語る　皆川　治広　5
思想国難打破と学生の赤化防止――「神奈川県思想研究会」実現　5
奈良の婦人教化講演盛会裡に終る　5
不幸な不具者に光明を与へる――長崎県の新試み　5
労働生活へ健全な精神を吹き込む佐世保工廠　5
大人も及ばぬ学童の更生振り　5
塵芥清掃を青年団員が奉仕　5
話の種　5
経済時事　日本銀行金買入法と新平価金解禁問題　隘径生　6
時流に聴く　内山生　6

**第七〇号**　一九三四（昭和九）年六月一一日

秩父宮殿下の御渡満　1
東郷元帥を憶ふ　1
県民感激の記念日に教化振興を語る――山口県の座談会　1
山　1
農山村教化の実際を聴く座談会（三）　古谷敬二／松本峰太郎／松井茂／松島寅郎　1
本年度教化聖戦の第一陣！　奥羽より進んで樺太へ伸ぶ――計画せられたその施設の数々　2
経済更生運動の先進県　近畿・兵庫を歩くの記（二）　芳舟生　2
六月の行事――中央教化団体連合会　2
操觚者として滞米卅年の体験を語る　合衆国の善悪二面　下　山形　莫越　3
教化事業調査会の新陣容　3
海の彼方　3
教化者の範とすべき故東郷元帥の日常生活　3
西洋諸国と日本の国体観念に就て――故東郷元帥の「皇国」信号　四宮　憲章　4
広島市教化連盟結成される　5
名士を網羅し思想問題研究会　5
朝鮮の更生運動二つ　5
日本精神高揚の教員思想講習始まる　5
農業教育の徹底はまづ先生からと実業教員精神作興講習会を今夏より毎年開始　5
時の記念日各地の行事　佐賀／大分／京城／釜山／長野／埼玉　5
思想問題研究会　5
東京善心講開設の奥多摩新四国霊場成る　5
彫塑余滴　芸術的教化について（上）　朝倉　文夫　6
名人達士を語る（序）　修業が違ふ　本山　荻舟　6
新刊紹介　6

**第七一号**　一九三四（昭和九）年六月二一日

地理的に見たる日本神国論（上）　武富　邦茂　1
教化関係諸国体に望む　河原　春作　1

日本精神の把握（一）　宮　西　生　1
旬間話題　1
日本の象徴「富士十二景」を描いた川端龍子画伯語る　川端　龍子　2
農山村教化の実際を聴く座談会（四）
古谷敬二／河野完三郎／松本峰太郎／松井茂　2
月光会だより　2
国民更生教化指導者講習会報徳社の本部掛川で開催さる　2
本会彙報　2
人生々活を闇くする恐ろしい暦の上の迷信（上）事業の蹉
躓家庭悲劇も生む　鈴木　敬信　3
経済更生運動の先進県　近畿・兵庫を歩くの記（三）　芳　舟　生　3
労働を通じて農民精神を養ふ　長崎県農業訓練所　4
農村の人々へ心の糧を与へる　鹿児島県映画連盟　4
県下に普及する農家改善同盟　富山県農村振興同盟組織　4
小学校教員を農村指導者に　4
農村指導に活きた実例パンフレットを発行　4
経済更生座談会をH・Kから放送　4
お願ひ　中央教化団体連合会　4
教化対策の協議と表彰状の伝達式　岡山県教化連合会総会　5
都市向上を目指し全市に教化網――岡山市の意気込み　5
郡を単位とする経済更生促進団体を創設――更生精神の強調
を第一に　5
生活改善同盟を県連合会で統一　5
社会教化の参謀本部に県立図書館　5
レコードで国語普及　5
思想問題研究会委員会　5
非常を認識せよ――国民精神文化講習所設置　5
長野県でも思想問題研究会　5
市の浄化を図る座談会　5
新百姓道を叩き込む「恒心塾」の設置　5
社会教育委員会組織　5
話の種　5
彫塑余滴　芸術的教化について（下）　朝倉　文夫　6
名人達士を語る　2　武将の修養　本山　荻舟　6
ヒットラーの声　6
寄贈雑誌　6

## 第七二号　一九三四（昭和九）年七月一日

地理的に見たる日本神国論（下）　武富　邦茂　1
日本精神の把握（二）　宮　西　生　1
海　1
非常な感激裡に国民更生教化指導講習会終る　2
経済更生運動の先進県　近畿・兵庫を歩くの記（完）　芳　舟　生　2
山川前会長の展墓　2
本会彙報　2
東北六県の時局教化対策協議会――盛岡市、県公会堂で二日

間に亙つて開催 3
大分県の教化組織会具体案を練る 5
国民更生報徳講演会 5
教化団体と協力して日本精神の涵養に努めよ——奈良県知事の訓示 5
国民精神涵養神社宣揚講演 5
丸亀市社会教育委員会 5
適切なる方策を講じ児童生徒の教化を図れ——校外生活指導に関し京都府で知事から訓令 5
映画の教育化　映画業者を集め懇談会——岐阜県社会教育課の努力 5
教育者は地方教化の中心たれ——大分県教育会総会で議決 5
知恩院に泊り込み精神修養　京都府農業練習所 5
教化村射和村の村民大会 5
お願ひ　中央教化団体連合会 5
皇国日本の英姿富士を周りて　川端　龍子 6
名人達士を語る（3）道を説く人　本山　荻舟 6

**第七三号**　一九三四（昭和九）年七月一一日

北門の鎖鑰樺太における教化を如何？——本月一日全島教化対策座談会に於て大方針を決す 1
日本精神の把握（三）　宮　西　生 1
松井茂博士貴族院議員に勅選せらる 2
霊峰富岳を望む景勝の地御殿場・楽山荘に於ける教化関係幹部講習会——来る八月三日より開催せらる 2
我が商品の世界的躍進——ソーシャル・ダンピングその他の問題について　牧野　輝智 3
東北から樺太へ（上）松井博士の転戦記——十八回人生 4
人生々活を闇くする恐ろしい暦の上の迷信（下）此の打破こそ教化者の任務　鈴木　敬信 4
農山村教化の実際を聴く座談会（完）古谷敬二／進藤正／佐々井信太郎／松井茂／岡田内閣閣員 5
厳刑主義で違反を防止　選挙法改正の重要点（上）——普選布かれて以来の大改正　清水　長雄 5
郷土更生への堅き決意を抱きて田沢湖畔に於ける講習会終る 6
三重の教化指定町村の設定と飯南郡射和村々民大会 6
米子社会教育振興座談会 7
福井教連の協議会 7
奈良教連協議委員会 7
経済更生村より全村学校へ 7
自力更生二周年記念 7
店は店員委せで街頭で児童教化——飴を売らぬ紙芝居 7
山国の県民へ海事思想講習——国際非常時に処する奈良県のプラン 7
農民魂修練道場各字全部に設置——福井県小山村の計画 7
制服を着て更生の第一線へ 7
珍しい教化劇団 7
富士山麓の宗教講習会 7

孔子を発憤させた蘭の徳　朝倉　文夫　8
寄贈雑誌　8

## 第七四号　一九三四（昭和九）年七月二一日

日本の国際的地位と国民の進むべき路　永田秀次郎　1
日本精神の把握（完）　宮　西　生　1
海のまもり　守十二景　5　海軍　1
国際時事　日支関係の好転と其の種々なる原因　米田　実　2
旬間話題　2
高野の霊山にて近畿地方講習会開催――八月十五日から十九日まで　3
奈良県志貴山上に近畿地方協議会開催――来る八月十七、十八日の両日　3
近畿二府五県の教化事務担当者打合会　3
月光会だより　3
厳刑主義で違反を防止　選挙法改正の重要点（下）――普選布かれて以来の大改正　清水　長雄　3
お願ひ　中央教化団体連合会　3
太平洋の平和を目標に十四ヶ国八百の代表を集めた仏教青年大会　4
自力更生は先ず官吏から……と毎月十日の詔書奉読日に更生の決意を固く誓ふ　4
佐賀県下の農民道場　4
各団体の加盟を得て実際運動へ――釧路市教化連合会　4
第七回東武夏季大学開催　4
部落民挙つて教育普及に努力――朝鮮咸南北青郡の模範部落　4
東北から樺太へ（下）　松井博士の転戦記――十八回人生　5
新刊紹介
加藤咄堂著『日本精神と大乗思想』／常盤大定著『学と道』ほか　5
寄贈雑誌　5
名人達士を語る　4　宮本武蔵論　本山　荻舟　6
展望塔内外ニユース　6

## 第七五号　一九三四（昭和九）年八月一日

言論　教化方策の実施を急げ　1
旬間話題　1
聖旨を奉体して教化町村の設定へ！　理想郷土の建設を目指す五つの教化村――三重県教・連の新施設　1
最初に教化村のスタートを切つた――三重県飯南郡射和村の状況　古　賀　生　3
教化村余録――島ケ原村に於ける　3
八月の行事――中央教化団体連合会　2
本会彙報　3
福島県の教化村誕生茲に満一年――その尊き実績記録　4
都市の教化に先鞭を附けた石川県の教化市町村設定運動　4
お願ひ　中央教化団体連合会　4
教化指導者の心得べき国民作法一斑――教化事業調査会調査　5

年齢の若さが作る悲しむべき思想犯――捕はれての転向既に遅し　池田　克　7
先天と修養　宮本武蔵論　その二　本山　荻舟　8
ナチス御家騒動　鹿島守之助　8
展望塔内外ニュース　9
寄贈雑誌　9
水魔を征服した報徳主義訓練――北陸惨害の中より立上る富山県民　10
自力更生記念大会――表彰と宣言決議　10
『郷土読本』発売される　10
公民教育講習二十五日から松江高校で　10
尊農精神鼓吹の尊農祭挙行　10
軍隊手帳に匹敵する佐賀県教員必携――教育精神の緊張をはかる　10
知事、部長さんが講習員と膝を交え懇談――福岡県の精神文化講習会　10
郡社・教委員研究協議会　10
満蒙の新天地へ　ルンペンを農民に――救世軍、修養団、上宮教会の多摩川農場開く　10
月光会だより　10

**第七六号**　一九三四（昭和九）年八月二一日

霊峰富岳の頂に日本精神作興を祈願宣誓――松井博士も徒歩にて踏破天にも沖するこの意気を見よ！　古谷生　1
国運の隆昌と教化の力　松田　源治　1
非常時日本を背負つて二年！　益々お元気な斎藤子爵　古谷生　2
前首相の三秘書官を松井博士が招待　2
教化町村設定の為三井報恩会の助成　2
試練の日！　非常の秋！――関東大震火災十一周年記念　精神作興の諸施設　2
登山記余筆　2
富士を仰いで精進六日　選ばれたる全国の同志七十五名「楽山会」を組織――第四回教化関係幹部講習会終る　3
水のまもり　守十二景　6　水上警察　3
医療組合を作り十万円程度の病院を設置――恵まれゆく町村　4
優良農家を指定し更生の活模範とす――佐賀県農務課の試み　4
方面委員網の拡大強化――財団法人組織に改め　4
報徳講習会富山県で　4
日本精神講習高知県神職会で　4
時局と日本精神講演会　4
女子社会主事の設置を平南で計画　4
社会教育委員研究懇談会　4
「晴耕雨読」の方針で農村戦士を養成――日向農民道場　4
夏冬講習会を開き更生の機運を培ふ――奈良農民道場　4
夏期休暇中に社会奉仕　4
お願ひ　中央教化団体連合会　4
話の種　4
富める雨　貧しき雨　高木武三郎　5

雲　5
寄贈雑誌　5
帝都の犯罪をどうして絶滅する！　上――窃盗犯は年毎に激増
小津留之助　6

## 第七七号　一九三四（昭和九）年九月一日

言論　試練の日非常の秋　1
学問の再検討と心学の教化的価値　石川　謙　1
日本精神の培養は信仰的情操涵養から　菊沢　季麿　1
全国都市教化懇談会――九月下旬・京都にて開催　1
新秋所感二則　高島　米峰　2
大震災当時を回顧し国民に告ぐ　松田　源治　2
読者欄　2
高野山日記――教化の指導原理を掴む　3
来る十月一日から教化町村指導者養成の長期講習会を開く　3
本会彙報　3
九月の行事――中央教化団体連合会　3
非常時局に刻む教化対策を協議――奈良県信貴山で開催の近
畿地方協議会　4
展望塔内外ニュース　4
帝都の犯罪をどうして絶滅する！　下――先づ防犯設備が肝要
小津留之助　6
我国壮丁の教育状態――陸軍省発表　6
神武天皇御東遷記念祭前奏曲　非常時の認識を高める青年団
員精神作興――県下から三万人を総動員　7
母子愛護連盟結成　7
思想問題展覧会　7
九月一日酒なし日――帝都の運動　7
各市町村の部落会館を増設　7
神職会に社会教化部新設　7
共生思想講習会　7
型破りの試み断食講習会――滋賀県教育課主催で　7
痛快無比の新競技国防戦棋を新案――愛国心之華連盟で発表　7
水害地復興の当選標語　7
甲府市の社会教育委員会　7
勤王館を由縁の萩に建設――一万円の寄附を得て　7
簡粗な神前結婚に申合す　7
全村教育講座施行地決定　7
国民更生講習　7
お願ひ　中央教化団体連合会　7
人間苦闘史　宮本武蔵論　その三　本山　荻舟　8
音楽と教化　高野　辰之　8
良書推薦　加藤君の『菜根譚講話』を読む　斎藤　実　8
新刊紹介　8

## 第七八号　一九三四（昭和九）年九月一一日

日米関係に就いて――日米間に平和的手段にて解決出来ざる
問題なし　斎藤　博　1

すゝき　1
分析的・抽象的なる思想、学問と其の弊　伊東　延吉　1
教化町村運動に競ひ立つ三重県下の二ヶ村――恩賜金拝戴式
の盛観　2
全国都市教化懇談会――九月下旬・京都にて開催　2
大宰相60銭の労賃　荒川　五郎　2
全国都市教化懇談会　2
空のまもり　守十二景　7　空中聴音機　3
人間最上の美徳　デーバブリヤ・ヴリシンハ　3
九月の行事――中央教化団体連合会　3
神武天皇東遷二千六百年の四鳳躅　上　国府　犀東　4
高千穂峡／皇宮家の跡（＊画）　とみやま　4
展望塔内外ニュース　4
御東遷は日本の国基　黒板　勝美　5
科学の驚異　盛岡勇夫氏発明の立体写真像とは？　6
全国にも稀な産業組合講習所――佐賀支会から設置を陳情　6
更生信念の作興に努めよ――指定町村への注意事項　6
農村を救へ――滋賀県中堅青年の農村更生座談会　6
中堅青年講習会　6
経済更生指導者講習会　6
月光会だより　6
巡り来た十一周年――震災記念日当日の大東京風景　7
非常時対策協議会――九月二十一、二の両日山口市で開く　7
克己強調週間――来る十八日から一週間全県民の注意喚起　7
門司駅の修養週間　7
仙鉄の精神作興週間　7
婦人を中心に国民更生運動――十月一日から六日間　7
鹿児島県教化連盟大会――来る三十日　7
演芸家を中心とした社会教育座談会――金沢市で開催　7
小学生に映画教育　7
小学児童に盆踊りを奨励　7
戦争説流布さる　7
経済時事　都市の小商工業者の生活　8
寄贈雑誌　8

**第七九号**　一九三四（昭和九）年九月二一日

ソ連邦の連盟加入と産み出さる、新問題　米田　実　1
国民総動員の秋　精神作興週間　1
教化指定町村と精神作興週間の設定――本月十八日の本会理
事会　1
神武天皇東遷二千六百年の四鳳躅　下　国府　犀東　2
美々津（＊画）　（＊とみやま）　2
期待さる、全国都市教化懇談会愈々迫り各方面より続々申込　2
斎藤会長も進んで出馬　秋冷十月・全九州に布かる、教化陣
熊本／宮崎／福岡　3
本会彙報　3
寄贈図書／雑誌　3
神宮参拝者を通じてみる非常時国民意識の反映　古　賀　生　4
展望塔内外ニュース　4

第五第六回国民生活教化指導者講習会 4
神武天皇御東遷記念祭前記　全国協賛会総裁に秩父宮殿下奉戴――畏くも大祭に御参拝一入の光栄に輝く日向路 5
教化事業の指導発展に釜山で委員会を設置 5
岡山全市に教化網――学区教化委員を第一線に 5
北陸水害地町村の克己週間――実行事項など決る 5
小学校教員の精神鍛錬道場――期待さる、郷土教育の革新 5
岐阜県庁内に修養機関生る――知事の綱紀粛正に應へ職務に精進すると 5
経済更生の標語を募集 5
精神作興運動――甲府運輸事務所管内で美事善行は推奨 5
農道革新の地愛郷心勤労精神を強調――決つたその行事 5
自力更生数へ歌 5
経済更生の申合せ 5
美術と国民精神　石丸　優三 6
美術の秋来る！――「太平洋」の作者龍子氏画心把握に南洋へ　天　壇　生 6

## 第八〇号　一九三四（昭和九）年一〇月一日

言論　稀有の災厄に遭遇して 1
十月の行事――中央教化団体連合会 1
未曾有の大風水害を冒して敢然開かれた全国都市教化懇談会――宛ら戦地の幕僚会議 1
教化時評　高島　米峰 3
国民更生運動を強化せよ――内相官邸の懇談会 3
漁村教化に特殊の意義を持つ――三重県桃取村の教化村開設式 4
精神作興週間――十一月七日より十三日まで 5
内務省発表の未曾有の風水禍被害状況 6
展望塔内外ニュース 6
教化恩賜金を十万円に増殖――群馬県連合会で博議 7
山鹿素行先生二百五十年記念祭典 7
満鉄社員の精神作興週間 7
神武天皇御東遷記念運動 7
西宮市の公徳週間 7
水害復興標語当選者決る 7
話の種 7
京都の美化デー――十月十三日から三日間 7
鐘の音で教化――大阪府修徳館の試み 7
更生は制服から――役場吏員が模範スタイル 7
皇軍慰問使帰る 7
家庭教育指導者講習会 7
煙草の銀紙で尊徳翁の胸像 7
経済更生の標語決定 7
免囚保護の美談 7
尊徳翁展覧会 7
お願ひ　中央教化団体連合会 7
彫塑余滴　服装哲学　上　朝倉　文夫 8
特許法施行五十年記念に――一層発明思想の振作に努む 8

## 第八一号　一九三四（昭和九）年一〇月一一日

神武天皇御東遷二千六百年記念祭　秩父宮殿下台臨荘厳に執行さる――瑞気こむる宮崎神宮　1
熱烈真摯　政治教化まで論議され教化救県の意気に燃えた熊本県の座談会　1
今月の行事　今泉定助／加藤咄堂　2
本会彙報　2
精神作興週間――十一月七日より十三日まで　3
建国の精神と皇国の使命　後藤　文夫　4
展望塔内外ニュース　4
都市教化懇談会に出席して感想　国吉　信義　5
本会合が将来の都市教化施設に及ぼす効果は甚大　鈴木鐐太郎　5
静岡県掛川で町村指導者養成の長期講習始まる　5
紹介所の窓から　職業と教化を語る　箕浦　多一　6
月光会だより　6
新刊紹介／雑誌　6
社会教育委員協議会　6
高崎の納税標語　6
兵庫県教化団体連合会指定教化指定村多紀郡味原村第一回協議会　7
災害復興は先ず精神作興より――大阪府教化団体連合会の活躍　7
「娘を売るな」と農村へ贈る光明――長崎県社会事業協会乗出す　7
樹てよ計画競へ実行自力更生運動――佐賀県最初の記念日　7
伊万里各団体教化連合会組織　7
映画の社会教育徹底　7
話の種　7
経済時事　大風水禍と其の経済的影響　隘　径　生　8

## 第八二号　一九三四（昭和九）年一〇月二一日

精神作興週間――十一月七日より十三日まで　1
理想都市の建設をめざし全市学校の完成を期す――福岡県に於ける都市教化懇談会　1
国際非常時局　鹿島守之助　2
身のまもり　守十二景　8　護符　3
今月の行事　賀茂　百樹　3
展望塔内外ニュース　3
宮崎神社の神前に厳粛なる決意を宣誓――斎藤会長も臨席された緊張の九州地方協議会　4
聖地日向に叫ぶ日本精神作興の大講演　4
斎藤子爵筑紫の旅日記　古　谷　生　5
神国完成の明魂　蓮沼　門三　6
話のタネ　6
月光会だより　6
本会彙報　6

新刊紹介　6
大日本連合青年団主催の第二回全国商工精励青年大会盛会裡に終る　7
呉の教護連盟が教化相談所　7
依頼心を排せと愛国婦人会蹶起　7
兵庫教化指定村総会を開く　7
山梨県教化事業協会総会を開く　7
風水害に際し復興精神を鼓吹　7
実情に即した生活改善を企画　7
工業従業者の人格陶冶を計画　7
教育精神作興の催　7
更生記念日の種々なる催し　7
彫塑余滴　服装哲学　中　朝倉　文夫　8
日本精神に生きた希臘人八雲先生――松江の旧居を訪ふ（一）　内山　天壇　8


## 第八三号　一九三四（昭和九）年一一月一日

近づく精神作興週間――非常時国民への警鐘は鳴る
この企画を達成せしめよ　1
挙国結束せよ――精神作興週間を迎へて　松井　茂　1
ラヂオ放送講演――東京中央放送局より全国に中継　1
精神作興週間――十一月七日より十三日まで　2
秋雨そぼ降る神前に厳粛なる教化振興の祈願――兵庫県加古郡八幡村の教化指定村開設式挙行さる　古　賀　生　2
十一月の行事――中央教化団体連合会　2
教化時評　高島　米峰　3
日本精神作興大講演会　3
国民年中行事一覧　4
今月の行事
秋岡保治／今泉定助／岩原拓／熊谷辰治郎／加藤咄堂　4
展望塔内外ニュース　6
町村教化指導者協議会の開催に部落教化常会の開設通牒と只管教化振興をめざす長崎県　6
月光会だより　6
雑誌　6
明治二十七八年戦役広島大本営大纛進転四十周年記念式典　7
雄々しく立て――災害後の県民に呼びかく　7
農道精神を作興経済更生に邁進　7
思想問題座談会岐阜県で　7
旗日の島ヶ原村　7
更生せよ岩手――知事諭告を発し全県民を激励　7
更生委員会を設け凶作を克服　7
経済更生資料展意義深く開かる　7
旱害を超へて更生へ邁進　7
日本精神振張の大日章旗　7
彫塑余滴　服装哲学　下　朝倉　文夫　8
日本精神に生きた希臘人八雲先生――松江の旧居を訪ふ（二）　内山　天壇　8

**第八三号附録**　一九三四（昭和九）年一一月一日

われらの会長斎藤子爵の喜寿祝賀——有志読者は至急参加を望む　趣意書　発起人　要項　（1）

**第八四号**　一九三四（昭和九）年一一月一一日

国民精神作興詔書渙発十一周年記念日に当たりて　斎藤　実　1
精神作興週間——十一月七日より十三日まで　1
精神作興週間非常時克服の意気を振起する全国各地の催し
神奈川／横浜／千葉／岐阜／三重／滋賀／福井／石川／岡山／鳥取／福岡／香川／高知／愛媛／山口／鹿児島／釜山／新潟／石川／佐世保／沼津／慶北／忠南　1
斎藤会長再び教化の旅へ——広島から奈良を廻りて　古谷生　2
北陸地方で時局教化対策の講習会と協議会を開催　3
展望塔内外ニュース　3
日本精神作興歌懸賞募集要項　財団法人中央教化団体連合会　3
松下村塾の教育　上　玖村　敏雄　4
斎藤会長を迎へて国民更生の雄叫び——奈良建国会館の講演会の盛況　4
日本の農村へ青年を選抜派遣——満洲文教部の計画　4
農村戦士養成に農道協会を組織——佐賀県農会で研究中　4
平壌社会教化団体連合会組織される　4
選挙粛正を目論む　4
毎日参拾銭貯金更生を目指す　4
凶作克服は婦人の手で　4
小城署で団旗掲揚　4
国際時事　門戸開放の要求と満洲問題の再燃　神川　彦松　5
日本刀の神秘性（1）　武富　邦茂　6
日本精神に生きた希臘人八雲先生——松江の旧居を訪ふ（三）　内山　天壇　6
雑誌　6

**第八五号**　一九三四（昭和九）年一一月二一日

非常時と我が国防　野村吉三郎　1
三市に於ける日本精神作興大講演会画報（＊写真）　1
最初の教化町村指定県決定——直ちに各県指導主任者打合会を開催　2
観兵式の盛儀（＊写真）　2
展望塔内外ニュース　2
静岡県掛川で開かれた町村教化指導者養成の長期講習会終る　3
会長告辞　斎藤　実　3
日本精神作興歌懸賞募集要項　財団法人中央教化団体連合会　3
非常時国民の自覚を喚起した精神作興週間其後の実施状況
東京／大阪／兵庫／長野／八王子／静岡／大牟田／二瀬／小倉／八幡／札幌／釧路／釜山／京城／総督府／京城府／

清州／鎮海／平壌／開城 4
四綱領を挙げ国力充実に貢献――佐賀県教化連合会総会 5
正確な簿記の奨励――部落更生共進会 5
児童交通十戒――愛知県保安課で宣伝 5
結婚は農会で――丸亀市農の試み 5
更生申合せ 5
日本文化の淵源を国際人に示す――日本救療史料展覧会 5
敬愛講習会開催に就て 久保久一郎 5
本会彙報 5
松下村塾の教育 下 玖村 敏雄 6
日本精神に生きた希臘人八雲先生――松江の旧居を訪ふ（完） 内山 天壇 6
建国祭映画筋書の懸賞募集 6

## 第八六号 一九三四（昭和九）年一二月一日

時評 高島 米峰 1
日本人の根本信念 大倉 邦彦 1
今月の行事
大正天皇祭／皇太子殿下御辰／大祓／除夜祭／義士祭／クリスマス／除夜 2
理想郷土の建設を目指して真摯と熱誠に溢れた教化町村指定県打合会 2
斎藤会長臨席のもと異彩とりどりの教化町村状況発表 2
指定七県に於ける教化村の現状を語る
福島県 佐藤 3
石川県 東 4
富山県 遠山 4
三重県 藤本 5
兵庫県 久尾 5
岡山県 横山 5
長崎県 山口 6
展望塔 内外ニュース 6
本年掉尾の協議会 中国・四国の両地方で開催 6
本会彙報 大島参与渡比 6
聖旨に応え奉らんと全島民の意気を振起――台湾の国民精神作興週間 7
雨を突いて詔書奉読式 7
非常呼集や郷軍の模擬戦 7
国威宣揚祈願式 7
町内組合連合会で詔書奉読式 7
台中専売支局の家庭週間 7
節約義捐詔書謹写等 7
朝鮮鉄道における精神作興運動 益富 政助 7
校外から学生を護る教護連盟成る――東京府の計画決定 8
あすの労働に備へ――農村にも公休日 8
島根で社会教化指導者講習会を開催 8
囲炉裏の側で農村を改善 8
三重で社会教育振興委員の懇談会 8
不況打開は「台所から……」 8

敬愛講習会開催に就て（二）　久保　生　8
月光会だより　星野　俊隆　8

## 第八七号　一九三四（昭和九）年一二月二一日

昭和九年の教化時相を回顧す　加藤　咄堂　1
明治神宮表参道に面して中央教化会館敷地決る　1
町村振興の源泉部落常会の開設を期せよ！——時局教化対策評議に北陸地方の闘士会す　1
日本精神作興歌締切——応募篇数実に三千四百余通　2
時局対処の方策として教化組織を完成せよ！——中国地方協議会でその徹底的貫行を申合せ　3
「克己日」献金　3
斎藤会長の喜寿祝賀に全国教化関係有志の美はしい催し——横山大観画伯筆、記念画幅を贈る　4
三重県に於ける社会教育委員懇談会開催　5
各種教化団体を市で統轄　5
教化事業協会役員選挙　5
凶作克服の精神運動　5
篤農青年座談会　5
年末年始の虚礼廃止　5
身を売るな正業に就け——愛国婦人会の活躍　5
盲人へ朱塗の杖　5
救済のみに頼らず精神的更生へ　5
先生が技師、説明で映画教育　5
皇紀尊用強調運動　5
家庭的雰囲気の裡に教化振興の熱意は燃えて——成果多大なりし北陸地方講習会　5
教化指定村兵庫県多紀郡味間村の報告祭及教化総会の状況　6
敬愛講習会開催に就て（三）　久保　生　6
お願ひ　中央教化団体連合会　6
わが町わが村を語る——教化町村経営一年の回顧　太田村／大森村／中郷村／楢原村／野沢町　7
日本刀の神秘性（2）　武富　邦茂　10
展望塔内外ニユース　10

## 第八八号　一九三五（昭和一〇）年一月一日

非常時の新春を迎へて——内に国力を充実せよ　斎藤　実　1
新年度に進展する国際形勢の大観　米田　実　1
皇太子殿下御近影　2
斎藤会長再任——中央教化団体連合会の役員改選　2
本会彙報　2
時評　高島　米峰　3
日本精神作興歌——第一回審査員会開く　3
今月の行事　4
新春に躍る教化町村運動　5
お願ひ　中央教化団体連合会　5
皇道政治学に就て（一）　藤沢　親雄　6
日本精神宣昭会版『皇道軌範』に就て／雑誌　6

「地方振興運動」の力強い歩み――朝鮮咸南道　7
釜山に教化連合会成立　7
精神訓練の実行事項　7
『郷土読本』を小学正課目に――農村振興への一端　7
徹底を期する感化事業――教化委員四百名設置　7
献金以外は引出せない護国貯金　7
資産強壮丸製造　7
凶作克服の手本　7
全県の神社が民心作興の祈願――凶作から振ひ起てと　7
生活改善実行　7
知事さんが祝辞を朗読　7
不景気知らずの理想郷　7
経済時事　回顧と展望　8
第六回国民生活建直し指導者講習会要項　8

## 第八九号　一九三五（昭和一〇）年一月二一日

日比文化交渉の使命を帯びて　大島　正徳　1
学ぶべき人　小笠原長生　1
教化町村運動
町村の指定全部終了／各県に於ける本年度教化町村行事／長期講習会の受講者　2
教化町村を語る（1）大森村の現状――福島県信夫郡　金沢　武夫　2
埼玉県でも教化町村を設定――中心人物の要請を計る　3
日本精神作興歌第二回審査会　3
報徳の旗印の下に精神作興運動　3
平壌教化連合会の窮民同情週間　3
小学生に農業教育　3
更生を誓ふ　3
本会彙報　3
報恩祈願式神前に更生を誓ふ――青森公会堂の盛典　4
指定町村振興は更生共進会　4
小学校に尊徳翁の銅像　4
小学校に『気象読本』　4
村の更生に児童が植樹　4
人の和によつて更生せよ――新庄の更生座談会　4
農民校を各郡に設く――平南の更生陣教化　4
町是として義公精神を発揚　4
賭博の本場から模範部落へ　4
北浜健児入退営歓送迎会　4
近代映画を見せ青年子女を教化　4
花嫁候補――学校の費用を稼ぐ　4
農村花嫁学校――二月一日から甲府で　4
秋田の更生座談会　4
農村更生同志会　4
部落を挙げて禁酒・禁煙　4
生改活善同盟積極的に活動　4
受贈雑誌　4
ザールの人民投票に就て　米田　実　5

満洲国皇帝御来朝陽春四月に御決定 5
豆新聞 5
野沢の四日 田部 重治 6

## 第九〇号 ＊未見

## 第九一号 一九三五（昭和一〇）年二月一一日

壮大明朗なる日本精神作興歌生る――懸賞当選歌愈々発表 1
審査員の言葉
佐々木信綱／高野辰之／山田耕筰／北原白秋／小野賢一
郎／河原春作／加藤咄堂／松井茂 1
入選の喜びを語る 2
一等当選者 高垣惣太郎 2
一等当選者 古館 正孝 2
三等当選者 山形吉幸／堀内民一 2
教化町村運動
掛川講習会だより（第一信） 3
教化町村を語る（3） 大森村の現状――福島県信夫郡
金沢 武夫 3
日本精神作興歌 受附余録 3
本会彙報 3
寄贈雑誌 3・5
紀元の佳節を期し精神作興を強調 4
佐賀署では団体教練 4
実行事項を定め厳粛なる宣誓――本年度最後の強調週間 4
ラヂオで農村教育 4
二月十一日から精神作興週間 4
国旗愛用運動 4
精神作興歌青森県で募集 4
知事の胆入りで模範更生村 4
映画教育研究会 4
白皚々たる富士山頂にて国威宣揚を祈願――大日本鎮国会の
壮挙 4
連盟脱退を記念し全県に愛国運動 4
文部省主催で民衆娯楽改善指導講習会 4
署長政争禍 4
豆新聞 4
勤孝文 高島平三郎 5
山添警視庁嘱託の「人生行路明暗図」に就き 5
寄贈図書 5・6
皇道政治学に就て（二） 藤沢 親雄 6
欲望の制限と人生 上 久保 萱堂 6

## 第九二号 一九三五（昭和一〇）年二月二一日

日本精神とその一視角 矢吹 慶輝 1
国体に就て 田中 智学 1
中部と四国の時局教化対策協議会 政治浄化の緊要と教化常

会の徹底的普及――中部五県で申合す　2
望遠レンズ　3
教化町村運動
雪中に翻る国旗に村民の決意を示す――富山県野積村の開設式　4
暗を衝いて全村民を動員した北般若の開村式　4
掛川だより（第二信）　4
本会役職員の二月の動静　4
寄贈図書　4
炉に凭りて思ふ　田部　重治　5
寄贈雑誌　5・6
皇道政治学に就て（三）　藤沢　親雄　6
二宮尊徳翁誕生百五十周年記念事業の打合会　6
国鉄の精神作興週間　大阪／姫路／関西／徳島　6
社会教育の徹底に壮年団結成の計画　7
大日本連合青年団の青年道場敷地決る　7
岡山市連合教化委員会総会　7
鹿児島県農会の精神作興講習会　7
理想郷を目標に全村学校の開設　7
後醍醐天皇の御聖徳を奉宣し国民道徳の振興を期すべく――笠置山御遺迹復興会創立さる　7
富士山頂より鳩の使　7
各郡に一つ全村学校　7
郷土の歴史で県民を発奮させる　7
絶対盗難防止法「犯人指名」の投票――佐渡島一部落の奇習　7
国税完納十八年　7
経済時事　昭和十年度予算案の内容　隘　径　生　8


## 第九三号　一九三五（昭和一〇）年三月一日


日本精神とその一視角（下）　矢吹　慶輝　1
日露戦役三十年記念に際し国民に訴ふ　伊豆　凡夫　1
下剋上と上生下　山口鋭之助　1
今月の行事　2
教化町村運動
富山県下の教化指定村宣誓式を終る　3
掛川だより（第三信）　3
望遠レンズ　3
本会彙報　3
教化都市を目指して――岡山市連合教化委員第一回総会開かる　4
楠公記念事業の魁浄境に絢爛たる催し――大日本楠公会主催で　4
台湾高雄州下の第一回教化大会　4
補習教育に新機軸　4
埼玉県で教化事業指導者講習会　4
行幸記念館を教化道場に――群馬県の精神運動　4
部落常会を開き農業を改善　4
お願ひ　中央教化団体連合会　4
教化上に於ける映画の効果（1）　立花高四郎　5
日本精神を鍛錬陶冶する音楽（上）　乗杉　嘉寿　5
寄贈雑誌　5

経済時事　昭和十年度予算案の内容　下　隘径生　6
寄贈図書　6

## 第九四号　一九三五（昭和一〇）年三月一一日

時評　高島米峰　1
嘗つて類例のない有力幹部のみの長崎県の講習会　2
意気と抱負に輝く岡山県の講習会　2
望遠レンズ　2
理想郷土の建築を目指して一斉に教化村開設宣誓――勇躍！
首途に上つた岡山・長崎の十ケ村　3
多久岡山県知事を始め県官の熱誠　3
多久岡山県知事訓示　多久安信　3
長崎県下の教化村開設式　5
教化町村運動
教化町村指導方策樹立のため幹部協議会開催　6
掛川だより（第四信）　6
三重県の協議会　6
石川県の開設式　6
豚の霊魂　斎藤晌　7
寄贈図書　7
寄贈雑誌　7・9
社会教育指導村佐賀県で設定　8
大楠公赤十字祭――河南八勝会の催し　8
兵庫県の教化講習会　8
部落から酒を駆逐　8
皇紀二千六百年に際し橿原神宮御改修に関する建国祭本部の大運動　8
天下の禁酒村続行に決定　8
非常時県民の自覚を促す――岐阜県で連盟離脱記念日の運動　8
三月十四日「国民融和日」趣旨普及に努むる――中央融和事業協会　8
警察精神作興週間――島根県浜田署で　8
国防日を定め国防意識普及に努む　8
婦人の手が生む農村の更生　8
水害地教化施設協議会　8
選挙粛正大講演会　8
社会事業講習会　8
皇道政治学に就て（四）　藤沢親雄　9
連盟離脱に関する詔書御渙発記念に際し記念式並に講演会を挙行――東京九段軍人会館で　9
お願ひ　中央教化団体連合会　9
「忠孝」の二字　松岡静雄　9
教化上に於ける映画の効果（2）　立花高四郎　10
日本精神を鍛錬陶冶する音楽（中）　乗杉嘉寿　10

## 第九五号　一九三五（昭和一〇）年三月二一日

教化関係各位に臨む――国際連盟脱退ニ関スル詔書渙発二周年記念日に際して　斎藤実　1

一身を捧げて郷土復興を誓ふ――三月十六、十七日に行はれた教化町村幹部協議会　1
誌上講演　連盟脱退後の日本を繞る国際的環境の推移　佐藤　忠雄　3
寄贈雑誌　5・7
斎藤会長の喜寿祝賀に横山大観画伯の力作「旭暉」を贈呈　6
教化町村運動　掛川だより（最終信）　6
望遠レンズ　6
寄贈図書　6
冬の裾野　田部　重治　7
旧議事堂を譲受け修養道場を造る――和歌山連合青年団の計画　8
京都の社会教育委員総会――盛大に辞令交付式　8
本会東京府共同主催で教化事業指導者講習会開催　8
農村の更生に青年挺身隊　8
社会教化に一段の拍車　8
教化振興時局匡救講演会　8
新潟県に異色報徳社　8
四月一日より遵法週間　8
政争を排して更生へ邁進　8
報恩貯金会　8
連盟離脱詔書渙発記念日を期し国威宣揚の祈願　8
三月二十七日に国威宣揚祈願　8
中国四国教護委員講習　8
全村学校の経営を勧奨　8
農村更生の第一線へ　8
春の話題　8

## 第九六号　一九三五（昭和一〇）年四月一日

満洲国皇帝陛下の御来訪に際して　1
時評　高島　米峰　1
奉迎絶句五首　国府　種徳　1
特に強調される選挙粛正と教化町村運動――昭和十年度本会予算成立　1
今月の行事　2
陽春の教化戦線へ　馬を進める斎藤会長――四月上旬関西九州数県へ出張　2
国威宣揚の結盟　連盟離脱の聖旨を拝して二周年――その日の記念式と講演会　3
宮城／福岡／愛知／島根／宮崎／群馬／静岡／朝鮮／慶南／滋賀／山形／直方／姫路／岐阜／鳥取／福井／石川／和歌山／八幡／飯塚／佐賀　3
世界の大勢と日本　永井　松三　4
本会彙報　5
教化上に於ける映画の効果（完）　立花高四郎　6
日本精神を鍛錬陶冶する音楽（下）　乗杉　嘉寿　6
寄贈図書　6
神武天皇と仏陀　暁烏　敏　6
春の話題　7
島根県で〝光の村〟を建設　7

農村振興第一線へ婦人戦士を配置——家庭生活改善を指導す　7
斎藤子を迎へて発会式をあぐ——海軍協会三重支部　7
全国トップを切つて青年学校後援会組織　7
警察官の精神作興講習会　7
和歌山県教化連盟評議員会　7
教化町村運動　献酬廃止のトップを切る——兵庫の藍田村　7
望遠レンズ　8
皇道政治学に就て（五）　藤沢　親雄　8

## 第九七号　一九三五（昭和一〇）年四月一一日

盟邦の元首桜の日本を御来訪　1
天皇陛下親しく東京駅に御歓迎——駅頭歴史的御会見　1
両陛下へ最高勲章御増進——宮中鳳凰の間に御交驩　2
中央教化団体連合会の御奉迎　2
満洲国皇帝陛下今後の御日程　2
望遠レンズ　2
斎藤会長帰京——関係記事は次号紙上で報導　2
教化町村・その後の活動を当事者に聴く——意義ある三重の教化友村幹部協議　3
松井理事の島ヶ原村視察　3
向ふ五ヶ年を期して理想町村の建設を誓ふ——石川県下六ヶ町村の開設式　4
生駒石川県知事告辞　生駒　高常　4
お願ひ　中央教化団体連合会　5
生活改善を強調——台北州第二回教化大会　6
佐賀県教化連合会評議員会　6
岡山市教化実践運動　6
教化更生運動に「全村学校」を開設　6
村長が校長の「村民学校」　6
禁酒運動五十年！　日本国民禁酒同盟大会を横浜で開催　6
教育者の禁酒　6
自力で負債を償還　6
乃木さんの農業日記——自力更生の模範　6
お願ひ　6
皇道政治学に就て（完）　藤沢　親雄　6
京都の二日　田部　重治　7
今月の行事　7
経済時事　第六十七議会を顧みて　隘　径　生　8
寄贈雑誌　8

## 第九八号　一九三五（昭和一〇）年四月二一日

斎藤会長週余の南船北馬教化行脚の足跡至るところ正に緊張と感激の坩堝　1
岡山三景（＊写真）　1・2
教化事業調査会　1
御親閲記念　大分県小学校教員精神作興大会　1
大分県教化団大会　2
斎藤子爵を迎ふる感銘に全村民の胸はどよめく——赤磐郡の

高陽村
非常時に際し益々本来の使命に精進せん——岡山県教化大会盛会 2
三たび教化村視察　三重県飯南郡射和村の臨時総会 2
青年団事務協議会席上で本会行事の打合せ懇談を行ふ 2
文芸家の立場より現代青年に呼びかく　吉川　英治 2
京都の二日　田部　重治 3
望遠レンズ 3
朝鮮教化団体連合会誕生近し——六月発会の予定 4
細胞組織の選挙粛正委員会——静岡県で計画中 4
社会教育に邁進——佐賀県新たに二村を指定す 4
三重県の十年度指定村 4
埼玉教連総会 4
農村の先駆に同志会を組織 4
流汗講習会 4
五月二日より「児童愛護週間」——栄養週間も合流して 4
良兵・良農の精神を実現——盛岡工兵大隊の試み 4
納税完納の模範村 4

**第九九号**　一九三五（昭和一〇）年五月一日

特に希望するは赤化思想の徹底防止　山川　建 1
時評　高島　米峰 1
全国教化連合団体代表者大会——来る六月十二・十三の両日大阪市国民会館に於て 1
独の爆弾宣言と欧洲政局の動向　米田　実 2
新旧社会教育局長と懇談——松井常務理事の招待晩餐会 2
本会彙報 2
台湾連合会へ見舞 2
今月の行事 2
望遠レンズ 3
台湾未曾有の大地震——死傷者一万三千余名破壊家屋三万七千余戸 3
最近の欧米を巡りて　一　池田　純久 4
会議出席中の全国社会教育主事諸氏と懇談 5
寄贈図書／寄贈雑誌 5
楠公祭と呼応して長年公殉節六百年記念名和神社に祭典執行 5
蘊れたる忠臣「千種卿」を偲ぶ——建武六百年に意義ある催し 6
大阪府全警官の奮起綱紀粛正へ邁進——近く具体案を決定 6
全村教育による更生計画——茨城県指導町村を指定す 6
三重の斯民会総会——篤行者二氏を表彰午後は関屋氏の講演 6
生れ出る防長精神読本 6
女子青年が花嫁貯金 6
交通道徳の徹底——福岡県の交通安全デー 6
婚家へ投石の奇襲排撃 6
教員の制服を静岡県で制定——星子学務部長の主唱で 6
納税貯金函を学童に作らす 6
お願ひ　中央教化団体連合会 6

## 第一〇〇号　一九三五（昭和一〇）年五月一一日


本紙壱百号の発刊に当りて　1
日本精神の作興と選挙粛正の徹底を期して第十二回全国教化大会開かる――来る六月十二、三日大阪市に於て開催　1
日満親善　満洲国皇帝陛下詔書御渙発　1
大楠公六百年大祭殉国の大精神を国民追慕　2
大楠公六百年を迎へて（上）　平泉　澄　2
本会彙報　2
教化町村運動　福島県教化町村幹部協議会開催　2
楠公の第一精神　上　国府　犀東　3
望遠レンズ　3
日本海海戦　武富　邦茂　4
日露戦役三十周年記念海軍のポスター　4
図南の翼を広げ――青年時代の南洋征覇の回顧録　朝倉　文夫　5
寄贈雑誌　5・6
神、儒、仏、基を通じ日本精神を観ず（一）　小野　正康　6
自力更生に勇むわが郷里の一事実　沢渡　五郎　6
寄贈図書　6
最近の欧米を巡りて　二　池田　純久　7
岡山倉敷市で更生展覧会華々しく開会さる　8
金剛山頂葛木神社で大祭執行の予定――大楠公六百年祭迫る　8
忠孝節義者の表彰奉告祭――大楠公六百年祭行事　8
「湊川の曲」と老作曲者の感慨　8
第一線の職員が農村振興を討議――全鮮六百余名の大会議　8
第三回全国生活改善関係者協議大会　8
教育塔の建設案尊き犠牲を永久に表彰　8
〝やもめ会〟――夫をなくした婦人が慰め合つて働く　8
大日本赤子会の地方長官招待　8
日清戦役四十周年戦没者慰霊祭　8


## 第一〇一号〈楠公六百年記念特輯号〉　一九三五（昭和一〇）年五月二一日


楠公精神と現代思想　神崎　一作　1
大楠公の風貌　国枝　史郎　1
第十二回全国教化大会――六月十二・十三日大阪市に於て開催　1
忠義を理論で説かず実行で示す　今泉　定助　1
楠公精神の実行　吉田　熊次　2
大楠公六百年祭を迎へて（下）　平泉　澄　2
本会彙報　2
楠公の第一精神（下）　国府　犀東　3
楠公の忠死が皇国万代の礎　小川　貫璽　3
楠公六百年祭に際して　高野　辰之　4
湊川合戦　4
寄贈雑誌　4
楠公の家系　5
楠公の思想的寄与　宮西　一積　5

楠公遺蹟巡り　5
偉勲を偲ぶ楠公遺蹟巡拝講習会——兵庫県連合会の催し　6
大楠公追慕の二ッの意義ある企て——大阪府と連合青年団の事業　6
楠公大祭を機会に勤王思想を鼓吹——盛岡市の三事業　6
東京に於ける楠公の記念祭典——五月十八日挙行　6
大日本連合青年団全国大会の行事決る　6
東京府加盟団体の教化懇談会　6
農村経済改善委員に教化関係者を加ふ——長野県産業の諮問機関　6
「更生展」好評会期を延長す　6
先ず警察官に日本精神を鼓吹——平南巡査教習所の新方針　6
長野市で警察展覧会——新庁舎落成記念に　6
民衆をして神社に接せしめよ——強調する宮崎県　6
緑蔭独語　田部　重治　7
新刊紹介／寄贈図書　7
望遠レンズ　8
教化町村運動　漁村としての社会教化の一端　久保田正吉　8
月津村でスタンプ作製　8


## 第一〇二号　一九三五（昭和一〇）年六月一日


時評　高島　米峰　1
斯界待望の裡に全国教化大会迫る——文相諮問事項並に本会提出協議題決定　1
六月の行事——中央教化団体連合会　1
流石！教化町村設定の先達県——伊藤知事以下首脳部総出動で盛会なりし福島の協議会　2
望遠レンズ　2
今月の行事　3
来る十一日！　重要案件を議すべく特に常任理事者会開催　3
本会彙報　3
斎藤会長を迎へ秋田県下教化大会盛大に開催さる　3
選挙粛正協議会——組織に着手　4
島根県で教化村を指定　4
勤孝文に感激　4
愛婦の姉妹団体愛国処女団静岡県で結成さる　4
菊水の誉高し大楠公六百年大祭意義深く終る　4
日本最古の誇りに輝く佐賀楠公神社　4
大楠公精神を体得して大日本連合青年団大会終る　4
楠公祭記念「精神作興週間」　4
神、儒、仏、基を通じ日本精神を観ず（二）　小野　正康　4
最近の欧米を巡りて　三　池田　純久　5
寄贈雑誌　5・6
経済時事　地方財政窮乏の打開　隘　径　生　6
新刊紹介　6


## 第一〇三号　一九三五（昭和一〇）年六月一一日


大会をして意義あらしめよ　松井　茂　1

実行的意見の発表を期待　関屋貞三郎　1
選挙粛正に就て教化者に望む　大島　正徳　1
全国教化大会遂に来る！――燃ゆる熱誠を罩めて代表者続々上阪　1
日本精神作興歌の検定　1
日本精神作興大講演会　1
我が国における宗教の現状に就いて　菊沢　季麿　2
教化指定町村　昭和十年度教化指定県決定――来る十四日県指導主任者打合会を開催　2
二宮尊徳翁生誕百五十周年記念会成立――加盟十一団体共同して事業計画　2
本会役職員六月の動静　2
本年度の新施設　全国都市教化講習会の開催　3
大阪府教化団体連合会創立十周年記念大会を挙行――全国大会終了後の十三日　3
選挙粛正を議題に教化懇談会開催　3
実質的の啓蒙運動――台北市教化連合会の事業計画案発表　3
斎藤会長を迎へて香川県教化大会　3
教化連盟を組織して自治の本義発揚に努力――石川県美川町の施設　4
信仰に導き日本精神を発揚　4
〝借金は一万円〟その覚悟で更生　4
京都七条署の警察精神作興週間　4
独り思ふ　田部　重治　5
寄贈雑誌／寄贈図書　5
ヨーロッパ政局の帰結　鹿島守之助　6
望遠レンズ　6

## 第一〇四号〈全国教化連合団体代表者大会特輯〉

一九三五（昭和一〇）年七月一日

盛観！第十二回全国大会　大阪城外に高鳴る明朗日本建設の雄叫び　1
文部大臣訓辞　松田　源治　1
斎藤会長挨拶　斎藤　実　2
教化大会の収穫　高島　米峰　3
祝辞　岡田啓介／後藤文夫／安井英二／加々美武夫　4
選挙粛正運動について　大森　佳一　5
地方教化戦線の現状を語る――第二日午前に行はれた地方状況報告
東北農村の精神作興運動に就て　伊藤彦左衛門　12
教化村の施設と実際　守山　一意　12
本県に於ける新興生活館に就て　宮田　泰静　12
創立十周年を迎へたる大阪府教化団体連合会の活動に就て　前田宇治郎　12
本県教化網完成と之れが運営に就て　鈴木鐐太郎　12
教化振興に就て　国塩　達太　13
宇部市の教化状況　村瀬　貫一　13
本県に於ける教化施設の実際　片岡　一亀　13
大分県の選挙粛正と公民訓練　三原　久生　13

震災に対する教化団体並教化委員の活動　佐々木亀雄　13
答申と決議　14
全国加盟団体の常任理事集り本年度施設の実施方法を協議　15
教化町村の設定と指導に就て――昭和十年度指定県指導者打合会開催　16
今月の行事　16
時評　高島　米峰　17
褒章条例適用の公益団体として認定さる　17
本会彙報　17
都市教化講習会日記　梅雨煙る青年館で五日間の克己生活　18
愛知県の夏期講座　18
大阪府教化団体連合会創立十周年記念大会盛大に挙行さる　18
鹿児島県の教化連盟大会――団体明徴方策を協議　18
三島郡社会教育連合会生る　18
選挙粛正中央連盟大童の活躍　19
選挙粛正運動へ――地方教化団体の活躍
　岐阜県／山梨県／愛知県／長崎県／山口県／栃木県／滋賀県　19
本格的都市教化へ――京城府庁で懇談会　19
朝鮮慶南道近く教化団体連合会を組織　19
報徳運動普及に埼玉で講習会開催　19
斎藤会長を迎へ盛大を極めた香川県教化大会　19
吉野紀行　宮　西　生　20
寄贈雑誌／寄贈図書　20


## 第一〇五号　一九三五（昭和一〇）年七月二一日


言論　選挙粛正の徹底を期せ　1
躍進！又躍進の教化町村を語る石川県の協議会　1
震災に対し見舞　1
富山五村の指導者が理想郷土の建設に熱議を凝した協議会　2
選挙粛正中央連盟帝都の第一声――盛況を極めた日比谷における大講演会　2
都市教化懇談会――八月九、十日宇治山田市並に名古屋にて開催　2
本会彙報　2
二宮尊徳翁生誕百五十年記念会委員会　2
丹羽元理事（＊訃報）　2
教化町村運動
本年度指定教化村大分県決定――近く本会よりも指定書交付　3
教化町村の選挙粛正運動　3
教化村の覚悟を強調――三重県十年度指定村神戸村の村民大会　3
選挙粛正のレコード講演
選挙粛正の達成に邁進せよ　岡田　啓介　4
明朗公正なる選挙の実現に努力　後藤　文夫　4
全国民の名誉にかけ粛正の大業遂行へ　斎藤　実　4
白熱的に展開する選挙粛正運動
　本会／全国／大阪／静岡／長崎／三重／熊本／滋賀／愛知

／島根／山口／香川／富山／大分 4
一ぺウ小唄 4
建武中興六百年記念碑建設 5
大阪府連合会の例会 5
鹿児島県教化連盟大会に於ける決議並実行事項 5
国体明徴憲法講習会文部省主催にて開催 5
国体明徴講習会国柱会本部に開く 5
国体明徴講演会 5
馬にも麦稈帽 5
傘とステッキ 田部 重治 6
動く世界 6
寄贈雑誌 6


**第一〇六号** 一九三五（昭和一〇）年八月一日

選挙粛正をして一時的ならしむる勿れ——廿五歳公民教育の
提唱 加藤 咄堂 1
都市に於ける公民的教養（一） 大島 正徳 1
八月の行事 1
六百年の古を偲びつゝ吉野山上で一週間幹部講習会を開く 2
文部省の「選挙粛正」訓令 2
斎藤会長神戸へ出張 2
今月の行事 2
動く世界 2
山
木曾御岳と其附近 田部 重治 3
南アルプス漫歩 細井 吉造 4
山岳に古代日本の姿あり 上 国府 犀東 5
寄贈雑誌 5・8
選挙粛正方策等重要協議を遂げた栃木県教化事業連合会の総会 6
神奈川県教化団体連合会を組織し教化事業振興を計る 6
選挙粛正大講演会 6
胸に「粛正」マークを翳し率先実施を決意——長崎県の教化
大会 6
郷土読本の原稿を募集——長崎県教育会 6
選挙粛正と政治教化——福岡県に於ける実例 海江田喜次郎 6
選挙粛正運動細胞的活動に入る
三重県連合会／福岡県各教化団体／熊本県警察部／高知県
教育会／熊本県青壮年団／福井県壮年団／山梨県町村長会
／宮城県神職会／愛知県教員会／山形県楯岡町 7
山奥に栄える農民道場——実習の収益で伊勢参宮 7
創設二十七年の燦然たる歴史——島根県一隅の報徳社 7
教化町村運動
福岡の教化町村決る 8
教化村に対する三重県の選挙粛正通牒 8
満半蔵！の歩みを語る 打ち寛いた長崎県下教化友村の集ひ 8
寄贈図書 8

## 第一〇七号　一九三五（昭和一〇）年八月一一日

八月の行事 1
廿五歳公民教育を特に徹底せよ　A 1
終生を支配する第一票の清濁　松井　茂 1
大楠公陣没の地に一票報国の清き誓ひ　炎暑を冒して斎藤会長出馬激励――兵庫県教化団体大会の活況 1
神戸市に揚る選挙粛正の烽火――二会場に振ふ松井丸山両氏の熱弁 1
都市に於ける公民的教養（二）　大島　正徳 2
国体明徴に関し政府声明を公表 2
関東大震火災十二周年記念施設の打合会 2
山岳に古代日本の姿あり　下　国府　犀東 3
南アルプス漫歩（B）　細井　吉造 3
動く世界 3
傘とステッツキ　下　田部　重治 4
満蒙の旅日記　内山　天壇 4
村の餓死に警鐘炭俵かつぐ老村長――非常時打開に奮起 5
坐禅講習――日本精神の鍛錬 5
涼しい話 5
選挙粛正虎の巻 5
聖徳太子堂工費十万円で京城に建立 5
全国融和大会並中堅青年研究協議大会を来る八月下旬開催 5
浄財を募つて隠岐に神宮造営 5
選挙粛正運動地方情報
和歌山県教化連盟役員会／群馬県／岡山市連合壮年団／島根県／明石市／茨城県の郡市粛正会／鳥取県で協議会／足利市仏教和合会／中津市／香川県社教方面委員協議会 5
教化町村運動
三重県教化村選挙粛正懇談会 6
教化記念に際し選挙粛正を宣言　三重県島ケ原村 6
選挙粛正の徹底を決意　石川県宝立村 6
選挙界の積弊一掃に邁進　兵庫県八幡村 6
理想郷への一段階――二周年記念式を挙げた福島県の太田村 6
サイレン合図に全村国旗掲揚 6
教化常会と愛隣会　増森彦兵衛 6
寄贈雑誌 6

## 第一〇八号　一九三五（昭和一〇）年八月二一日

八月の行事 1
郷土即応の施設充実を目指す都市教化の躍進へ――地方別懇談会開かる 1
神宮御鎮座県民の名に恥ぢざらむ――神都公会堂に集ふ三重県下都市代表者の誓ひ 1
組織を整備して都市教化の困難性克服――潑溂たる愛知県下五都市の懇談会 1
廿五歳公民教育を特に徹底せよ　B
公民的成年期に際し精神的選挙人名簿を調へよ

都市に於ける公民的教養（三）　山川　建　2
想起せよ十二年前――関東大震火災記念施設東京市内三十数ヶ所に講演映画会を開催　大島　正徳　2
「酒なし日」運動を一斉に挙行　2
動く世界　2
教化町村運動　3
埼玉、青森、高知　佐賀各県の教化町村続々決定　3
選挙粛正村民大会――兵庫県下二ヶ村の催し　3
委員を任命して太田村粛正陣成る　3
野沢町（福島）の各種催し　3
本会彙報　3
選挙粛正運動地方情勢展望
松井博士を招き福井で大会を開く　4
教化団体を総動員――佐賀県の大綱決る　4
投票場に神棚を期せずして此申合　4
歩調を揃へて最後の猛運動　4
運動方法を討議　愛知県教化団体連絡会　4
政治教育に関する劃期的転換　4
七千の教化委員実行徹底に努力　4
有権者を含め粛正座談会　4
町村に部落に積弊打破の誓ひ　4
誓約書を作り全村民が調印　4
立憲的愛国者の表彰を行ふ　4
粛正運動を機に鳥取県仏教連合教化団の結成　4
灯籠流しや都々逸の参加　4
盆踊りで宣伝に努む　4
記念貯金　4
大会を開催して理想選挙の実現を期す――三重県教化団体連合会活動　5
部落常会と壮年団の奮起　5
金銭浪費は相互に戒告等――全村戸主申合して浄化運動に邁進　5
佐賀県教化村座談会を開催　5
悪罵嘲笑三年間遂に五千坪を清掃――ゴミ捨場より蠅撃退　5
満蒙の旅日記（2）　内山　天壇　5
経済時事　農村と都市との問題（一）――農村及都市生産物価格の不均衡　隘　径　生　6
寄贈雑誌　6


## 第一〇九号　一九三五（昭和一〇）年九月一日


本会選挙粛正標語　1・4・6・7
言論　災禍に学ぶべきもの　1
関東大震火災第十二周年に当りて　関屋貞三郎　1
九月の行事　1
廿五歳公民教育を特に徹底せよ　C
厳粛なる全国一行事として　香坂　昌康　1
最近日満支の動き　国松　文雄　2
精神作興資料懸賞募集要項　財団法人中央教化団体連合会　2
動く世界　3

今秋、二宮翁没後八十年に全国的記念の催し――報徳強調週
間も実施　3
空を護れ　作間　喬宜　4
今月の行事　5
残暑と戦ひ吉野山頂に教化士魂を錬つた全国幹部講習会　5
大阪逓信局報に日本精神作興歌　5
寄贈雑誌　5・8
教化町村運動
秋田県下五ケ村を教化村に指定　6
選挙粛正を図る三重県豊地村　6
講中心の教化班――塩田村（兵庫）の試み　6
吉井村の選挙粛正会　6
選挙粛正種々相
選挙運動期間の「粛正」限界を決定――内務、地方長官へ
通達　6
粛正映画の無料映写　6
五百余名集り断行を誓ふ――福井県教化大会　6
真の粛正はまず家庭より　6
各種団体代表者の協議会を開催　6
種々なる催しで主旨の徹底を計る　6
細胞組織の総動員　6
サイレンを鳴らし棄権防止を図る　6
神職を動員し粛正講和を行ふ　6
不正運動員は村内入禁　6
赤化を清算し振興模範村に転向　7
講習会開催による心田開発行事　平壌教化団体連合会　7
融和事業の完成を目指す第三回全国大会　7
昔の「左翼村」に日本精神の鍬　7
新潟県下に報徳主義理想郷　7
非常時教育難行・断食講習　7
教育を通じて村を建直す――白面の校長表彰さる　7
門戸に忠魂顕彰標を――意義深い全国運動　7
日本精神作興に『農民読本』制定　7
村吏の制服制定　7
十九の嬢さん滞納を一掃　7
海　斎藤　晌　8
満蒙の旅日記（完）　内山　天壇　8

**第一一〇号**　一九三五（昭和一〇）年九月一一日

本会選挙粛正標語　1・3・4
選粛時評　高島　米峰　1
パリーにて　大島　正徳　1
二十五歳公民教育の実際　静岡県新居町の公民奉告祭　渡辺　鎰吉　1
我国貿易の現状　上　寺尾　進　2
精神作興資料懸賞募集要項　財団法人中央教化団体連合会　2
動く世界　2
教化町村運動
埼玉県の教化村指定書交付式挙行さる――併せて各村幹部

の協議会も開催 3
選挙粛正を誓ふ――長崎県多比良村 3
予期以上の成果を収めた震災記念施設 3
静岡県に粛正教化連盟の組織――五日創立大会を開催 3
部落常会を動員し政治教育の徹底 3
本会彙報 3
秩父宮殿下を迎へて県風作興祈願祭 4
十月六日から精神作興週間 4
可愛い座禅の群 4
堂々たる朗吟――長野県詩吟大会 4
日本精神が女学校を風靡――弓術・琴・舞踊の稽古 4
全県下女生徒に薙刀術を教へる――長崎県で計画 4
新版警察読本 4
二宮翁八十周年静岡県の記念事業 4
全道に残る尊徳翁の遺訓と経営 4
尊徳翁記念出版――栃木県で六種決定 4
二宮会館飾り付終る 4
二宮尊徳の生涯（一） 綾川漁人 5
寄贈雑誌 5
裾野の夏 田部 重治 6
寄贈図書 6

## 第一一一号 一九三五（昭和一〇）年九月二一日

我国貿易の現状 下 寺尾 進 1
本会選挙粛正標語 1・3
動く世界 2
乃木将軍を語る 伊豆 凡夫 2
教化町村運動
岩手、熊本両県の教化村決定す 2
佐賀県教化村の指導打合会 2
斎藤会長大森村視察 2
全鮮教化団体の連合会組織――十月三日発会式並社会事業大会を挙行 3
教化智識普及に映画を利用――長崎県の試み 3
二十五歳教育の恒久的施設――岐阜県で実施計画 3
選挙粛正婦人協議会 3
転換期に立つ静岡県の新興生活館――十月に再検討会議 3
棄権防止に婦人会を動員 3
流行する「農村劇」――新時代の農村娯楽 3
神事・仏事の作法一式女学校で伝授 3
巡り来た四周年満洲事変記念日 仰ぐも高き愛国心の高塔――事変以来の国民献納金五百万円を突破 4
各地の記念行事
福知山／姫路／福井／広島／香川／高知／長崎 4
友情で揃つた十五頭の馬――馬の眠り病をめぐる美談 4
二宮尊徳に関する参考図書――二宮尊徳翁八十年祭記念会調査 4
二宮尊徳の生涯（二） 綾川漁人 5
寄贈雑誌 5・6
経済時事 農村と都市との問題（二）――産業組合運動と反

産業組合運動　隘径生　6

## 第一一二号　一九三五（昭和一〇）年一〇月一日

都市の行政（上）第一 都市と自治　前田　多門　1
精神作興週間——十一月七日より十三日まで　2
二宮尊徳翁八十年祭記念の催し——各地の祭典並講演会　3
福島県記念祭りは相馬郡中村で開催　3
神奈川県における記念週間行事決る　3
八年間の結晶——『尊徳読本』成る　3
翁を偲ぶ祭典と遺物展覧会——茨城県の催し　3
報徳寮新設　3
長野県では報恩精神の強調　3
粛正運動を機に神奈川県教化団体連合会結成さる　3
風水害一周年に克己日運動を実施——岡山県教化団体連合会の催し　4
村道の修理を青年団が奉仕　4
部落民が醵金して頌徳碑を建つ　4
平壌教連で不用品貰受け週間　4
静岡県選挙粛正婦人大会　4
震災慰霊祭と粛正講演会　4
動く世界　4
二宮尊徳の生涯（三）　綾川漁人　5
眼　斎藤　晌　6
寄贈雑誌／寄贈叢書　6

## 第一一三号　一九三五（昭和一〇）年一〇月一一日

二宮尊徳翁八十年祭に当りて
二宮尊徳翁追想談　井上哲次郎　1
二宮翁の遺教は時難突破の鍵　松井　茂　2
二宮尊徳先聖の八十年祭の挙行せらるゝに際して　佐々井信太郎　3
尊徳八十年祭遺芳を頌讃して開く各地の記念行事
神奈川／福島／静岡／栃木／島根／新潟／千葉／高知　3
今月の地方行事　2
動く世界　2
施政二十五周年の好機　景福宮内に開かれたる朝鮮教化団体連合会の発会式——社会事業協会教化部より分離して陣容へ　4
教化町村運動
静岡県下の教化町村を指定——青森県に一村追加　4
高知及福岡で教化町村幹部養成の講習会開催　4
教化村の開設宣誓式続々開かる　4
精神作興週間——十一月七日より十三日まで　5
高松宮殿下を総裁に推戴し第八回全国社会事業大会——廿三日から東京に開かる　6
学校における宗教教育——宗教教育協議会の答申案　6
全国に魁けて精神作興週間佐賀県に実施　6
政治教育普及に巡回講習を計画——富山県社会教育課の目論み　6

広島逓信局の精神修養講習会　6
神宮の大麻を各教化団体へ　6
台湾高山蕃に文化を――花蓮港庁で講習会　6
隠岐更生歌懸賞募集　6
灯下の話題　6

**第一一四号**　一九三五（昭和一〇）年一〇月二一日

二宮尊徳翁八十年祭に当りて
二宮翁追慕の大絵巻八十年祭厳かに挙行さる――報徳精神高調の秋　1
二宮翁の偉業を思ふ　斎藤　実　1
関係各地の式典並講演会
神奈川県／静岡県／茨城県／栃木県／富山県／福島県／埼玉県　1
聖農を偲ぶ催しの数々　2
精神作興週間――十一月七日より十三日まで　2
斎藤会長四国地方旅行日程　2
新機構を整備して飛躍の第一歩へ――神奈川県教化団体連合会の新組織成る　3
都市の行政（中）　第二　市政の重要性／第三　都市の行政機構　前田　多門　3
善隣の若き朋友はわれらの日本を斯く見る！　国際教化の旗幟のもと新興満洲国留学生諸君と語るの会　4
動く世界　6
丸山理事を迎へて佐賀県教化連合会総会を開く　7
部落常会を離島に普及――長崎県の教化網拡大　7
教化町村運動
本年度教化村全部決定　7
昭和九年度指定『教化町村施設一覧』刊行　7
佐賀の開設宣誓式決定　7
開設宣誓式の臨席者決定　7
吉井村の選挙成績　7
灯下の話題　7
秋の想ひ　田部　重治　8
寄贈雑誌　ほか　8

**第一一五号**　一九三五（昭和一〇）年一一月一日

精神作興週間愈々迫る！　時限克服の意気昂き全国教化陣
「精神作興週間」を目指して各地の活発な動き
東京／岡山／石川／秋田／広島／山梨／愛媛／福岡　1
斎藤子爵松井博士の講演を全国に放送――克己日にAKより　1
十一月の行事――中央教化団体連合会　1
斎藤本会長を迎へて海南に翻る教化の大旆――高知、徳島の盛なる大会　2
教化町村運動
廿五歳公民教育及「イロハ」学校の創設――期待される宮村の新計画　2
本会彙報　2

兵庫県加古郡教化連合会総会　3
固き決意を誓ふ――力強い宣言と決議　4
福井県における教化強調講演会　4
第八回社会事業大会盛会裡に其の幕を閉づ　4
自治講習所を開設し町村長の卵を養成　4
佐世保市の「教育週間」　4
大分で更生精神を作興――実行徹底の五大要目　4
全村教育指定村大阪の高鷲村で開設式挙行　4
因習を敢然打破した改善結婚　4
朗らかな波に全村民が溶け合ひ村政の刷新へ　5
激励の大国旗が挙村一致の更生運動の原動力　5
お客様駅のお掃除　5
偉大なるおかみさんの力　5
精神作興週間――十一月七日より十三日まで　5
精神作興週間　長崎／朝鮮　5
寄贈雑誌　ほか　5・8
都市の行政（下）　第四　都市の事業　前田　多門　6
動く世界　6
ナイフとフォーク　斎藤　晌　7
経済時事　農村と都市との問題（三）――商業者の機能を中心として　隘　径　生　8

## 第一一六号　一九三五（昭和一〇）年一一月一一日

国民精神作興の秋――大詔渙発十二周年記念日に当りて
興国の気運は民心の作興から　全土に高調する新興日本の意気――精神作興週間始まる　斎藤　実　1
斎藤会長臨場のもとに詔書捧読式と記念講演会　1
横浜市の詔書捧読式――各団代表四千名参列　1
全市各戸に主旨を徹底　1
主旨と実行を強調す　1
実行事項を各戸に配布　1
日の丸弁当にて克己心涵養　1
東京女子高師生徒の白熱的諸行事　2
公共奉仕の実を挙ぐ　2
農村更生には精神作興訓練　長野　2
勤勉日は休憩を廃す　2
「青年山形」の大気勢いを揚ぐ　2
生活改善を各市町村に徹底　奈良　2
各種団体総動員　2
神前にて市民大会　米子　2
けふぞ反省日生活の向上　香川　2
三ヶ所で大講演会　2
青年団を中心に　2
県下一斉に徹底を期す　2
言論　躍進日本への協力　2
懸賞募集精神作興資料　入選者決定――作品は次号より順次掲載　3
奉公精神の発揚を強調　3

心田開発を鼓舞七日一斉に催す　朝鮮　3
挙道一致して民心作興運動　慶南／全南／全北　3
名士の放送　3
非常時訓練全島的に実施　台湾　4
精神作興はまづ県庁から　4
振興方針座談会　4
精神作興座談会　4
知事以下全庁員参集　4
克己の醸金北支の勇士へ　4
製鉄所の精神作興運動　4
全戸が国旗掲揚　4
週間行事に参加――在京城鉄道局員　4
教化講演映画会　4
釜山では交通宣伝　4
教化町村運動　農村講座教化指定町村に開設　4
動く世界　4
時評三則　高島　米峰　5
明春の勅題　海上雲遠　5
本会役職員動静　5
寄贈叢書　5
寄贈雑誌　5・7・8
選ばれたる光栄に全町村民感激に震ふ――熊本、大分両県下に於ける開設式宣誓式終る　6
横田理事（熊本、大分教化村開設式臨席）に随行して　松　下　生　6
会長の臨席を仰ぎ新潟県教化団体大会を開く　7
大火の痛手は精神復興から　7
岡山市教化網強化　7
国民精神文化講習会　7
物資的救済を避け精神的更生へ　7
全村挙つて毎日一銭貯金を励行――報徳精神全村を蔽ふ　7
選挙粛正中央連盟第二次大運動へ　7
部落座談会で選挙粛正を強調　7
賀状に粛正標語　7
働く会々長峰田一歩氏逝く　7
露独英　素通り観　大島　正徳　8

**第一一七号**　一九三五（昭和一〇）年一一月二一日

懸賞当選精神作興資料　漢詩　1
国体頌　入選作／佳作／選外佳作　吉長碓憐　ほか　1
偶成　入選作／佳作／選外佳作　山田位　ほか　1
漢詩選後の感懐　国府　犀東　1
地で行く精神作興週間　1
五千名の参加――米子市の大会　1
精神作興講演会　1
修養懇談会松山郵便局　1
愛国節約――小倉市の常磐中学　1
美化作業に奉仕　1
大旆を翻へし忠霊塔に参拝　1

町民一同宣誓を行ふ　1
各工場に奨励　1
各戸へ宣伝　中津市　1
若人一千の大行進――十日鶴岡に行はれた山形県連青の総集会　5
生活改善に徹底を期す　5
一握りの白米を節約　5
市役所で捧読式　5
凶作を突破して理想郷の建設を誓ふ――青森県後潟三沢の両村民　2
教化町村運動　秋田、山形の開設宣誓式日取決定　2
福岡・佐賀の教化町村開設宣誓式――本会より松井・香坂両理事臨席　3
日本精神の研究道場に熊本城再建運動　5
選挙粛正部落懇談会　5
違反検挙に全町民奮起　5
国民更生運動講演と映画　5
涙の決意に光明　5
『作業読本』成る　5
協力田に依つて平和郷建設　5
綿服で結婚　5
動く世界　5
感じたことども　田部　重治　6
寄贈叢書／寄贈雑誌　6

## 第一一八号　一九三五（昭和一〇）年一二月一日

玉の御声も高らかに輝き渡る大内山――一億万赤子の歓喜　1
日本精神の情操的陶冶　田部　重治　1
懸賞当選精神作興資料　実話・勅語のおぢさん　村上　直　2
当選漢詩正誤　2
動く世界　2
聖旨を奉体して楽土建設に邁進！――秋田県教化村の開設宣誓式終る　3
お願ひ　3
教化町村運動
宮城県教化村幹部協議会　3
本月中旬教化関係幹部講習会を福島で開催　3
教化村開設宣誓式日取　青森県／宮城県　3
サイレンで天気予報　3
秋田県教化村の農業講座　3
底力ある山形五町村の開設式――協力一致将来の発展を期す　4
本会彙報　5
意気正に北海を圧す――斎藤子爵、松井博士も臨席新潟県教化大会　6
沖縄県の更生譜婦人を先頭に全部落が更生　6
報徳座談会　6
母校へ尊徳像　6
美川町（石川県）の教化施設状況　6

〝赤〟収容の鉄窓に日本精神の勝鬨――既に六割以上転向す 7
公けの席では禁酒 7
平安農村に更生歌高らかに響きわたる 7
克己日美談 山境に薫る婦人達の努力 7
精神作興の知事告諭――三千枚を領布 7
全市の学校給食へ――教化委員の建議 7
一つの話題 7
選挙粛正愈々第二次運動へ
賀正に粛正子歳の第一声――先づ選挙粛正から奈良でも 7
強調週間に各機能を総動員 7
投票区分割を利用し徹底的に棄権防止 7
まづ家庭の主婦に働きかける 7
違反を潜る選挙運動 7
合宿講習――受講者が各地で指導 7
提灯・仮装行列 7
経済時事 農村と都市との問題（四） 隘 径 生 8
野間清治著『世間雑話』読後感
山屋他人／中村武羅夫／加藤咄堂／加藤武雄／菅原時保／村岡花子 8

## 第一一九号　一九三五（昭和一〇）年一二月一一日

重なる御慶事竹の園生の御栄え愈々目出度く――国民は一つ心に寿ぎまつる
崇仁親王殿下親王家を御創立三笠宮の御称号宣賜 1
第二親王殿下に「義宮正仁親王殿下」と御名を御勅定 1
照宮成子内親王殿下満御十歳の御誕辰 1
皇礎益々堅し――湯浅宮内大臣謹話 湯浅 倉平 1
昭和十年の教化運動 加藤 咄堂 1
理事会 1
最近北支の政情 北支自治運動の根拠 国松 文雄 2
動く世界 2
日本精神の情操的陶冶（下） 田部 重治 3
暗憺たる現実に仰ぐ光明の歓喜――厳冬を衝いて行はれた青森県教化村開設宣誓式 4
井野知事初め総動員宮城県下教化村開設宣誓式――松井博士も臨席し二ケ村挙行 5
台中州社会教化大会――十四日台中公会堂で開く 5
農民精神の喚起 5
北海道の成人教育講座 5
純潔運動講演会 5
東北農村の美化計画 5
農村明朗譜 農土を歌ふ紅顔村長 5
教化町村運動 川辺村（埼玉）の綱領決る 5
一つの話題 5
粛正浄化の明朗色へ
六百万東京市民に教化団体の態度闡明――選挙粛正を議題に東京府教化団体代表者会議 6
十八日から週間実施 6

県出身の名士で粛正後援会を組織　6
壮年団を組織し政治の大衆化へ　6
地方小都市で講演会　6
部落中心主義に邁進する鳥取県　6
棄権防止に全力　6
読者の声　6
寄贈図書／寄贈雑誌　6

## 第一二〇号　一九三六（昭和一一）年一月一日

年頭の辞　新春を迎へて教化関係者に望む　斎藤　実　1
昭和維新（其一）　横田　秀雄　1
本会募集の漢詩元旦を期して放送――AKより全国中継にて　1
時評　高島　米峰　2
本会彙報　2
懸賞当選精神作興資料　民謡・実話　3
民謡　渋谷玻瑠子／藤木逸　3
選評　北原　白秋　3
実話　外島に咲く名花　所　英吉　3
仇討の倫理　斎藤　晌　4
壮烈積雪の中に五日間心身を鍛錬した東北六県の教化関係幹部講習会　5
岩手県教化村開設　聖旨を体して理想の彼方へ――住み良き村の建設を期す　5
松井博士の教化行　松　下　生　5
本会の第二次選粛運動　部落常会の設定と二十五歳公民教育に主力――道府県教化連合団体長へ指令　6
部落懇談会を主に――山梨県の粛正方針三ケ条　6
実質的効果を狙ひ岩手の粛正運動――今春の選挙に備へ　6
室蘭の方針十項目を掲ぐ　6
教化町村に於ける選挙粛正風景　その一――三重県の巻　6
中央連盟主催で第一回選挙粛正講習会――第一線の勇士を養成　7
春・早々から強調週間――愛知県一斉に　7
翻る粛正のぼり――埼玉県の粛正運動　7
警官自主の新方針　7
候補者の政見を掲載選挙公報の発行――兵庫県で近く県令公布　7
第二次選粛運動――富山県各地で講習会　7
書初めを広く募集――大分県の名案　7
県議と警察官の座談会　7
日野でトップを切り部落懇談会　7
内鮮融和会から選粛へ――千葉県下の朝鮮同胞　7
腹を練る講習会――静岡で中心人物の養成に　7
寄贈図書／寄贈雑誌　7
一九三六年の国際情勢　エチオピア問題と世界平和　鹿島守之助　8
国歌普及運動で国民精神の涵養――諸行事に捧読、奉唱　10
厳冬修練の水行に報徳精神を体得――成田山で生活改善講習会　10
祝宴を止め治安の為に　10
農林更生の糧――凶作史の編纂計画活躍を期待される　10
精神作興運動のスタートを切る――山形県の武道講習会　10

映画国策の見地より統制指導の為の大日本映画協会の誕生　10
壮年団中央協会生る——新春を期し期成同盟を改称　10
島根県で農民道場農村更生の戦士を一ケ年鍛錬　10
服装改善にモンペ愛用　10
教育の立体化を計り銀幕に博物の教授——神奈川県厚木高女の試み　10
農村の生活をその儘芝居に　10
商業道御講和　10
先生の渾名全廃　10
聖なる念願叶ふ　10
神職経済運動に　10
お酒は一合魚肉は一週一度　10
皇紀尊用運動　10
師の徳に報いる　10

## 第一二一号　一九三六（昭和一一）年一月二一日

昭和維新（其二）　横田　秀雄　1
教化町村運動全土を風靡す——新年度を目指して勇躍する地方の動きを見よ
福井県／愛媛県／広島県／島根県／宮崎県　1
本会の行事一—二月　1
教化士魂を論ず（一）　加藤　咄堂　2
教化町村に於ける選挙粛正風景　その二——岡山県の巻／兵庫県の巻　3
厳寒を衝いて本年度指定教化町村指導者養成講習会愈々始まる　3
静岡県教化町村開設宣誓式日取　3
教化関係者幹部公民教育講習会　青森／三重／島根　3
本会彙報　3
一九三六年の国際情勢　軍縮問題の是非　武富　邦茂　4
明朗台湾建設へ　部落振興会設置全島的に猛運動——台中州の第一研究会　6
教化団体を統合して連合会を組織——計画す丶む津市　6
模範村へ黎明の一部落　6
郷を見直さうと郷協議会の結成　6
精神更生運動の一大強化を期す　山形県教化団体連盟　6
雪の富士にて大日章旗を翻し国運隆昌祈願祭——本会よりも二名参加　6
農村開発に努力する名守富次郎翁　6
一つの話題　6
全国一斉選挙粛正強調日
教化団体も参加し大童の粛正運動　7
まづ教化団体の側面運動が有効　7
京都府教化団体代表者の会合　7
選挙週間を設定し各種団体を総動員　7
市町村を単位に粛正網を布く　7
教化関係者と協議　7
郡、島単位の委員会を結成——牢固たる粛正陣の整備　7
粛選一色に強調デー第一日　7
女性を総動員——各部で協議会開催　7

粛選評定　7
議員候補者に寄付　7
全満皇軍慰問道中記——汽車と飛行機で二千余里　井上　文成　7
経済時事　一九三六年の危機　隘　径　生　8
寄贈図書　8
短波特輯　8


## 第一二二号　一九三六（昭和一一）年二月一日


総選挙に直面して
貴き体験により百年の大計を樹てよ　松井　茂　1
選挙粛正の根本は国民教化にあり　丸山　鶴吉　1
一票は即ち我が一心　大島　正徳　1
本会選挙粛正標語　1・2・3・4・6・7
英国皇帝陛下崩御　2
宗教的情操の涵養（一）　矢吹　慶輝　2
本会彙報　2
短波特輯　2
建国の大精神を以て国難を克服せよ　鳥巣　玉樹　3
新たに海空部隊を加へて華やかな建国祭　3
建国の聖地に誇る厳かな建国祭　3
軍港健児市中行進　3
選挙粛正運動全国情報
全機関を動員し「選粛」最高潮へ——愛知の第一回選粛強調週間　4
一票報国の誓ひ——北九州各地の祈願祭　4
珍しい試み——赤羽村の運動　4
重点を部落懇談会に　4
生徒を通じ教育——熊本県の新試み　4
外廓運動として教化団体立つ　4
選挙粛正は立憲愛国の運動——違反防遏講習会　4
三宮署楼上で総選挙講習会　4
丸山氏を迎へ宮崎県の粛正大会　4
空から宣伝ビラ　4
農村の味方を選べ——標語の印刷物を配布　4
違反した者地獄行き　4
選粛運動に婦人も一役　4
粛正聖戦——栃木の催し　4
選粛祈願祭　4
選粛展覧会　4
宮崎市の催し　4
廿四万人の宣誓書を二荒山神社に奉納——徹底的選粛を期す　5
漲る粛正気分——宮崎各地の催し　5
市中を練る都城の宣伝　5
選粛町別懇談会——鈴木知事も出席　5
町内を托鉢——坊さんも動員　5
全国一の棄権防止——粛正に動く教化団体　5
選挙粛正を期し少壮者に政治教育　5
有権者へ擬信——延岡局の試み　5

吹雪に培ふ郷土更生の信念——青森県の講習会　5
大気も氷る極寒の中に灯え立つ全員の意義——早くも旬日を
　経過した教化町村指導者養成講習会　5
寄贈雑誌　5・6・8
静岡県に於ける教化村開設宣誓式　6
全満皇軍慰問道中記（2）——汽車と飛行機で二千余里　井上　文成　6
農山漁村振興と心田開発の二大事業——半島統治完成の日近し　7
経済更生は先づ教化から——実行へ踏出す都農町　7
響く更生サイレン　7
郷土に則した教育映画作製　7
台所に動員令　7
漁村更生の先駆者漁村青年団振興講習会　7
貧弱村から遂に模範村へ　7
結婚と葬式——断然改善を計る　7
農会塾で更生——五日間の合宿訓練　7
千四百寺が結束精神教化に蹶起　7
一つの話題　7
雑感　田部　重治　8


**第一二三号**　一九三六（昭和一一）年二月一一日

言論　尽忠報国の赤誠を効せ　1
投票当日遅刻早引御免——棄権防止に政府英断　1
帝都で選挙展覧会　1
空から棄権防止——数十万枚のビラを撒く・東京府・市　1
知事も戦線へ立つ　1
昭和維新（其三）　横田　秀雄　1
本会選挙粛正標語　1・2・3・4
前回の棄権者に投票の狩出状　2
粛正紙芝居——下関の部落懇談会　2
輝く一票に固き誓ひ　2
清らかな合唱　2
選粛防犯懇談会　2
選挙粛正映画　2
静岡県下教化町村開設宣誓式　2
短波特輯　2
教化町村運動　座談会の感想を青年に聴く　3
雪の窓に道を開き寒風に身を鍛ふ——教化町村指導者養成講
　習会　2
家庭教育講習——文部省主催で
梅薫る国の誕生日　国民意識の確立——建国精神作興週間を
　設定　3
家庭化を計る　広島県　3
日の丸で市中行進羅　八幡市　3
市長を先頭に街頭行進　3
烽火が合図　盛岡市　3
建国祭に先だち学生の奉祝会　3
建国祭記念華道大会　3
建国精神の発揚　熊本市　3

非常時青少年の意気――富山宣言決議をなす　3
国家興隆の祈願　福井県　3
一家を挙げて佳節の祝福　3
尚武精神の涵養――島根県の催し　3
よりよき郷土の建設へ！　心から溢れる真剣味――緊張裡に
三重の教化関係幹部公民教育講習会終る　4
農業楽土の建設に新五人組の凱歌　4
生活改善委員会と実行会を組織　4
公民祭と青年祭　4
農村の躍進を期し青年農友会結成　4
更生には此意気　4
会員組織で村の再建　4
スキーを農村へ普及　4
寄贈雑誌　4
教化士魂を論ず（二）　加藤　咄堂　5
石川理之助翁の教訓　身を以て実行十七年「佐藤慶吉君を語
る」1　濠　茜　生　6
全満皇軍慰問道中記（3）――汽車と飛行機で二千余里　井上　文成　6
寄贈図書　6

**第一二四号**　一九三六（昭和一一）年二月二一日

教化士魂を論ず（三）　加藤　咄堂　1
苦行！三旬！　教化町村指導者養成講習会終る　1
教化関係幹部公民教育講習会　1
時評　高島　米峰　2
寒波を衝いて町村建直しの原理と方策を研く――島根県の講
習会　3
短波特輯　3
感想　大倉　邦彦　3
封建遺制を昭和に復活　五人組で農村再組織　4
寝食をともに農道精神の涵養　4
更生記念大会で〝村是〟を樹つ　4
農村更生は時間尊重から　4
天災を人為で克服した頭の百姓を表彰　4
農民道場で農道精神を吹き込む　4
一つの話題　4
維新史に光彩を放つ「誠心隊」精神の復活　5
学校を中心に全村教育の実施　5
集つた人は四万八千人　5
神前投票　5
両神宮に教育報国の誓ひ　5
転向者を糾合し讃へる日本精神――紀元節に更生第一歩　5
転向者を護る――静岡更生会の準備会　5
非常時意識を強調――陸軍記念日の諸行事　5
壮年団幹部の講習会――愛媛で開催　5
公民教育講座　5
県下の学童達に愛林思想を涵養　5
師範学校に精神修養の道場　三重／福岡　5

名古屋市内各区役所に社会教育主事をおく――明年度から名古屋市に　5
石川理之助翁の教訓　身を以て実行十七年「佐藤慶吉君を語る」2　濠　茜　生　6
全満皇帝慰問道中記（完）――汽車と飛行機で二千余里　井上　文成　6
寄贈雑誌　6

## 第一二五号（＊原紙では「一二六」と誤記か）

一九三六（昭和一一）年三月一一日

本会々長斎藤実子の薨去を悼みて教化の使命に及ぶ　1
斎藤、高橋両重臣へ有難き賜誄――勅使御使を御差遣　1
畏し斎藤子爵余栄大勲位に叙せらる　1
噫！斎藤子爵　2
本葬当日追悼式を盛大に営む　2
内府、宮相並広田内閣々僚親任式　2
謹告　2
騒擾事件の全貌――戒厳司令部より発表　2
叛乱参加の兵所属と人数　2
哲人尊徳の遺蹟を探る　綾川漁人　3
各地に尊徳像建設さる　3
昭和維新（其四）　横田　秀雄　4
教化士魂を論ず（四）　加藤　咄堂　4
『古事記』を英訳海外に紹介　4
宮崎県下の教化村宣誓式全部終了　5
教化町村運動
教化町村中堅者講習会（石川）／溜池新設　5
東京都に於いて教化関係幹部公民教育講習会開催　5
静岡の講習会無事終了――帝都の異変にも動ぜず真摯の求道生活　5
経済更生と併行精神作興に力瘤――教化新要項を指示　6
村を横に統一――教化指定村の行事　6
近づく国民融和日――趣旨の貫徹に努力　6
和歌山県同和会大童で融和精神を強調　6
農村の労働を喜び大地に立つ青年　6
霧社だより　朝会体操　6
明玄農士道場　6
転向青年に朗らかな春――〝模範兵〟と中隊長が太鼓判　6
農村更生明朗篇　縄筵編機が大切な嫁入道具――娘の手で村を更生させた話　6
花嫁学校時代　6
全市に禁酒デモ――日本禁酒同盟大会プラン決る　6
寄贈図書　6
一つの話題　6
時代の推移に伴つた教化計画の樹立――台中州下特別指導部落の社会教化委員協議会　7
全島一折紙付の台中州社会教育状況　7
粛選運動徹底・強化へ
粛選運動を行政全般に延長　7

運動を延長して自治体のお掃除　7
村長さんも先生　廿五歳へ公民訓　7
今年は選挙の当り年粛正を愈々徹底　7
市町村議改選を目指し第二段の工作　7
選粛運動更に進めて自治粛正委員会　7
公正妥当なる育成法研究　7
春の四日市博で粛正音頭　7
果てしなき道程　上　田部　重治　8
加藤咄堂先生著『勝鬘経』に就て　8
石川理之助翁の教訓　身を以て実行十七年「佐藤慶吉君を語る」3　濠　茜　生　8

**第一二六号**　一九三六（昭和一一）年三月一一日

時評　高島　米峰　1
故斎藤子爵の本葬――二十二日築地本願寺で執行　郷里水沢では二十六日　1
荒井、潮両監事国家の重職に就任　1
神戸市教化網完成の第一歩――湊区教化協同会誕生　1
故斎藤子追悼発起人会組織　1
広田内閣の政綱声明　広田　弘毅　2
宗教的情操の涵養（二）　矢吹　慶輝　2
故斎藤子の追悼式　2
訂正　2
短波特輯　2
遵法週間――四月一日より全国一斉挙行　3
迷信打破――朝鮮と宮城で乗出す　3
寄贈雑誌　3
西郷南洲翁の銅像除幕を機会に隠れた逸話を集む　3
教化町村運動
　全県の視聴集めて「興村五年計量」発足――二度の津良に潰滅の舟越村　4
　一年生の服装統一――黒木綿服に　4
満洲国に〝教化建設指定村〟農村教化五ケ年計画樹立――安東省公署先づ乗出す　4
「生徒の農家」を作り生きた百姓学　4
百姓は百姓に――農村更生美談　4
石川イズムで新農民道――秋田県の根本方策決る　4
働け！農村婦人――振興第一線へ　4
農村主婦学校　4
農村教化運動愈よ貫行へ――指定二ケ町の計画案　5
農村・都市の青年に振興精神を吹き込む講習会　5
響く更生の鐘　5
報徳精神で村の更生に努力　5
赤の転向者の温床〝明徳塾〟　5
七年の忍苦報ひられ小学校教員喜び二重奏　5
坐禅して漁村更生に　5
地方色豊かな郷土読本を編纂――各地思ひ思ひの趣向
　高知／三重／愛媛／島根／和歌山　5
皇紀二千六百年神武天皇の御聖蹟を顕彰――大阪府を中心に

記念事業 5
一つの話題 5
果てしなき道程 下 田部 重治 6
石川理之助翁の教訓 身を以て実行十七年「佐藤慶吉君を語る」4 濠 茜 生 6


## 第一二七号 一九三六（昭和一一）年四月一日

故斎藤実子爵の葬儀（＊写真） 1
挙国慟哭のうちに故斎藤実子の葬儀行はる――さながらの国民葬 2
悲しき帰郷 遺骨水澤へ 2
弔詞 広田弘毅／松平恒雄／永野修身／宇垣一成／松井茂 2
思出も哀し「廿六日」郷土葬行はる――数万の県民水沢を埋む 3
追慕の涙新に前総督を偲ぶ――全鮮一斉に行はれた故斎藤内府追悼会 3
京城仏寺に御遺髪安置 3
水沢の新墓地――六原道場生が地鎮工事 3
北白川宮大妃富子殿下薨去 3
本会制定国民歌 皇国日本／日本よい国 3
短波特輯 3
誌上講演 東洋思想に拠れる農道生活の反省 菅原 兵治 4
教化町村運動
岡山県に於ける教化各村の記念行事 6
佐賀県能古見の開設宣誓式 6
教化村視察 6
根上町長再選 6
教化行者を送る喜びの式――第七回国民生活建直し指導者講習会終了 6
中庸を得た五ヶ村と福井の教化模範町村詮考方針決定 6
戒厳令下に行はれた東京府の講習会――由縁深き月光殿で 6
岩手県二子村の教化村開設宣誓式――華々しく挙行さる 6
日本精神涵養に台中州で国旗祭――毎年四月三日挙行に決定 7
日の丸の国旗の下部落更生の勝鬨 7
三合閣を教化道場に――島根県教化団体の委員会で決定 7
農村更生に報徳精神講習会――京都府教化団体連合会と農会共同主催で開催 7
尊徳像時代 7
二宮翁考案の仕法式相談所設置――山口の五郡協議会で決定 7
結婚者に「貞操帯締」贈呈――他村のお嫁には家庭訓 7
更生の意気に燃え溌剌と躍る魚成村 7
映画で社会教育――和歌山市の朗話 7
貧乏徳利を村から追放 7
一つの話題 7
石川理之助翁の教訓 身を以て実行十七年「佐藤慶吉君を語る」5 濠 茜 生 8
寄贈図書／寄贈雑誌 8

## 第一二八号　一九三六（昭和一一）年四月一一日


我国体の精華を道破す――四十年来筐底に秘められたる故斎藤子爵自筆の珍書　1
故斎藤子の納骨式　1
義宮様御初めての御写真――宮中三殿に晴れの御参拝　1
第廿七回理事会で十一年度予算を議定　1
本会制定国民歌　皇国日本／日本よい国　2
短波特輯　2
哲人尊徳の遺蹟を探る　2　綾川漁人　3
漢字の俗謡化で〝正しい憶え方〟　3
誌上講演　東洋思想に拠れる農道生活の反省　2　菅原兵治　4
寄贈雑誌　5・8
半島農村の振興運動に拍車――朝鮮総督府の新方針決る　6
希望の〝美果〟結ぶは昭和百七十年――末代貯金に誇る大理想　6
雪深き校庭で開設宣誓式を挙げた岩手県佐倉河村　6
結納は郵便貯金帳で――舟越村の興村五ケ年計画　6
教化指定村幹部懇談会　6
珍制〝たくはへ〟　6
都会に眩惑される娘心を土に還す――大阪府が農村教育の練り直し　6
地方色　6
福岡の社会教育施設本年度の努力点決定――県民の醇風良俗を作興　7
防長二州を一丸とする日本精神の強化――青壮年連盟を結成　7
太鼓を打ち鳴し武士的精神を練る――情操教育にレコード演奏　警官教育に新機軸　7
教化常会の設置――十人組も復活　7
十一会便り　7
自治体革新の烽火　市町村中堅吏員に道場式講習を　7
佐賀県教化連合会評議員会　7
学童が〝おやぢ〟教育　7
婚礼費節約の式場　7
一つの話題　7
帝都の春に魁けて地方色豊かな郷土舞踊民謡大会――日本青年館の年中行事　8
「青年の家」を修養道場に――自他の知識を交換　8


## 第一二九号　一九三六（昭和一一）年四月二一日


時評　高島米峰　1
本会彙報　1
短波特輯　2
対外文書の御記載今後は「日本国天皇」――御称呼御改めらる　2
中央諸団体会務連絡打合会――日本青年館に於て開催　2
故斎藤子爵七七日忌　2
役職員の動き　2
教化町村運動

兵庫県教化村指導者講習会　2
教化到達目標　数へ歌――高陽小学校作　2
誌上講演　東洋思想に拠れる農道生活の反省　3　菅原　兵治　3
〝全村学校〟の開設――まづ三ケ村を指定　4
台所改善へ乗り出す――奈良県社会課で具体案研究　4
福井の教化村候補十四ケ村　4
全島の部落振興懇談会――二十八日台北で挙行　4
青空にサイレン柱高く　4
鬱勃と更生機運――平南農村振興運動の光彩　4
部落教化事業の促進に資するパンフレットを編纂　4
この村にこの子――盛夏酷寒も厭はず更生の鐘に奉仕　4
青年よ〝村に帰れ〟――煙害に挫かれた宮ノ浦の再生　生れ出た「漁民道場」　4
災害苦の部落へ――村議の義侠　4
銀狐も顔負け　4
一つの話題　4
自然と人生　田部　重治　5
寄贈雑誌／寄贈図書　5
国民歌「皇国日本」「日本よい国」体操図解　6


## 第一三〇号　一九三六（昭和一一）年五月一日

昭和十一年度本会における主なる施設事業計画につきて　中央施設／地方施設／郡市町村教化指導／図書新聞発行／教化事業調査会／中央教化会館建設計画促進　1
「文部省の迷信」に就て　山川　建　1
教化村開設宣誓式　萌ゆる春燃ゆる心を誓ふ――川辺、利島両村民（埼玉）　2
天長の佳節　聖寿万歳を寿ぎ奉る　2
熊本、高知両県で教化村振興懇談会開催　2
第三回国際社会事業会議今夏倫敦にて開催――我国より十二名出席　2
古川知事の臨席に意気昂る　佐賀県能古見村　2
本会彙報　2
誌上講演　東洋思想に拠れる農道生活の反省　4　菅原　兵治　3
御訪日宣詔記念事業に国民精神発揚週間――廿八日から全満で実施　5
社会教育改善に十二ヶ町村を指定　5
総督府文教局の民風作興の運動　5
徳島市に敬老会　5
先生を六原道場へ　5
記念鉄塔建設――製綱労支部で報徳講習会　5
一ノ関『郷土読本』　5
公民教育一歩前進へ――政治関心を昂揚　5
府議選を控へ粛選中堅人物講習会　5
一つの話題　5
師弟愛の金字塔農校開墾地に〝晴耕雨読〟講堂――たちどこ　5

ろに三千円　6
木炭を焼いて一村挙つて自給自足と勤労精神の涵養　6
農家の寝室改造　6
水兵さんの愛国心　6
寄贈雑誌／寄贈叢書　6
短波特輯　6

## 第一三一号　一九三六（昭和一一）年五月一一日

輝く行幸優渥なる勅語を拝す　1
言論　時弊匡革の途如何　1
帝国議会開院式に於る勅語を拝し奉りて　松井　茂　1
短波特輯　2
教化町村運動　2
熊本県下に於て教化町村振興懇談会開催　2
三重県に於ける教化村施設　2
埼玉安行村にて講演会　2
香坂理事連合青年団の理事長に就任　2
官民膝を交へて部落教化の懇談会――台湾教化団体連合会主催で　3
中央連盟主催で第二回政治教育講習会　3
社会教化講習会開催を計画――六月ごろの予定　3
〝愛育村〟を建設　3
宮崎県の教化指定村協議会　3
寄贈雑誌　3・5・6
我が国青年団の父田沢義鋪氏理事長を辞任　3
大日本連合青年団理事長の職を辞するに当りて　田沢　義鋪　3
半島同胞三万人の教化に乗り出す――夜間学校を開き内鮮融和を計る　4
学童訓育の三原則へ涙ぐましい精神――松山教育当局の試み　4
三重県で市街教育協議会　4
選粛中堅人物養成講習会――岐阜県で実施　4
島根県にて教化村の設定　4
社会教化運動へ――社会教育委員を設けて研究協議会開く　4
木更津大正会の講演会　4
農村更生へ力強い警鐘　4
お願ひ　中央教化団体連合会　4
一つの話題　4
全県の失業者に陽の目を仰がせる――神奈川県労務者福祉協会設立　5
理論と実際を自治的に教へる――平農の試み注目さる　5
更生の前提にまづ時間を励行　5
宮崎姉妹会の誕生　5
社会事業費に千円を寄附――斎藤子爵家から　5
北陸四県農村更生展富山で開く　5
寄贈図書　5
二宮尊徳翁の逸話　高須　虎六　6

## 第一三二号　一九三六（昭和一一）年五月二一日


海軍記念日　1
大和と小和　蓮沼　門三　1
「日本海々戦」を憶ふ　武富　邦茂　1
海の記念日に各地の行事　神戸／長崎／広島／大阪　1
昭和維新　横田　秀雄　2
第八回国民生活建直し指導者講習会――六月廿二日より大日本報徳社で　2
本会役職員動静　2
短波特輯　2
明朗郷士の建設を目指し振興懇談会を開催――高知県下の各教化村で　3
教化町村幹部連合協議会――秋田、山形で開催　3
教化村に禁酒会　3
教化友村に大火見舞金　3
農家救済最良薬　3
指定教化村の実地で開き教化友村の情誼を温めた――兵庫県下の教化村講習会記　3
寄贈雑誌　3・6
満洲国に於て映画国策の確立――具体案を研究中　4
映画連盟結成の計画　台湾　4
思想善導の新団体――広島市に創設　4
日本海々戦各地に於ける追憶の諸行事　台湾／花蓮港／博多／香川／足利　4
学童十一歳にして湊川神社で元服式――楠公精神を体得せしむ　5
県民性と史蹟を活かす教育県是を確立　5
三重県下の山村振興運動　5
大阪府の新試み模範栄養村の指定　5
愛媛県教化村着々改革に努む　5
吉野朝の忠臣祀る宇野神社建設　5
全村修養会　5
国体明徴座談会　5
一つの話題　5
三浦三崎　田部　重治　6
新刊紹介　加藤咄堂氏著『浮世哲学』を読む　6


## 第一三三号　一九三六（昭和一一）年六月一日


国民生活の更新と部落常会（一）　加藤　咄堂　1
列強震駭裡にドイツの躍進　米田　実　1
公民道の確立へ――第二次選挙粛正の指導方針内務省地方に通牒　2
聖旨奉体決議案厳粛裡に可決す　2
教化町村運動　2
互に半歳の成果を語り倶に将来の方策を考究――秋田・山形両県の教化町村幹部連合協議会　2
石川富山両県で教化町村振興懇談会　2
教化町村指導者講習会　2

村長の美挙 2
愛島村の時報 2
経済時事　中小商工業者の金融難と商工組合中央金庫制度
豊浦　与七 3
都市教化の振興に資す――第二回全国都市教化講習会新装なれる大阪青年塾堂で開催 3
鉄窓に燃える社会奉仕の熱意 4
風聞帳 4
結婚には誓約書を提出 4
面白い更生貯金 4
選粛は児童の手で 4
新手・作業服着用式 4
商才に打ち込む士魂――楠公道場で承認の鍛錬 5
県下中小学校に神宮中心の教育 5
農民道場で先生の訓練 5
社会風教碑の建設 5
婦人と青年の方面委員 5
山梨県に郷土博物館 5
神棚掃除日を制定福岡神職会で決議 5
女子団体は台所改善を行ふ 5
金を貸し食を与へ窮乏村忽ち更生――尊徳仕法の貴重な二文献発見 5
資産家が更生の資本寄附 5
学童に教護連盟 5
学生さんはお断り 5
文盲は部落の恥――還暦祝をやめ教育費寄附　労銀を基金に児童教育 5
サイレン時計の発明 5
台中市に教化会館建設 5
教化事業の全面的統制 5
ブックレビュー 5
菅原兵治氏著『野の英哲・二宮尊徳』に就て／栗原荒野氏編著『葉隠の神髄』／荒井栄造氏著『和漢薬草宝典』 6
寄贈図書 6
短波特輯 6


## 第一三四号　一九三六（昭和一一）年六月一一日

国民生活の更新と部落常会（二）
加藤　咄堂 1
物的施設に優る魂の日本教育――欧米の社会教育視察より帰りて
松尾　長造 1
理想郷の建設を目ざした映画「明け行く大地」撮影を完了す 1
立憲政治と責任の観念（上）
大串兎代夫 2
長崎県多比良村表彰式 2
本会関係者動静 2
短波特輯 2
時感三則
高島　米峰 3
七月四日より一週間教化町村の指導開発を図る指導者講習会を開催 3
強健壮丁へ――陸軍と文部省が提携 3

経済時事　中小商工業者の金融難と商工組合中央金庫制度
（二）　豊浦　与七　4
国体本義闡明に文部省が書冊編纂――本年中に全国に配布の
予定　6
羽子つきや相撲等小学校の正課に――文部省が改革断行　6
愛煙家のお小遣年約七千万円――大阪専売局調べ　6
吉野神宮へ楠樹献木　6
転向者の指導に保護観察所生る　6
稲作の豊凶を占ふ村さま〴〵の言ひ伝へ――秋田県大館農検
の調べ　6
寄贈図書　6
寄贈雑誌　6・8
神国島根を標榜し挙県一致の運動　7
五人組制度で農業楽土建設　7
本会制定国民歌「皇国日本」の花を描く　7
部落教化の現状をラヂオで放送　7
指導要領を決定し社会教育に拍車　7
満洲国でも愈々映画教化に乗出す　7
勤労収入で尊徳像を建立　7
中等教員にも精神修養を行ふ　7
マイクから囚人へ　7
朝鮮人児童に義務教育の叫び　7
福井県で社会教育委員設置　7
男は剣道女は薙刀　7
中等学校長に僧坊生活を　7
国語科に一大改革　7
寄宿舎構内に修養道場建設　7
全県の時計を調査　7
映画脚本「明け行く大地」（1）　8

**第一三五号**　一九三六（昭和一一）年六月二一日

立憲政治と責任の観念（下）　大串兎代夫　1
26日の想出　1
六月の行事　1
現代の通弊　田部　重治　2
短波特輯　2
教化町村運動　教化町村振興懇談会宮城福島で開催　2
国民生活の更新と部落常会（三）　加藤　咄堂　3
昨年の人口増新記録――内務統計局発表　3
経済時事　中小商工業者の金融難と商工組合中央金庫制度
（三）　豊浦　与七　4
隣保事業組合で農村社会を改善――大阪府の英断的計画　5
新公民運動――部落単位で馬力を掛ける　5
在営兵に農業教育　5
農村に農会塾　5
吏道の振粛は先づ県が範を示す　5
洋楽を通じて日本精神発揚　5
朗らかに働かう――三十万の勤労大衆を擁する「お早う会」
の提唱　5

農村更生を主眼に社会政策の確立――内務省庶政一新に乗出す 5
小学校の神棚の有無調べ 5
大学専門学校に皇道学講座新設 5
赤の転向社を訪ねて行脚 5
「耳」を通じて農村へ文化教育 5
青年団を動員し災害防止運動 5
農村戦士養成に報徳修練道場 5
自治粛正に青年町村長起つ 5
新版『小店員読本』 5
寄贈図書 5
映画脚本「明け行く大地」(2) 6
寄贈雑誌 6

## 第一三六号〈臨時増刊・教化町村報第一輯〉　一九三六（昭和一一）年六月二五日

教化町村報第一輯に題す 1
教化町村一覧
昭和九年度指定（三十六ケ町村）／昭和十年度指定（六十二ケ町村） 2
福島 3
富山 4
石川 5
三重 8
兵庫 11
岡山 14
長崎 16
青森 17
岩手 19
宮城 20
秋田 21
山形 23
埼玉 25
静岡 26
高知 27
福岡 28
佐賀 29
熊本 31
大分 31

## 第一三七号　一九三六（昭和一一）年七月一日

思想国防（上）　紀平正美 1
七月の行事 1
先覚者を語る　1　不羈自由の大平民福沢諭吉先生――卓然
時流を抜く識見　林毅陸 1
日本文化と外国文化　一　斎藤晌 2
清涼の地・日光にて幹部講習会を開催 2
日本青年館で全国融和事業協議会開催 2
教化町村運動

長崎・佐賀両県の各村幹部連合協議会——宮村及砥川村で
夫々開催 3
松山で開催の教化村指導者講習会——香川・愛媛の二県参加 3
教化二子村報の創刊 3
短波特輯 3
本会関係者動静 3
経済時事　中小商工業者の金融難と商工組合中央金庫制度
(四)　豊浦　与七 4
わが国の古代生活（上）——農耕の祭祀を中心として　志田　延義 4
教学刷新三施設——大学、高専諸校に実施 5
帝国教育会主催夏季講習 5
教化時評　高島　米峰 6
寄贈図書 6
徴兵適齢者に元服式を挙行 7
賢母養成に母の学園開設 7
光を見ぬ人達の為に 7
町村長に再教育 7
兵庫県に結婚改善協会 7
五年間に借金ナンと三百卅七万円退治 7
更生の一歩に禁酒強調 7
禁酒で更生 7
中央連盟の第三次運動　政治教育の徹底と自治体の刷新浄化 7
廿三名が協力し理想郷を建設 7
教員の心身を錬る 7
映画脚本「明け行く大地」（完） 8
寄贈雑誌 8
お願ひ　中央教化団体連合会 8

## 第一三八号　一九三六（昭和一一）年七月一一日

社会と教化（上）　鷲尾　順敬 1
先覚者を語る　2　熱烈なる殉教徒新島襄先生——我国人格
教育の始祖　海老名弾正 1
思想国防（下）　紀平　正美 1
日本文化と外国文化　二　斎藤　晌 2
紀元２６００年祝典事務局と評議委員会 2
本会関係者動静 2
短波特輯 2
わが国の古代生活（中）——農耕の祭祀を中心として
志田　延義 3
本会主催教化関係幹部講習会要項 3
七月の行事 3
寄贈図書 3
教化町村運動
岩手、秋田両県の本年度指導方針 4
全村教育の実施 4
北陸・東北の三県下の各教化町村で教化振興懇談会開催
富山県／石川県／宮城県 4
一つの話題 4

全国都市教化協議会　都市行政と教化の目標は一致――連絡統制機関の整備を痛感　6
暑さものかは遉が第一線の人々――全国都市教化講習会終る　6
寄贈雑誌　6
故斎藤子爵の慰霊祭を厳かに執行――追悼座談会も開催　7
貧困の原因を指摘　部落揃つて繁栄へ　7
教化事業普及に封する答申――栃木県教化事業連合会の委員会　7
芝増上寺の境内に女子会館の建設成る――意義深き其の開館式　7
自治体の全面的改善刷新案成る――島根の自治振興委員会規定　7
結婚改善の様式――徳島県で発表　7
農村食生活改善に二十四町村指定　7
一部落が一家族に団結　7
県下全小学校長の精神作興大会　7
働くは長寿の基――誇りから生む更生の力　7
先覚者を尋ね農村更生資料に　7
経済時事　中小商工業者の金融難と商工組合中央金庫制度（完）　豊浦　与七　8


## 第一三九号　一九三六（昭和一一）年七月二一日

言論　忠良なる臣民道　1
社会と教化（下）　鷲尾　順敬　1
先覚者を語る　3　熱烈なる殉教徒新島襄先生――我国人格教育の始祖　下　海老名弾正　1
日本文化と外国文化　三　斎藤　晌　2
「君が代」のいはれ――国史教師用へ記述　小学教員にも敷衍　2
本会制定国民歌　2
短波特輯　2
教化町村運動　昭和十一年度教化指定県決定　3
わが国の古代生活（下）――農耕の祭祀を中心として　志田　延義　3
八十三名の指導者が楽土建設の為に――知徳を磨いた教化町村指導者講習会終る　4
東郷邸内の神前に奉仕する前田翁　4
青春なき荒地へ子供が揮ふ更生の鍬――頼もし三重県下野村　4
故斎藤子爵慰霊祭に於ける祭文　安井　英二　4
教化村を指定　4
県下有力者の自治改善会結成　4
寄贈雑誌　4
親土精神喚起に農業感謝祭執行――記念事業に基本金の蓄積　5
神都の社会教育大本確立す――全市民に注ぎ込む　5
自給更生計画指導精神確立　5
農村指導者に精神訓練を行ふ　5
工場取締から工場教化主義へ　5
各部落に常会――汚れなき選挙を　5
精神講話に児玉知事も一役――町村吏員の講習会　5
教室から進出　社会をも導け！――教諭達へ県が号令　5
和歌山師範に精神修養の聖堂　5
徴兵検査不合格に発奮　5

村民が結束して見事に恒産を築く　5
市町村指導方針　5
働く婦人群に精神訓練会　5
「大日本皇風会」最近の動き　5
田中竜夫博士（＊訃報）　5
地方色縮写版　5
雨の音を聴きつつ　田部　重治　6

## 第一四〇号　一九三六（昭和一一）年八月一日

先づ自ら動くべし　高島平三郎　1
自治振興と教化運動　三好　重夫　1
八月の行事　1
時評　高島　米峰　2
道徳精神の新転廻　石津　照璽　3
短波特輯　3
先覚者を語る　4　明治思想界の巨人中村敬宇先生と其の感化　井上哲次郎　4
ブックレビュー　加藤咄堂居士の『新撰社会教育講演資料』を薦む　高島　米峰　4
寄贈雑誌　4
国旗掲揚の歌成る　4
教化町村運動
教化村の振展を期し幹部連合協議会開催――長崎、佐賀両県で　6
埼玉県における教化振興の協議――教化町村幹部の集ひ　6
教化振興懇談会　教化町村設定の先達県福島の五ヶ町村を視る　6
一村再生の陰に動く大きな女性の力――斎川村更生秘話　7
納税組合まで設け主婦会で村を更生　7
隣保網の徹底で更生へ拍車　7
先づ人物が肝要――村長選挙に県が乗出す　7
犯罪部落更生に青年が奮起　7
農村の次男三男で満洲に〃おらが村〃　8
県下の指導者集り教化座談会を開催――佐賀県教化連合会　8
徳島市社会教育連盟発会式を挙ぐ　8
部落の組合化県自治強化に乗出す　8
民間の庶政一新――生活改善の実行化　8
娯楽機関を設け悪習打破に邁進　8
日本精神を練磨――各神苑に武道場　8
全教員が伊勢参拝――皇紀二千六百年を期して　8
誓ふ師魂の清浄　8
地方色縮写版　8

## 第一四一号　一九三六（昭和一一）年八月一一日

孝明天皇の御活動と王政維新の大業　浅野　長勲　1
自治振興と教化運動　下　三好　重夫　1
先覚者を語る　5　黎明期の大先達加藤弘之先生――学界に輝くその足跡　尾佐竹　猛　2

大衆教育機関としてのラヂオの効果と利用　小尾　範治　2
暑熱を克服して一週日の精進へ——日光における教幹講習会
終る　3
文部省社会教育局が教化映画の利用調査　3
本会関係者動静　3
教化町村運動　青森、岩手の各村で振興懇談会を開催　3
全町村に部落常会——長崎県社会教育課が二ヶ年計画で　4
五十戸を一団とし共助の部落常会　4
部落常会を組織し精神経済の更生　4
模範教化村へ　4
台湾官民の全面的民風作興運動——去月末第一回協議会開催　4
多過ぎる各種団体いよ〳〵単一化　4
ブラック・リストを作り監督を科学的に　4
横浜全市の婦人団体を結成——九月上旬発会式挙行　4
流行歌を排撃——全国教員の音楽精進　4
紙芝居の流行に先生が憤起　4
神社読本の編纂　4
夏季仏教講座　4
地方色縮写版　4
新らしい時代を劃する動き　その二　東洋的なものの観方
石津　照璽　5
短波特輯　5
日満社会事業大会——新京で開催　6
出羽三山の霊域を東北の青年道場に　6
農村の娯楽に十六ミリ普及　6
知事が音頭取りで生活改善実施　6
うまい負債整理方法方付制度が現存　6
珍らしい道場——家督の養成　6
凶作克服は家庭から　6
自力更生の鶏鳴——養鶏のお蔭で貧村から指折の富裕部落へ　6
養鶏に注ぐ祖国愛　6
町村更生の意気高らかに揚る——愛媛県での指導者講習会　6

**第一四二号**　一九三六（昭和一一）年八月二一日

国民思想涵養と義務教育延長　大島　正徳　1
新らしい時代を劃する動き　その三　自然法爾のありやう
石津　照璽　1
本会関係者動静　1
先覚者を語る　6　黎明期の大先達加藤弘之先生——学界に
輝くその足跡　下　尾佐竹　猛　2
忘るなあの時　備へよこの時——震災記念日の催し　2
短波特輯　2
教化町村運動
岡山県教化村幹部連合協議会並講習会——久米郡稲岡南村
で開催　3
感心な小学児童　3
教化幹部講習会　3
教化振興懇談会　教化の脚光をあびて生彩鮮かなり青森六
村——其の歴訪記　宮　西　生　3

広島に於ける教化関係幹部講習会 3
地方色縮写版 3
不祥事件に鑑み新教育是を発表――静岡で小学校教員を目標に 4
先生達が農事訓練 4
部落を基礎に全面的更生へ 4
建国記念日から国歌の連続放送――満洲国の企て 4
村の乙女らを道場で鍛える 4
自治制記念に六十六町村是 4
経費の捻出に共益畑を設置 4
中堅青年を養生し農民精神の刷新――近く開設される三里塚農場 4
結婚に綿服同盟――華やかな裏に借金地獄 4
富山県でも結婚改善 4
更生の第一歩に青年団丸坊主 4
高僧とその母について 一 清谷 閑子 5
寄贈雑誌 5・6
経済時事 低金利と実生活 上 豊浦 与七 6

**第一四三号** 一九三六（昭和一一）年九月一日

震災記念日に感あり 1
新らしい時代を劃する動き その四 如何に現実を生きるか 石津 照璽 1
精神作興資料教化貫行事項募集要項 1
家族主義によつて労資問題を断つ――倫理と経済の新しい立脚点内務省新立法を急ぐ 2
時評 高島 米峰 2
短波特輯 2
教化町村運動
教化村開設一周年 有意義に終つた大滝（埼玉）教化記念式――功労者等百五名表彰 3
三重、静岡両県の教化町村振興懇談会 3
教化振興懇談会 真摯に！堅実に！更生の第一歩を踏み出せる――岩手県下五教化村視察記 3
福井で開催の教化関係幹部講習会 3
本会関係者動静 3
県下に三十ケ所教化巡歴地選定 4
民風作興の指導に二旬に亙り講習会開催 4
国民教育の徹底に本島人を教育 4
三重県教化指定村一周年記念式 4
御東征聖蹟の巡暦講習 4
愈よ五人組を復活――各戸に掲げる札〝更生の家〟 4
故斎藤会長を偲ぶ記念事業を計画 4
村民の手で新校舎を建築 4
各地・九月一日の催し 4
地方色縮写版 4
高僧とその母について 二 清谷 閑子 5
ブックレビュー 童幼教化の書『前訓』に就て 熊原 政男 5
寄贈雑誌／寄贈図書 5
経済時事 低金利と実生活 下 豊浦 与七 6

## 第一四四号　一九三六（昭和一一）年九月一一日


言論　九月十八日！　1
日満不可分関係に就て――満洲事変満五年記念日を迎へて
　三国　直福　1
訪満雑感　米田　実　1
時評　高島　米峰　2
精神作興資料教化貫行事項募集要項　2
九月の行事　2
本会関係者動静　2
巡り来た五周年！　満洲事変記念日の各地の多彩な行事
　神奈川／千葉／富山／石川／新潟／長野／岐阜／滋賀／三
　重／和歌山／広島／島根／香川／福岡／宮崎／台湾　3
反共と建国精神作興の標語発表　3
新らしい時代を劃する動き　その五　新らしい建設の心がま
　へ――世界東洋的なるものへ　石津　照璽　4
先覚者を語る　女性の為に気を吐いた奥村五百子刀自
　本野　久子　5
短波特輯　5
御遺徳薫る聖域で町村建直しの途を聞く――広島県の講習会　6
教化町村運動
　教化町村振興懇談会　躍進する教化村の報告書――三重県
　篇　宮　西　生　6
　全村教化の達成へ堅き決意誓ふ――美作誕生寺における教
　化町村幹部の集ひ　岡山　7
　禁酒村長が号令更生の実挙る　埼玉県大滝村　7
地方色縮写版　7
実行機関に教化連盟と部落振興会を強化――台中州の民風作
　興委員会　8
各団体を統合して津市教化連盟の結成　8
想ひ出は悲し！十四年前涙の大震災記念日　8
復興精神作興週間の実施　8
熊本県経済調査会の民風作興案　8
区長が会長の社会教育助成会――近く発会式の運び　8
旧幕時代の名残〝組〟の改善を計る――宇治山田市で調査　8
毎年の水争ひもさらりと解消――教化村にこの朗話　8
公民的訓練により粛選の基礎培養　8
女子青年団の力不穏思想を駆逐す　8
社会事業の綜合的活動に隣保事業組合　8
対立を解消し婦人団体協調へ　8


## 第一四五号　一九三六（昭和一一）年九月二一日


清浦奎吾伯本会々長に就任――十七日理事会で決定　1
地方自治の振興に就て　一　福沢　泰江　1
昭和十一年度指定教化町村決定――愈々活動の第一歩に入る　2
本会彙報／本会関係者動静　2
短波特輯　2
熱時を熱殺しての異常の緊張振り――福井県教化関係幹部講

習会　3
教化関係幹部講習会――宮崎市で開催　3
精神作興資料教化貫行事項募集要項　3
漁村教化指導に三重県愈よ乗出す　4
〝運動偏重〟を排し日本精神の昂揚　4
来る十月一日に徳島市社会教化連盟結成　4
高雄市民風作興懇談会　4
社会教育主事打合会　4
満洲事変記念日を中心に克己強調週間　4
大日本報徳社の国民生活建直し指導者講習会　4
乃木祭と西郷祭　4
農村更生簿　4
村の図書館　4
芝居で警備宣伝　4
百年の大計で御家再興貯金　4
高僧とその母について　三　清谷　閑子　5
日本趣味の素朴性に就て（上）　田部　重治　5
ブックレビュー　加藤咄堂先生新著『死後はどうなる』　5
寄贈図書／寄贈雑誌　5
教化町村運動
教化村指定一周年記念の催し――埼玉県利島村　6
大分、秋田両県で教化村振興懇談会開催　6
和地村（静岡）で中堅幹部指導講習会を開催　6
味間村（兵庫）の教化強調週間　6
教化町村振興懇談会　躍進する教化村の報告書――静岡県
篇　6

## 第一四六号　一九三六（昭和一一）年一〇月一日

教化の大旆打翳し描き出す全土一色　精神作興週間迫る！
――十一月七日より十三日まで　1
邪教迷信と教化者の態度　神崎　一作　1
地方自治の振興に就て　二　福沢　泰江　1
全国教化連合団体代表者大会十一月二十五・六日東京で開催　1
先覚者を語る　明治道徳界の巨人西村茂樹先生（上）　松井　茂　2
精神作興資料教化貫行事項募集要項　2
精神作興週間　3
短波特輯　3
昨秋の惨禍を偲び復興への躍進を誓ふ――群馬県下で精神作
興の催し　4
山田薬師に山籠する一百の青年指導者――愛媛県国民更生指
導者講習会　4
農村更生講演会　4
神奈川県連合会で部落常会の研究協議会開催　4
神奈川県で制定した部落常会要項　4
連盟の組織を急ぎ映画で教育の振興　4
よき妻、よき母へ――まづ女子教育の改善から　4
竹内式部先生百七十年祭国民精神作興講演会――新潟市教化
団体連合会で開催　4

地方色縮写版 4
高僧とその母について　四　清谷　閑子 5
日本趣味の素朴性に就て（下）　田部　重治 5
寄贈雑誌／寄贈図書 5
教化町村運動
教化町村幹部打合会――四ヶ所に於て行はる
新潟県／福井県／香川県／愛媛県 6
効果を収めて味間村（兵庫）の教化強調週間終る 6
熊本県湯前村の指定一周年記念日の催し 6
教化町村報第二輯近く発行 6

## 第一四七号　一九三六（昭和一一）年一〇月一一日

菊花薫る輦轂の下第十三回全国教化大会開催――新会長を迎へ、準備全く成る 1
地方自治の振興に就て　三　福沢　泰江 1
教化事業調査会委員依嘱 1
都市と農村との共存共栄　上　沢田　五郎 2
精神作興資料募集教化貫行事項締切迫る 2
短波特輯 2
先覚者を語る　明治道徳界の巨人西村茂樹先生（下）　松井　茂 3
本会彙報 3
精神作興週間　克己日十一月十日 3
御東遷聖蹟巡歴講習会と教化史蹟顕彰の計画――紀元二千六百年記念事業に 4
職業指導週間 4
毎年十数ケ町村に隣保組合を組織 4
学童に呼びかけて〝参宮貯金〟 4
寺院を社会事業の第一線へ 4
皇祥発祥の聖地に理想郷を打建てよ――南九二県の町村幹部の修練講習 4
地方色縮写版 4
高僧とその母について　五　清谷　閑子 5
氾濫する自殺患を科学的調査する――内務省が最初の試み 5
屑屋哲学 5
寄贈雑誌／寄贈図書 5
教化町村運動
本年度指定教化町村全部決定す――続々宣誓式挙行 6
昭和十年度『教化町村施設一覧』刊行 6
兵庫村（佐賀）の近況 6
奥羽六県教化関係幹部公民教育講習会――山形に開催 6
勇躍首途にたつ祖国日向の教化町 6

## 第一四八号　一九三六（昭和一一）年一〇月二一日

地方自治の振興に就て　四　福沢　泰江 1
斯界の権威総動員の教化事業調査会――新に専門委員を設けて邁進 1
全国教化大会――十一月廿五・廿六日 1

都市と農村との共存共栄　中の一　沢田　五郎　2
先覚者を語る　日本国教の権威川合清丸先生——一世を風靡
　した憂国の真情　林　銑十郎　2
本会関係者動静　2
短波特輯　3
精神作興週間——十一月七日—十三日　3
新年勅題　田家雪　4
〝国土への感謝〟県十万青年の尊い〝労力奉仕〟——皇紀二
　千六百年記念事業　4
新潟県に於ける教化関係幹部公民教育講習会——十一月七日
　より三日間　4
一人三坪の開墾——阿山郡連青の計画　4
民衆娯楽改善に文部省が講習会を開く　4
尊徳翁生誕百五十年を迎へ報徳精神を強調——栃木県各町村
　で実施　4
教化講習及協議会——山梨県の催し　4
大日本報徳社主催生活建直し講習会　4
毎年二十五歳者教育——新潟県の粛正方策　4
全村教育一年の実績を発表　4
徳島市社会教化団連合会発会　4
更生至難村が奮起　4
地方色縮写版　4
高僧とその母について　六　清谷　閑子　5
都市と文化　一　井上吉次郎　5
寄贈雑誌　5
教化町村運動　6
東京府下教化村の幹部協議会　6
教化町村福岡県下振興連合協議会——宗像市神興村で　6
大分県各村別教化振興懇談会——県及本会より出席　6
埼玉県下の開設宣誓式　6

**第一四九号**　一九三六（昭和一一）年一一月一日

言論　民族魂の錬磨　1
非常時局を反映し高まる教化聖戦譜——精神作興週間迫る　1
大詔渙発第十四年記念日を迎ふ　松井　茂　1
本会と呼応して全国勤労者に実施
　兵庫／松本／長野／神奈川／静岡／富山／石川／市川／朝
　鮮　2
精神作興週間——十一月七日—十三日　2
都市と農村との共存共栄　中の二　沢田　五郎　3
先覚者を語る　日本国教の権威川合清丸先生——一世を風靡
　した憂国の真情（中）　林　銑十郎　3
短波特輯　3
大戦前の外交再現——ヴエルサイユ体制全面的崩壊の危機　4
満洲建国廟官制近く公布　4
経済更生運動は精神運動が先行——緊張した長野の協議会　4
教化殿堂を建設——県下二千六百神社を動員し劃期的な精神
　運動　5
婦人団体の驚異的躍進——熊本県下団体数五百会員十八万を

突破 5
教育尊重デー――静岡県あげて教育振興の催し 5
全町村を組合員に新しい金融機関――全国初めての試み 5
明治節を期して愛国大行進 5
五百戸の村に貯金が五十万円――大阪府泉南郡南掃守村 5
報徳強調日計画の数々 5
報徳と産業振興 5
農民自身の手で見事な更生第一歩――指定取消から奮起 5
香奠は二十銭以下 5
地方色縮写版 5
教化町村運動
教化振興御下賜金教化村へ分賜伝達――同時に指定書を交付した島根県 6
全国に珍らしき教化常会研究大会――高知県で盛大に開催 6
佐賀の村々 6
中秋の明朗下に秋田の各村を巡るの記 6
高僧とその母について 七 清谷 閑子 7
都市と文化 二 井上吉次郎 7
経済時事 税制改革案の国民生活に及ぼす影響 豊浦 与七 8
寄贈雑誌／寄贈図書 8

**第一五〇号** 一九三六（昭和一一）年一一月一一日

国民精神作興に関する詔書渙発十三周年記念日に際して 清浦 奎吾 1
精神作興週間に際し教化関係者に望む 山川 建 1
精神作興資料入選者決定――新春の紙上を飾る力作 2
選後評 一読胸をうつ貴重な報告書――実話物に一歩全身 2
全国教化大会――十一月廿五・廿六日 2
本会彙報／本会関係者動静 2
精神作興週間 多彩な各地の催し沸き立つ興国の意気
台湾／島根／朝鮮／京城／静岡／名古屋／姫路／富山 3
天皇陛下新議事堂に行幸――憲政の殿堂に輝く光栄 4
短波特輯 4
広義国防――国家の全智全能の一元発揮不可欠 4
対外政策変更されず――米大統領選挙と外務当局の見解 4
地方色縮写版 4
勅語下賜の佳き日非常時教化対策討議――盛り沢山の京都の協議会 5
「新長男道」の確立――親父の借金の返し方を教へる長男修養道場を開設 5
粛正は教育の力で――町村会改選に新対策 5
部落指導に七十余の老村長活躍 5
更生は統制ある訓練から 5
近づく冬の跫音破り振興の意気高らか――東北六県公民教育講習会終る 6
教化町村運動
愛媛県教化村開設宣誓式緊張裡に終る 6
明治節の佳き日静浦村教連総会 静岡 6
高僧とその母について 八 清谷 閑子 7

都市と文化　二　井上吉次郎　7
寄贈雑誌　7
経済時事　税制改革案の国民生活に及ぼす影響（二）　豊浦　与七　8


## 第一五一号　一九三六（昭和一一）年一一月二一日


言論　第十三回大会を迎ふ　1
全国の精鋭集り時局対策の大評議——教化大会愈々迫る　1
都市と農村との共存共栄　下の一　沢田　五郎　1
先覚者を語る　日本国教の権威川合清丸先生——一世を風靡した憂国の真情（下）　林　銑十郎　2
短波特輯　2
故斎藤子爵を追慕す
非常時宰相としての故斎藤子爵　柴田善三郎　3
故斎藤子爵に陪してジュネーブ行の思ひ出　丸山　鶴吉　3
中央教化団体連合会会長故子爵斎藤実命慰霊祭次第　3
海軍と故斎藤子　野村吉三郎　4
故斎藤子爵の偉徳を偲ぶ記念事業——児玉伯を会長に美しい計画　4
故斎藤子爵と中央教化団体連合会の関係　4
教化町村運動
本年度指定教化町村指導者講習会——十二月五日より東京で開催　6
大久野村宣誓式　6
富山県の振興協議講演会　6
愛知県下三教化町村にて幹部講習会開催　6
全村民結束の象徴香川の教化村開設宣誓式——非常に意気込む佐藤知事　6
高僧とその母について　九　清谷　閑子　7
上信の旅　田部　重治　7
寄贈雑誌　7
経済時事　税制改革案の国民生活に及ぼす影響（三）　豊浦　与七　8
聖訓を実践躬行遂に贏ち得た不動の信念——精神作興週間の収穫
東京／神奈川／静岡／神戸／三重／岡崎／米子／広島／鳥取／松山／高知／徳島／八幡浜／長崎／若松／鹿児島／臼杵／札幌／忠南／京城／釜山／大邱／平壌／平安／安東／台北／高雄／新京　9
地方色縮写版　9
町村振興の秘鑰を目指し知徳修練に大童——新潟県の講習会終る　10
国民生活の安定に五人組を設置——滋賀で農村隣保事業と銘打つて　10
第八回国民生活建直し講習会終る　10
神奈川県教連総会——武富少将の時局講演　10
神棚仏壇の浄化日設定　10
二宮翁の精神吹込み備荒貯金奨励に　10

## 第一五二号〈臨時号・教化町村報第二輯〉

一九三六（昭和一一）年一二月五日

教化町村一覧
昭和九年度指定（三十六ケ町村）／昭和十年度指定（六十二ケ町村）／昭和十一年度指定（四十二ケ町村） 2
福島 1
富山 2
石川 3
三重 5
兵庫 7
岡山 10
長崎 11
青森 12
岩手 14
宮城 15
秋田 17
山形 18
埼玉 19
高知 20
福岡 21
佐賀 23
熊本 25
大分 25
編輯後記 26

## 第一五三号

一九三六（昭和一一）年一二月一一日

昭和十一年の教化運動を顧みて　高島　米峰 1
昭和維新　横田　秀雄 1
都市と農村との共存共栄　下の二　沢田　五郎 2
大会に引続いて加盟団体の主務者会——一道四十四府県朝鮮から出席 3
本会彙報 3
高僧とその母について　完　清谷　閑子 4
上信の旅　下　田部　重治 4
人生と自然の階調——田部重治氏著『涯てしなき道程』を読む 5
短波特輯 5
寄贈雑誌／寄贈図書 5
教化町村運動　各地の開設宣誓式　東京／新潟 6
四ヶ年計画で全県下に部落常会——鳥取県で年五十ヶ町村を目標に 7
中堅人物の養成壮年団の組織 7
更生に邁進する沖縄県下の各町村 7
台中州社会教化委員大会 7
社会教育委員協議懇談会 7
憲法記念日に催された行事 7
七項目より成る具体方針決定——群馬の更生計画再検討 7
報徳の開墾部落設置 7

故川合清丸翁の頌徳碑を建設――明春四月に除幕式 7
漁村立直しにいろ〳〵施設 7
少年自警団の活動 7
野本互尊翁 7
地方色縮写版 7
経済時事　税制改革案の国民生活に及ぼす影響（完）　豊浦　与七 8


## 第一五四号〈大会特輯〉

一九三六（昭和一一）年一二月二一日


清浦新会長統裁下に時局対処の方策を審議確立――第十三回
全国教化大会と故斎藤会長の慰霊祭 1
文部大臣訓辞　潮　恵之輔 2
祝辞　広田弘毅／松平恒雄／潮恵之輔 3
大会決議事項の措置 5
答申と決議 6
故会長子爵斎藤実命慰霊祭 7
大会の決議に則り融和運動に協力せよ　伊藤　末尾 7
大会に描く中央・地方の教化陣
中央状況報告　古谷　敬二 8
青森市に於ける選挙粛正運動とその効果　佐々木義満 8
部落の教化振興に就て　鳥海　良正 8
西増穂村更生の実際　小泉　久平 9
長崎県下教化常会普及の状況に就て　山口陸左衛門 9
朝鮮に於ける教化運動状況　奥山　仙三 9
北満に皇軍を慰問して　井上　文成 9
地方色縮写版 10
聖蹟を顕彰する宮崎県の記念事業――皇紀二千六百年祭を機に 10
部落常会を開き粛選の方針を決定 10
大阪府教連主催幹部講習会 10
漁村の振興協議会 10
大太鼓で奮起ゴールへ進出 10
国光宣揚会の修養道場成る 10


## 第一五五号

一九三七（昭和一二）年一月一日


新春所感　松井　茂 1
昭和十二年を迎ふ　加藤　咄堂 1
田家雪　咄　堂 1
田家の雪は国体の本源也　国府　犀東 1
御側近に奉仕して　奈良　武次 2
年頭雑感　田部　重治 3
佐々井信太郎氏夫人の逝去 3
日独防共協定及日伊協定の意義　鹿島守之助 4
経済的施設と道義観念の確立　豊浦　与七 4
懸賞当選　教化貫行事項　1
婦人田地組合　横山　正人 5
我が禁酒村の実状　寺沢　孝久 6
タト思ふ貯金会　今岡近太郎 7

刻下内外の情勢と国民の覚悟　陸軍篇　松村　秀逸　6
大原幽学翁の農村教化事業　神崎　一作　8
教化町村運動
真楽郷建設のため苦行！半月の修練――教化町村指導者講習会　8

## 第一五六号　一九三七（昭和一二）年一月二一日

昭和十二年の展望　矢吹　慶輝　1
御側近に奉仕して　2　奈良　武次　1
年頭雑感（下）　田部　重治　2
本会彙報／本会関係者動静　2
ライカ　3
懸賞入選　教化貫行事項　2
禁酒鉱山三井田川の勝利　松本勝三郎　3
青年自覚日　北野　源治　4
早起冷水摩擦登山参拝　仲宗根　光　7
刻下内外の情勢と国民の覚悟　海軍篇　野田　清　4
（＊画と文）　武富　邦茂　5
大原幽学翁の農村教化事業　神崎　一作　6
教化町村運動
開設宣誓式　愛知県／広島県／福井県　6
常会に馬力をかけて隣保相助の精神を作興する――三重県教化村運動　6
荒土音頭――福井県大野郡荒土村　6
寒風凛烈の下更生の誓ひ――愛知県教化村開設宣誓式　7
寄贈図書　7
紙芝居を応用して粛選講習会を開催――佐賀県並同県教連の活動　8
教化陣の強化に方面区を増加　8
野田町興風会教化施設決定　8
由緒ある泉南の「郷土史」を編纂　8
時局に対応して積極的青年訓育　8
七尾落城を偲び詩吟復興　8
社会教育協議会　8
寄贈雑誌　8
地方色縮写版　8

## 第一五七号　一九三七（昭和一二）年二月一日

昭和十二年の展望　矢吹　慶輝　1
我等は大いに正大、高明、剛健なる我が建国精神を発揚せん　香坂　昌康　1
ライカ　1
一触即発の危機　非常時局に直面せる列国陸海軍の現勢　福沢　泰江　2
憲法制定記念日設定に就て　2
大原幽学翁の農村教化事業　神崎　一作　3
懸賞入選　教化貫行事項　3
町営葬具並葬儀改善　渡辺　鎰吉　3
大教化網結成へ――台北市教懇談会　4

神社を中心とする教化対策を協議　4
教育映画の配給組織の完備——文部省社会教育局で研究　4
中堅人物を集め粛選訓練の会　4
二十五歳の青年に粛選の公民教育　4
選粛運動の要綱——栃木県で作成を急ぐ　4
大原幽学翁の文献千葉県図書館へ　4
七生報告精神の体得　4
史蹟を結ぶ観光コース　4
校訓「至誠純忠」　4
教化町村運動
　広島県下の教化町村一斉に開設宣誓　5
　福井県下の開設宣誓式　5
　吉田町の教化標語　5
ブツクレビユウ
　斎藤晌氏著『哲学概論』／加藤咄堂氏著『運命の正体を見る』／有光社版『信仰聖話大集』　6
寄贈図書／寄贈雑誌　6

**第一五八号**　一九三七（昭和一二）年二月一一日

家族制度の拡充（一）　穂積　重遠　1
大原幽学翁の農村教化事業　神崎　一作　1
楽か、非楽か——生活改善上の注意（上）　菅原　兵治　2
矯激を排し因循を戒め一意革新断行——林新内閣の政綱政策　2
梅に薫る建国祭　盛大なる奉祝の催し全国各地豪華の絵巻
　東京／府中／埼玉／新潟／茨城／熊谷／富山／山形／岸和田／尼崎／福山／米子　3
積極的町村指導に地方改良主事を専任——明朗自治制の建設を目指す　4
模擬推薦会や部落常会の講演——和歌山粛選講習会　4
社会教育はまづい、映画から　4
基金増成の為克己袋を配布　4
社会教化運動は必ず神社中心に　4
強調週間を設け精神作興の烽火
　広島／三原／徳島／高松／佐賀／高知／西宮／鶴岡　4
南洋視察記　無限の宝庫を秘むる常夏の楽土　武富　邦茂　5
ライカ　5
寄贈雑誌　5
ブックレビュー
　松田隆彦氏著『人生に対する仏教の態度』／『部落解放と弾直樹の功業』ほか　5
犯罪統計に現はれたる社会悪（一）　豊浦　与七　6

**第一五九号〈故斎藤子爵追悼特輯号〉**　一九三七（昭和一二）年二月二一日

噫！斎藤前会長薨去一周年　1
前中央教化団体連合会々長故斎藤子爵を憶ふ　松井　茂　1
故斎藤大将を偲ぶ　有馬　良橘　1
不動山の如き御人格　後藤　文夫　2

斎藤子爵を回想す　加藤咄堂　2
故子爵の足跡を探る——わが会長としての年史　2
稀に見る偉大な存在——斎藤子爵を追憶して　関屋貞三郎　3
ある日の故斎藤子爵　古　谷　生　3
兵学校時代の同窓生として　坂本　俊篤　3
青史に輝く燦然たる勲績　児玉　秀雄　4
大局の把握と鋭い観察力　堀切善次郎　4
少年時代　4
ノートに滲む苦学時代の努力／陸から水へ急転向偉大な適応性／書斎に大工道具几帳面な性格／金八銭の昼食に大満悦／本紙の題字／謙虚陰徳の日常生活／受けた恩義には必ず酬ゆる至情／言外徳化の大御心に翻然豪盃を砕く　4・5・6・9・14・15
非常時宰相として御就任の前後　柴田善三郎　5
故斎藤子爵に私淑して居ることゞも　永田秀次郎　5
第一印象に春風の温かみ　有吉　忠一　5
故斎藤会長と「自力更生」運動　古谷　敬二　6
不言の中人を懐かしむ　水野練太郎　6
四十年の邂逅に泣く感激の女学校長——美はしい子爵の心情　6
故斎藤子爵記念事業会の成立　6
自分の事は一切自分で——家庭生活に於ける故子爵の一面　7
軍縮全権大使に随行の思ひ出　丸山　鶴吉　7
自ら陣頭に立ち選挙粛正を強調　田沢　義鋪　8
思ひ出・一二　花田仲之助　8
選挙粛正に対する子爵の信念の一端　8
国民精神作興の秋　斎藤　実　8
文部大臣としての子爵　菊沢　季麿　9
涙更に新たに高徳を偲ぶ故会長慰霊祭——朝野の名士参列盛大に挙行　9
祭辞　清浦　奎吾　9
追悼講演　正に至人・達人——将に将たる器　湯浅　倉平　10
故斎藤子爵の略歴　10
随所に残された大いなる足跡　野村吉三郎　11
全心を傾けられた本会の発展　丸山　鶴吉　12
村に迎へた子爵を偲ぶ　堀木佑三／守山一意／国塩達太／本岡長三郎　12
悲し！その御最後　14
朝鮮総督時代の思ひ出　守屋　栄夫　15
人格から受けた教訓の大きさ　香坂　昌康　15
教化の父に贈る赤誠の結晶「旭暉」——喜寿祝賀会　16
無涯底の偉人　高島　米峰　16

## 第一六〇号　一九三七（昭和一二）年三月五日

五箇条御誓文奉戴七十年記念
五箇条御誓文奉戴七十年を迎へて　清浦　奎吾　1
五箇条ノ御誓文奉戴七十年記念に際して　松井　茂　1
加盟団体に協力方通牒　1
五箇条御誓文の由来　金子堅太郎　2
五箇条の御誓文の成立過程　尾佐竹　猛　3

御誓文に対する今昔感　加藤咄堂　4
思出新たに故斎藤子爵の墓前祭執行さる　4
全国映画館で幻灯を映写　4
ライカ　4
大原幽学翁の農村教化事業　神崎一作　5
楽か、非楽か――生活改善上の注意　菅原兵治　5
本会関係者動静　5
教化町村運動
熊本県下幹部連合協議会　6
郷土開発への真剣なる努力を誓ふ――佐賀県下振興懇談会　6
雪中教化陣営　青森県／岩手県　6
長崎県多比良村町制施行　6
長崎県下町村別教化振興懇談会――近接町村幹部参集指導者講座も開く　6
県下六ケ所に自治振興講習会――和歌山県の選粛運動　7
三重県に於ける部落常会振興運動　7
指導力強化の目的で開かれた岩手県主催の講習会　7
青森県の講習会　7
三月十四日は国民融和日　7
愛知県吉田町に鐘楼竣工　7
五人組制度結成の準備を進む――大阪府下七ケ町村で　7
福岡県社会教育総会　7
長崎県で部落常会を全県下に普及の計画　7
大衆の心を捉へる世界映画教育調査――文部省で世界教育会議を機に　7
克己日の貯金で機関銃を献納　7
市民の常識向上に市民講座を開く　7
神棚共同購入　7
早天修養会　7
地方色縮刷版　7
犯罪統計に現はれたる社会悪（中）　豊浦与七　8
読者の声　8
寄贈雑誌　8

## 第一六一号　一九三七（昭和一二）年三月二五日

家族制度の拡充（二）　穂積重遠　1
五箇条御誓文の由来　金子堅太郎　1
五箇条の御誓文の成立過程　尾佐竹猛　2
懸賞入選　教化貫行事項　4
壱万円貯蓄の実行　能勢天佑　3
平衡的精神　田部重治　4
ライカ　4
本会関係者動静　4
楽か、非楽か――生活改善上の注意　菅原兵治　5
大原幽学翁の農村教化事業　神崎一作　5
本会彙報　5
寄贈雑誌　5
教化町村運動
五ヶ村歩調を揃えて一路更生に躍進――岡山県下の振興懇

談会

開設一周年を迎へて決意も新に！飛躍を誓ふ岩手の教化村　6
部落常会の歌――長崎県西彼杵郡江ノ浦村　6
先進の名に恥ぢざる目覚ましき進展振り――石川・富山の幹部連合協議会　6
各種指導は眼と耳から――映画宣伝部を新設　6
全部落を目標に「部落常会」を結成　7
菅公を守護神として青年道場を建設　7
本月下旬群馬県で教化関係幹部講習会を開催　7
台中州で社会教化展覧会　7
四月一日より遵法週間　7
学童に感化され全村自戒の申合せ　7
日本国民禁酒同盟等で生活更新指導者講習会並協議会開催　7
サイレンに降参　7
前会長揮毫の「忠孝」の校旗　7
村民に感謝す　秋田喜十郎　7
ブックレビュー　7
犯罪統計に現はれたる社会悪（下）　豊浦　与七　8
借金退治の方策　町村更生と賑恤金設置の急務　水谷多香樹　8
一つの話題　8

## 第一六二号　一九三七（昭和一二）年四月一日

政治と教化　林　毅陸　1
政治的部面に於ける教化の意義　関屋　竜吉　1
大乗寺良一　2
上杉鷹山公の偉績
楽か、非楽か――生活改善上の注意　菅原　兵治　2
精進三十日！――第九回国民生活建直し指導者の講習終る　2
教化事業調査会小委員会／教化事業調査会委員委嘱　2
懸賞入選　教化貫行事項
節約奉仕　中村　正宏　3
昭和十二年度本会予算決定――第三十回理事会開催　3
教化事業調査会例会　3
大原幽学翁の農村教化事業　神崎　一作　4
地方色縮写版　4
楠公の精神を同族会で全国に発揚――明年八月湊川神社で慰霊祭　5
十一年度掉尾の公民教育講習会終る　5
天長節に御初めて文化勲章御佩用　聖上、宮中豊明殿の御賀宴へ――民間の拝受者その前後に御決定　5
兵庫県教連の新年度事業　5
中堅人物を養成　5
二十五歳青年に公民教育　5
国体館建設に関し阪谷男より追及――廿三日の貴族院本会議　5
花嫁養成に「日本よい国」を　5
理想郷の喜び五ヶ年計画で完了　5
有馬豊氏公の武勲を偲ぶ――久留米で盛大な奉告祭　5
更生姿をカメラに　5
修業生引張り凧の女農民道場　5
半島の同胞も靖国神社へ合祀　5

詩吟で流行歌排撃――光栄の労働修練場生徒 5
心学と庶民教育　一　柴田寅三郎 6
中等学校教授要目を改正――文部省国体明徴へ乗出す 6
文部省の移動成人教育講座 6

**第一六三号**　一九三七（昭和一二）年四月一一日

言論　総選挙と我等の任務　清浦奎吾 1
総選挙に際し教化関係者に告ぐ　山川　建 1
政治的道義心の確立――教化関係者に望む 1
府県加盟団体に対し粛選徹底を強調　清浦奎吾／松井茂 1
第七十議会最終日突如解散を断行――総選挙は四月三十日 2
理想選挙へ！　目から耳から宣伝――粛正の徹底を期す大掛りな運動方針 2
選挙法運用を改善非常識取締を排す 2
壇上から首相呼掛く――十三日日比谷 2
選挙粛正の徹底と議会刷新を所期――地方長官会議に於ける首相訓示要旨　林　銑十郎 2
浄化の鐘は鳴る――十二日から〝粛正強調週間〟 2
紙芝居も一役 2
一般人は選挙運動としてどんなことを為し得る？　選挙粛正中央連盟 3
本会役職員関係者動静 3
海外たより 3
困難なる都市教化への最初の工作――台湾教連主催の下に第一回懇談会を開催 4
愛国切手を発売 4
国体本義闡明に教学局を設置 4
粛選運動の恒久化廿五歳公民教育――佐賀県の新しい試み 4
選粛ビラ百万枚――小学児童を通じて各家庭へ 4
台湾に於ける国語普及運動――既に国語解者全島人の三十三％に及ぶ 4
国民体育館愈よ来月から開放 4
佐賀県で農民道場を新設 4
全国小学校へ梓の献木 4
小学校教員の精神作興大会――兵庫県各郡市で 4
埋れた史蹟顕彰――福岡県京都郡史談会の組織 4
感心な少女たち 4
英文百科辞典編纂に乗出す 4
上杉鷹山公の偉績　大乗寺良一 5
大原幽学翁の農村教化事業　神崎　一作 6
沖縄に行はれつゝある「原勝負」に就て　古賀幾次郎 6
寄贈雑誌 6

**第一六四号**　一九三七（昭和一二）年四月二一日

立憲自治の本義と選挙粛正　前田　多門 1
重大時局を深く認識正しき選挙を切望――林首相国民に呼びかく　林　銑十郎 1
小談片語 1

人格が勝つか伝統が勝つか——総選挙の意義　五来　欣造　2
二十世紀の奇蹟　世界の盲人の母ヘレン・ケラーの半生
S・O生　2
上杉鷹山公の偉績　大乗寺良一　3
大原幽学翁の農村教化事業　神崎　一作　3
教化事業調査会例会　3
祭政教の三位一体文教刷新の大綱——教育刷新評議会の答申　4
『国体の本義』を編纂——文部省、全国学校へ頒布　4
総出で道普請——模範青年団の美挙　4
農民道に目覚め翻然、土に還る——都会への憧憬を断った女性　4
サービス読本　4
政府の総選挙三標語　4
本会選挙粛正標語　4
民間自主の運動——各団体代表の意気込　4
町長さんの紙芝居　4
敬神日を設く　4
無尽でポンプを　4
各戸へ通帳貯金村建設へ　4
寄贈雑誌　4
准戦国民思想へ／三偉人の銅像を満洲に建設／独逸大学に日
本講座開教／ひとのみち教団断固閉鎖　4
廿三日粛選婦人の日——母の心で選挙を哺育　5
全団体を動員して強調週間を催す　5
婦人団体へ呼掛く　5
祈願祭を執行　5
私達の家庭からは棄権者を出さず——愛国婦人会の決議　5
春の街頭に大きな雪洞　5
投票日に赤飯をたく　5
選挙明朗放談　選挙に要したる費用〆て六十七銭也——凡て
他人任せに終始　大島　正徳　5
心学と庶民教育　二　柴田實三郎　6
寄贈図書　6

## 第一六五号　一九三七（昭和一二）年五月一日

物価昂騰の状勢　牧野　輝智　1
紀元二千六百年記念国家的祝典の豪華絵巻　1
天皇、皇后両陛下靖国神社御親拝——余栄輝く護国の英霊　1
秩父御名代宮御参列遊ばさる英帝戴冠式——華麗荘厳な登極
宣示の御盛儀　2
在留十一年の仏人が〝日本精神〟に定義——曰く良心と意思
の集成　2
短波特輯　2
国体明徴宣揚徹底を期す——全国学務課長会議　2
映画問題研究会開催　2
教化町村運動
振興懇談会　五人組の活躍を中心として全面的刷新に努力
——山形の巻　3
元八王子（東京）の宣誓式　3
教化俚謡——愛知県吉田町　3

体位低下の救済策農村青年に授産――陸相、都市集中を排撃　4
農村栄養の建直し――大阪府まづ乗り出す　4
佐賀県教連の本年度予定行事決定　4
祝祭日の家庭化――名古屋市西区で申合せ　4
石川県に教化町が又一つ　4
神職会館建設や県神社誌の完成――皇紀記念事業を進める　4
高松市に社会教育主事　4
顕家卿の慰霊塔――六百年祭迄に建設　4
半島同胞の美挙　4
働く者に健康！――勤労者健康増進週間　4
横浜市内の美化運動　先づ小学生から――市教育課の計画　4
弱い児童には無料健康相談　4
寄贈雑誌／寄贈図書　4
大原幽学翁の農村教化事業　神崎　一作　5
心学と庶民教育　三　柴田寅三郎　5
上杉鷹山公の偉績　大乗寺良一　6
人権蹂躙と国民思想の悪化　一　豊浦　与七　6

**第一六六六号**　一九三七（昭和一二）年五月一一日

田舎気質　小野　武夫　1
独裁治下の少年教化　宮古　三郎　1
本会彙報　1
小言片語　1
日本精神の骨髄　小泉　英一　2
総選挙は！全国的に棄権増加憂ふべき都市の現象――東日本より西日本が高率　2
短波特輯　2
教化常会の起原たるべき伍人組の組法朗読会に就て　古賀幾次郎　3
台湾国語化運動全島を席巻　国語家庭を認定優先的に特典附与――台北州で一斉通達　4
宮城県で社会教育講習会　4
修養団関西道場落成式を挙行　4
映画教育に拍車――社会教育関係の修正予算　4
サイレン合図に全村民が現地遙拝　4
一銭貯金に凱歌――積り積つて約五万円！　4
町長から入学祝に貯金通帳を贈る　4
長生会の珍規約　4
祝祭日に赤飯運動　4
コハゼ集めて国防献金　4
学窓昨今　4
本会関係者動静　4
寄贈雑誌　4
〝映画教化〟への示唆　先づ映画界の動向を斯界の権威者に聴く　A――映画問題研究会　松井茂／高島米峰／小林猷信／桑野正夫／市川彩／根岸寛一／安田清夫／館林三喜男／小林吉次郎　5
〝皇国日本〟放送　5
心学と庶民教育　四　柴田寅三郎　6

人権蹂躙と国民思想の悪化　二　豊浦　与七　6

## 第一六七号〈臨時増刊・教化町村報第三輯〉　一九三七（昭和一二）年五月一五日

中央教化団体連合会　1
教化町村一覧
　昭和九年度指定（三十六ケ町村）／昭和十年度指定（六十二ケ町村）／昭和十一年度指定（四十二ケ町村）　2
東京　2
新潟　3
福井　4
愛知　5
島根　6
広島　8
香川　9
愛媛　11
宮崎　12
青森　14
岩手　16
宮城　16
秋田　17
埼玉　21
静岡　21
高知　23
佐賀　24
熊本　26
大分　28
福島　29
石川　30
三重　32
兵庫　35
岡山　36
長崎　37
編輯後記　38

## 第一六八号　一九三七（昭和一二）年五月二一日

時感四則　高島　米峰　1
太平洋の守護我が海軍　梅崎卯之助　1
海軍省で小冊子を配布　1
民草の上に畏き大御心――三時間余に亙る御下問に地方長官感激に咽ぶ　2
緑蔭静思　田部　重治　2
独裁治下の少年教化　二　宮古　三郎　2
大日本連青事務主任者協議会――古賀主事説明　2
本会関係者動静　2
教化運動の徹底を期し全国八ヶ所で教化問題懇談会開催　3
国民体位の向上に陸軍積極的に乗出す――壮丁は逐年悪化の傾向　3

全国融和事業協議会開催 3
偲ばれる孝養――山形青年の父三木山形県社会教育主事 3
短波特輯 3
映画を通じて社会教育を 4
石川県で公民教育講習 4
ハイキングの講習会 4
社会教育綱領五ケ条を制定 4
陰の刑余者に光明――普通犯保護観察法の実現へ行刑当局一歩前進 4
農村の庶政一新――託児所と炊事場と浴場の三鳥狙ふ〝社会館〟 4
豪華な祝賀行事――無条約最初の海軍記念日 4
新聞教育の新傾向――研究資料に生きた教材 4
屑物で国防献金――青年団の美挙 4
争議俄然激増――大半は賃銀値上要求 4
我国最古の若衆の掟書――尾張の亀崎で発見さる 4
映画国策の経緯　検閲側の内務当局者と実際製作者の語るB――映画問題研究会
高島米峰／市川彩／館林三喜男／増谷達之輔／根岸寛一 5
寄贈雑誌 5
人権蹂躪と国民思想の悪化　三　豊浦　与七 6
教化町村運動
第一年次をふりかへつて――岩手御明神村 6
吉田讃歌 6
寄贈図書 6

## 第一六九号　一九三七（昭和一二）年六月一日

弱味の強味――日本人の民族的特徴の一つ　斎藤　响 1
前会長斎藤子爵の面影　加藤　咄堂 1
皇室の御近状――松平宮相謹話　松平　恒雄 2
太平洋の守護我が海軍　梅崎卯之助 2
緑蔭静思　田部　重治 2
本会彙報／本会関係者動静 2
農山漁村の更生は先ず精神の作興から――地方長官会議に於ける農相訓示　山崎達之輔 3
満洲国の農業政策の大綱決定 3
教化町村運動　満洲へ移つた村民へ優しい女心 3
短波特輯 3
町村更生を目標に教化団体を統制――まづ第一に指導者教育 4
基金募集に映書会 4
高知県教連の事業計書 4
郷土の有力者を網羅し県勢振興を計る――鳥取県委員会を組織 4
政府の方針に本づき県行政事務を刷新――徳島県は大衆にサービス 4
香川県の刷新意見 4
日本的教養はまず国史から――基隆同風会起つ 4
滞納の村に朗話 4
動物愛護週間――五月廿八日より一週間 4
詩吟で流行歌駆逐 4

街の社会教育家――黙々十余年善導に努む　4
我が村の五人組制度　谷川佐代蔵　4
児童に流行歌禁止　4
〝興行映画と教化〟効果を挙げ得る道は官庁側と事業家の連
携　C――映画問題研究会
高島米峰／根岸寛一／桑野正夫／青地忠三／市川彩／増
谷達之輔／館林三喜男／小林吉次郎　5
道府県市における主な利用映書　5
人権蹂躙と国民思想の悪化　完　豊浦与七　6
独裁治下の少年教化　三　宮古三郎　6
寄贈雑誌　6

**第一七〇号**　一九三七（昭和一二）年六月一一日
施政奉行と教化魂――近衛新内閣に望む　大倉邦彦　1
近衛内閣成立　1
首相の声明　近衛文麿　1
ライカ　1
国民公徳振興運動の提唱　益富政助　2
東日本・二地方に於ける教化問題懇談会――真剣味溢ふる裡
に終始　2
家族会議の開催に就て　古賀幾次郎　3
新大臣を迎へ社会教育主事会議　3
文部大臣訓示　安井英二　3
本会彙報／本会役職員動静　3・4
神社とお寺が握手――教化戦線に乗出す　4
眼疾防止と経済更生――衛生指導村実施　4
〝奈良県体操〟大々的に普及　4
寄附行為変更
第十回国民生活建直し指導者講習会　4
立つたま丶刈れる「更生鎌」を発明――能率は在来の三倍　4
弓道を正科に　4
学校大喜び　4
珍らしい子供郷土講座　4
禁酒報告　永倉栄利　4
〝眼に見えぬ影響〟娯楽映画程強い質的にも劣る教化映画
D――映画問題研究会
高島米峰／中田俊造／市川彩／桑野正夫／関野嘉雄／館
林三喜男／小林吉次郎／青地忠三／松井茂　5
寄贈雑誌　5
農村教化留意要項　上　6

**第一七一号**　一九三七（昭和一二）年六月二一日
ドイツの国家的労働奉仕　鹿島守之助　1
理事長に松井博士就任――常務に山川、加藤両氏　1
本会主催全国教化関係幹部公民教育講習会開催――来る八月
二日より六日間　1
短波特輯　1
国民生活の建直しに財政経済三原則決定――国民精神運動と

併行実現に邁進　2
公徳訓練総動員提唱――第一次乗降車に関する公徳
久保久一郎　2
赤軍首脳部の処断　相次ぐ焦燥の清党工作ソ連の弱点暴露
――高まりゆく反スターリンの声　2
本会彙報　2
高鳴る教化振興への号音　松井理事長第一線に旬日早くも全
国を行脚――地方別懇談会終わる
岐阜市／神戸市／広島市／徳島市／熊本市／成田町（千葉）　3
中央教化団体連合会提出懇談主題　3
語るも聴くも共に同志　互に胸襟を開いて吐く体験の珠玉篇　3
加盟団体事務担当者打合会　4
公民学校が乗出して朗らかな山村更生譜　4
紛争一転して理想郷の建設へ――駐在巡査の説得から奮起　4
教化映書「お国詣で」台湾新竹州教連で製作　4
欲をはなれて陰徳を積む訓導　4
報徳主義へ拍車――栃木師範の計画進む　4
尊徳翁も大満悦――五年間の勤労奉仕の結晶岡山・本荘校の
誇り　4
今様尊徳翁――一万円貯金を奨励　4
ブックレビュー　加藤咄堂氏著『日本偉人信仰実伝』の新刊
を観て　4
内鮮融和かくてこそ／児童出稼一時間二銭／先生達に縄跳講
習会／警察官の詩吟練習会／気仙沼にも一銭貯金　4
教化町村運動
振興懇談会　轡を並べて一意更生発展に邁進――宮崎の巻　5
四国三県の教化町村連合協議会　5
新に指定される鹿児島県下五町村の幹部打合会　5
統制部を設け細胞組織で教化――二年度に入った吉田　5
農村教化留意要項　下　6

## 第一七二号　一九三七（昭和一二）年七月一日

言論　公徳振興の急務　1
各種宣伝運動の統制案成る　1
農村人口問題　富田　文雄　1
本会彙報　1・2
公徳振興を目指して――七月十日より第一次強調運動を実施　2
公徳訓練総動員提唱――第一次乗降車に関する公徳
久保久一郎　2
元会長故山川男爵七回忌　2
ドイツの国家的労働奉仕（二）　鹿島守之助　3
社会省の構成（内務試案）――近く企画庁で具体化　3
短波特輯　3
寄贈雑誌　3・5
台湾総督府主催の社会教化指導者講習会――七月二十六日よ
り十日間　4
自治振興のために　4
朝鮮に於ける社会教化講習会――十三ケ所で開催　4
地元の生きた教材で教化映画を製作　4

学童自治団を組織――都会悪の誘惑を撃退　4
生活更新運動「明るく愉快に」と岡山県が革新の狼火　4
尊徳像を各町村に――紀元二千六百年記念事業　4
愛媛県でも実施　4
新手の花嫁募集――映画会を開き宣伝　4
高山彦九郎の遺徳を顕彰　4
足袋のコハゼで国防献金　4
新聞の切抜きで常識を注ぎ込む　4
醤油も化粧品も製造――農会が講習会　4
制服の田園婦人／機翼で雨よけ／螟虫退治赤字喜劇／美談二重奏／感激の魂で大国旗／次は寄生虫征伐／農村で按摩講習／今様良寛さん／モンペの校長先生　4
教化町村運動　福井、新潟両県下開設宣誓式終る　5
今夏東京にて開催の世界教育会議――多大な効果を期待さる　5
初夏の旅　田部　重治　6
今月の行事　6

## 第一七三号　一九三七（昭和一二）年七月一一日

農村人口問題（二）　富田　文雄　1
国民教化運動に関する宣伝実施基本計画成る――各省連絡し政府総掛りで行ふ　1
本会彙報　1・2
カフエー・バー喫茶店等――その営業時間を午後十時限りとせよ　高島　米峰　2
来る八月一日から廿日迄全国民・総動員で国民心身鍛錬期間実施　2
乾岔子島砲撃事件　国境不明確に乗ずるソ連側の挑発行動　3
燃える抗日意識――北平郊外の日支の衝突　3
関東、北陸、中部の町村指導者を養成――八月中旬　於・東京市　3
短波特輯　3
社会教化徹底の五大政策を樹立――台湾・明年度に予算計上　4
南方生命線――台湾で映画脚本募集　4
自治振興を目標に指導を施す　4
全国から九百名参加の自治講習会　4
五輪大会を控えて市民訓練　4
議論よりはまず実行　ポスト清掃――都市美化へ第一歩　4
勇し・建国体操――和歌山青年学校で実施　4
女子指導者養成に講習会を開く　4
千葉県六合村の精神更生修養会　4
第十回国民生活建直し指導者講習会閉会式挙行　4
旱魃時には薄荷で更生　4
水禍に備へて水防組誕生　4
奉仕精神の涵養　4
寄贈図書／寄贈雑誌　4
教化町村運動
本年度指定教化町村の第一回幹部連合協議会開催　5
妾たちも教化町村――特殊の教化常会　5
実績を表す顕著な実例――新潟県の下黒川村　5

部落常会　朗誦文　5
和歌山県の教化連合団体改組――時局に鑑み愈々活躍を期待　5
振興懇談会　四教化指定村の幹部懇談会終る――新潟の巻　5
人と超人　宮西　一積　6


## 第一七四号　一九三七（昭和一二）年七月二一日

言論　重大時局に直面して　1
重大事局に処する我国民の態度　松井　茂　1
我国の大方針を政府・中外に声明　1
時局の重大に鑑み加盟団体へ通牒　清浦　奎吾　1
各団体代表者参集し非常時報国を誓ふ――文部省主催の時局懇談会　1
挙国一致の体制全く成る　断乎たる決意を披瀝し一大精神運動を展開――政府地方別懇談会を開催　2
消費節約運動と物価騰貴の抑制に各経済団体が協力一致　2
国民精神作興に関し文部省より通牒　2
全仏教界動員　2
大日本連合青年団臨時大会開催　2
市民の結束を決議――東京府市区村長会　2
日の丸弁当で克己報国　2
東京市の小学生達が愛国節約運動　2
相次ぐ血と涙の軍国譜　2
聖上時局を御軫念――畏し御予定を御変更盛夏の帝都に御還幸　3
地方長官会議を開催帝国の方針を徹底　3
地方長官会議に於ける杉山陸相口演要旨　杉山　元　3
銃後の護りを固め非常警備を発動　3
本会彙報　3・4
中央の抗日強制に冀察政権も妄動――我が北支権益を蹂躙　4
農村人口問題（三）　富田　文雄　4
寄贈雑誌　4
政治結社から教化団体に転身――岡山市政刷新同盟　5
映画によつて教育に新味――映画教育委員会創立　5
内鮮融和は清潔から――瀬戸市で強制大掃除　5
認められた教育施設　5
沈黙五ヶ年の辛苦更生祝賀の歓び　5
昭和同志会の夏期大学　5
先哲の理想へ――農村青年の殿堂生る　5
〝人間更生〟の道場――名古屋の自彊会今年も実施　5
病気帰郷者を未然に防ぐ――隣保館を建設　5
惜しまる、村人長福沢泰江氏　5
青年学校用模擬大砲を考案――一発代三厘　5
月明学校開校　5
遅刻席を設け議員教育　5
教化町村運動
愈々伸びる埼玉県の各教化村――その振興懇談会　6
本年度に於ける新教化町村愈々決定――七月二十日付を以て廿四町村（七県）を指定　6
福島宮城両県の教化町村幹部協議会――本会より吉田理事出席　6

記念貯金増成に拍車　三重・島ケ原　6
役職員動静　6

## 第一七五号　一九三七（昭和一二）年八月一日

庶政遂行の根本精神尊厳なる国体の精髄に帰一　近衛　文麿　1
断乎自衛行動に決す――政府重大声明を発表　1
派兵後の北支――陸軍省新聞班　1
今月の行事　1
聖上時局に御精励――殉国の将兵に大御心　2
教化総動員に関し松井理事長熱弁――七月二十七日の貴族院本会議　2
国民心身鍛錬期間――八月一日～二十日
国民心身鍛錬運動に就て　岩原　拓　2
ラヂオ体操自讃　江木　理一　2
教学の刷新と仏教徒の使命――新しき仏教の形態に就いて　柴田　一能　3
九州地方町村幹部の養成――九月七日より大分市にて　3
本会彙報　3
寄贈雑誌　3・5
全土に挙る愛国の雄叫び　官民歩調を合せて政府を全的に支持――各種団体長を招致し協議会　4
非常時の秋決意は固し――徳島市民大会　4
時局認識徹底――兵庫県教化団体連合会　4
満場拍手の裡に銃後の団結を誓ふ――和歌山県時局懇談会　4
八百名集り愛国精神昂揚大会　4
三神社に祈願――湊区教化協同会　4
県下全農家から五銭づつを醸出――農会長会議決議　4
町村毎に愛国子女団　4
全県一丸となり時難克服に邁進――千葉県各種団体申合せ　4
県庁と教化団体の懇談会　4
銃後の憂を絶つ――名古屋市が社会施設に万全　4
県下神社一斉に国威宣揚祈願　4
教化町村運動
振興懇談会　各町村とも・全国的更生の実あがる――福岡の巻　5
時局を反映し愛知福井両県下の幹部協議会緊張裡に終る　5
時局に対応して青森県浅瀬石の村民総動員　5
奥秩父　宮西　一積　6

## 第一七六号　一九三七（昭和一二）年八月二一日

畏し皇室の御近状　冷房装置なき宮中に聖上、御精励両陛下の有難き御仁慈――松平宮相謹話　松平　恒雄　1
真意を解せぬ暴挙自衛発動又已むなし――政府堂々中外に声明　1
時事小言　1
臨時議会九月三日召集に決定　1
挙国体制の一線に教化総動員計画――全国一斉に国民運動展開　1
支那の暴状に痛撃赫々たる皇軍の偉功――胸のすく空軍の活躍　2
教化時評　高島　米峰　2

九州地方講習会要項　2
朝鮮巡講記　伊豆　凡夫　2
北支戦線の将兵へ皇族方から御慰問品――畏し御心尽しの数々　3
各地の銃後陣万全の体制へ！
銃後の護り堅し農山漁村対策決定――農林省より地方に通牒　3
銃後万全の構へ――全国学務部長会議　3
銃後の強化に教化団体起つ――岐阜県で関係者が協議　3
時難克服に一大精神運動強調――先づ武運祈願祭　京都　3
全道の各市町村に銃後後援会組織――常置して将来も活動　3
新潟県で各営業会社に銃後の支援を通牒　3
「時局事務協議会」を設け銃後の固めを統合　3
山形県では各市町村に軍事扶助相談所　3
山形市でも奉公会結成　3
敬神と体位向上――大阪府の時局対策方針　4
時局認識の礎に勤倹精神を樹立――島根県の恒久化運動　4
生活一切の相談に応じ積極的指導に当る群馬県　4
全県民を総動員時局認識の大運動――来月五日から一週間秋田　4
眼と耳の総動員――滋賀県下各地で映画と講演会　4
慰問と扶助に万全を期する福島　4
特にカード階級に暖い市民の手を――東京市の銃後陣　4
まづ講演一本槍で時局認識を徹底――兵庫県当局、背水の陣　4
主婦を団長として家庭防護団生る――長崎県民の戦時体制完了　4
銃後の佳話　4
北支の空をにらみつゝ異常な緊張に終始――比叡山に於ける全国教化関係幹部公民教育研究会　5
震災記念日を期し時局教化大会開催――東京府下の教化関係者総動員　5
映画で社会教育――九十団体網羅の協会成る　5
皇紀二千六百年記念教育資料調査室の設置――山口県教育会が計画　5
教育祭を挙行――十月十日に内定　5
部落常会開く　5
盆祭りを統一――高雄民作会の提唱　5
本会彙報　5
教化町村運動　鹿児島県下各教化町村の指導者決る　5
台湾行漫記　古谷生　6
寄贈雑誌　6

## 第一七七号　一九三七（昭和一二）年九月一日

言論　国民精神の総動員　1
挙国一致堅忍不抜の国民精神を作興――精神総動員計画成る　1
教化時評　高島　米峰　1
愛児の戦死を尊しと感謝　空中戦史を飾る亀鑑〝海軍中尉の母〟――海軍省が感激の発表　2
今月上旬行事　2
東京府教化大会の講師決定　2
本会彙報　2

事務所移転お知らせ　財団法人中央教化団体連合会　2
話材教材　東洋鬼、好戦国民　加藤　咄堂　3
北海道、東北地方講習会開催――秋田県本荘町で　3
映画とレコードに注ぐ〝日本魂〟――内相・当業者を招く　3
あゝ廻りきた九月一日！　3
各地各様銃後の強力部隊
部落五人組を指揮し勤労奉仕網を張る――山形県で七方針を指令　4
銃後の団結には国民精神の振作――京都府学務当局の方針　4
三百万道民の総動員日計画　4
全国の神社動員――内務省護国祈願祭を指令　4
銃後に築く鉄壁陣――各戸が挙つて五十銭宛を出し長期の事変に備ふ　4
愛国デー朝鮮で九月六日催す　4
愛国情景　献金譜　4
健全な輿論指導へ生れ出た情報部
東京府、警視庁が協力情報委員会設く　5
知事が委員長情報委員会生る　5
県民の輿論統一に新機関を創設　5
県下輿論統一へ非常時対策の第一陣――三重県で規程を公布　5
綜合文化を展望する一大殿堂の建設――愛知の皇紀二六〇〇年記念事業　5
高知では町村に記念造林――県下で七百町歩の計画　5
郷土の消息を盛るニユースを戦線へ――北海道社会教育課の新しい試み　5
皇民化運動を徹底――本島人の台湾服禁止など花蓮港民作で申合せ　5
忠孝の精神を全世界に発揚――老孝子画伯の努力　5
全県を一丸とする軍事扶助事業団宮城県で誕生　5
奉公の精神を鼓吹――神戸市に軍事奉公会生る　5
知事を会長に銃後後援会を設置　5
教学の刷新と仏教徒の使命――新しい仏教徒の形態に就いて下　柴田　一能　6
猛暑を克服して知行の鍛錬に精進――東京に於る地方教化関係幹部公民教育講習会　6

## 第一七八号　一九三七（昭和一二）年九月一一日

東亜の安定を御軫念　畏し勅語を賜ふ　1
帝国政府の決意　近衛　文麿　1
〝支那事変〟と称呼　1
九月中旬行事　1
全国教化連合団体代表者大会――十月十四・十五日東京で開催　1
挙国一致を反映し事変予算・法案成立――戦時体制下の臨時議会　2
教化時評　高島　米峰　2
事変と帝国陸軍　岩崎　春茂　3
話材教材　神国の信念　加藤　咄堂　5
意気冲天の東京府教化大会――参会者千五百名に上る　5
時局対策に関し和歌山県連の役員会　5

完全教化網の誇り！時局認識、銃後活動に万全を期す兵庫県　5
非常時に処す力強き決議――御影町（兵庫）教連大会　5
国民精神の強化運動に協力　5
銃後の赤誠熱援譜
京都全市十三万学童の皇軍へ捧ぐ心からの祈り――小学校長会を開き慰問方法協議　6
熱血沸る愛国日　戸毎に日の丸、各地で祈願祭――朝鮮神宮の参拝者五万　6
精神教育に全力――傾注する台北州　6
戦時体制下の教育方針を決定　6
時局認識へ拍車！
教化網の拡充へ――福井では各市町村へ教化委員を設置　6
各方面の幹部を集め指導者講習会開催　6
壁新聞や切抜き　新聞による非常時教育――福島市第一小学校の新方針　6
嬉し！国防貯金　6
手弁当の掩護隊――整然！勤労奉仕班の活動　6
職場の愛国美談――残業収入を家族に贈る　6
銃なき女性の蹶起――白襷会員の産業報国　6
勤務二時間延長――勤務報国目指す　6
乃木将軍逝いて二十五年を迎ふ　6

## 第一七九号　＊未見

## 第一八〇号　一九三七（昭和一二）年一〇月一日

時局と国民精神――国民精神総動員所感　清浦　奎吾　1
精神総動員強調週間設定――十月十三日より一週間　2
国民精神総動員中央連盟結成――加盟六十余団体に決定　2
明朗な愛国行進曲――内閣情報部で懸賞募集　2
全国教化大会――十月十四・十五日　2
事変と国際関係　下　矢野　征記　3
山村の文化かくの如し　4
台湾の精神総動員運動　戦時民風作興の大方策を協議――小林総督も臨席の初参与会　5
四泊五日の自治的修練――東北地方講習会終る　5
大東京市民六百万に呼びかける――東京市の精神総動員運動　5
精神運動の烽火――九州帝大三千の学生起つ　5
銃後愛国模様　5
郷土を護れ――富山県で青年に飛檄　5
事変美談を教材に　5
本会彙報　5
信州柏原附近　田部　重治　6
話材教材　徳政令とモラトリアム　加藤　咄堂　6
寄贈図書　6

## 第一八一号　一九三七（昭和一二）年一〇月一一日

言論　事変下における教化大会　1
秋風に意気高らか！全国教化大会愈々目睫に迫る　1
全国教化大会日程　1
聖上、伊勢神宮御遙拝——神嘗祭に全国神社デー　2
国民精神総動員本格的軌道に乗る——十二日中央連盟結成式　2
島都に火蓋切り大講演会に気勢——台湾の国民精神総動員運動　2
国民精神運動の一色に塗り潰す——まづ社会教育委員大会　2
既教育壮丁を除く青年大衆を動員——軍需奉仕と防空兵器操作　2
教化年中行事十月　2
教化関係者の近著紹介　良書三題　古谷　敬二　2
文化史上より観たる支那事変　井上哲次郎　3
本会彙報　3
南京政府と其前途　米田　実　4
日本文化反省の好機　斎藤　晌　4
日本の皆さんに読んで貰ひたい小冊子ムソリーニ御大から沢山　5
支那経済産業に就て——特に北支の経済動向につき　国松　文雄　6
団体も学童も唱和　皇国臣民の誓詞——団結固む合言葉　7
運動方法確立し府民に呼びかく——京都府委員会で決定　7
愛媛に社会教育課誕生　7
旬ニユース　7
教化町村運動
事変下に一層の緊張を見る——広島県下の教化町村懇談会　7
国民精神総動員の秋勇躍村の更生を誓ふ——鳥取県下の教化村宣誓式立田知事も連日陣頭に立たる　7
〝報徳精神〟の実践——元八王子の教化計画　7
禁酒から生れた立派な社会館　7
不抜の昂奮　宮西　一積　8
話材教材　昔の警察・今の警察　加藤　咄堂　8

## 第一八二号　一九三七（昭和一二）年一一月四日

国民精神総動員の秋！　事変下全国教化大会開かる——六百の精鋭一堂に決意を誓ふ　1
祝辞　近衛文麿／松平恒雄／馬場鍈一／杉山元／米内光政　2
清浦会長挨拶　清浦　奎吾　3
文部大臣訓辞　安井　英二　4
国民精神総動員の根本義　内ケ崎作三郎　6
前線の状況を髣髴　多大の感銘を与ふ——松井理事長の皇軍慰問報告談　松井　茂　7
決議　8
「愛国日」の全国的実施を政府に建言——決議の実践を地方に通牒　9
教化時評　高島　米峰　9
寄贈雑誌／寄贈図書　9
敢てこの重任を負託す——本会常務理事就任に当りて　河原　春作　10

聖旨を奉体し克艱生活の実践――十一月十日より七日間国民精神作興週間　10
本会彙報　10
文部大臣更迭　10
教化町村運動
静岡県下連合協議会静浦村で開催　10
愛媛と香川の両県で大会及講習会開催　10
国民に消費節約奨励――政府の根本方針決す　11
国民精神総動員の主旨徹底――作興週間にて一段の拍車　11
銃後の護り強化――鹿児島県教化連盟大会　11
官民一致を強調――銀行会社も動員　11
非常時産業の運動週間を開く――大阪商工団体の活躍　11
万全銃後の護り　11
満洲農業移民幹事部の募集　11
十一月上中旬行事　12
都下の教化団体代表参集――国民精神総動員に関する懇談会開催　12
地方色縮写版　12
菊花かをる明治節六万人の大行進――宮城前に市民の宣誓　12

**第一八三号**　一九三七（昭和一二）年一一月一五日

北支第一線を巡りて
所感　松井　茂　1
皇軍活躍の現状　丸山　鶴吉　1
十二月中下旬行事　3
支那事変と帝国陸軍　池田　純久　4
日本の不参加で意義全く喪失――九国会議開催　5
世界に新な衝動親善関係も愈々増進――日独伊防共協定　5
歴史的な大飛躍東洋平和の基礎――満洲国治法権撤廃　5
支那事変国債郵便局の窓口で買出し　5
全土に脈打つ日本精神国民精神作興週間始まる
三大都市で大講習会　中央連盟　6
精神作興週間第一日に東京府で懇談会開催　6
神奈川県教連第三回総会　6
愛知県教連の活動――固き結束を誓ふ　6
長期銃後陣の強化――行事の徹底を期す　朝鮮　6
国体、国史の顕揚――府市民御陵を参拝　大阪　6
各種団体長に通牒　三重　6
実行目標を掲げ生活刷新を計る　愛知　6
市長、訓示を発表す　名古屋　6
全庁員で棒読式　長野　6
皇軍将士の労苦を偲ぶ　新潟　6
各地で講習会　栃木　6
質実剛健の気分日常生活に具現――十日から十六日まで　福岡　7
心身鍛錬に邁進県民の自覚に俟つ　滋賀　7
国民精神総動員主旨徹底を計る――山口市の実行委員会　7
三目標を掲げ挙県的精神運動――十日から決行　島根　7
国民精神総動員中堅人物講習会――東京都の催し　7

非常時突破の自覚喚起――主旨徹底を期す　香川　7
実情に即した計画を実行――家庭滲透に努む　佐賀　7
目標を掲示　石川　7
総動員運動を強調　熊本　7
関東・東北地方防空訓練実施　6
防共協定記念国民大会――式典祝賀会等・盛大に　7
十二月一日は防火で――全国各地で祈願祭執行　7
寺院に於ける社会教化の留意要項――近日発表の見込　7
教化町村運動
香川県下教化村宣誓式――一週年記念行事盛大に実施さる　8
非常時局を反映し教化報国を決誓――鹿児島県下教化町村開設宣誓式　8
村民大会で決議　8
佐賀県砥川村の視察会　8


## 第一八四号　＊未見

## 第一八五号　一九三七（昭和一二）年一二月一日

日本精神の発揚と新生活運動の展開――国民精神総動員運動と今後の動向　清水　芳一　1
皇軍武威／偶成（＊漢詩）　義　堂　1・5
十二月の行事　1
列強に率先して伊国満洲国を承認――認識不足の国際連盟に一大警鐘　2
国民精神総動員非常時経済に協力　産業週間を実施――十二月三日より九日まで　2
「無駄なく使へ捨てるな廃品」資源愛護の運動展開　2
「明け行く大地」に次ぐ教化映画の第二弾「土」の撮影正に完了　2
本会彙報　2
寄贈図書　2
市町村振興の全一的中枢機関に関する調査（一）　古賀幾次郎　3
話材教材　盲人の救護と教化　加藤　咄堂　4
都市教化講習会講師決定す　4
教化町村運動
マイクを通じて部落常会の実況――教化町愛知吉田から　4
時局下緊張の開設宣言式――長野県の二ヶ村挙行　4
支那事変の緒戦　下　池田　純久　5
大会決議の「愛国日」朝鮮で制定に決る――十六日正式に各道に通牒　6
新田義貞公の六百年大祭――六万円の大記念事業決る　6
「国民精神総動員標語」新潟県で発表　6
流行歌を排撃し健全な村風確立　6
時局にタイアップ――愛知県教連の申合せ　6
東京市内各処で大講演会開催――国民精神総動員中央連盟　6
大名古屋市から白米を駆逐――廃止連盟を結成す　6
知事を先頭に七分搗米運動　6

〃御恩返しに〃愛国献納田　6
地方色片片　6
寄贈雑誌　6

## 第一八六号　一九三七（昭和一二）年一二月一五日

南京城完全占領皇軍の精強を宣揚　1
南京陥落は序幕　持久戦はこれから！――首相・帝国の態度声明　近衛　文麿　1
護国の英霊を想ひ勝つて兜の緒を締めよ――去る十日に陸軍で通牒　1
十二月の行事　1
非常時元旦全国民・宮城を遙拝――午前十時を期して一斉に　2
戦捷の奉告と国威宣揚の祈願――明春歳旦祭に施行　2
「戦捷に酔ふ勿れ」――文部省でも呼びかく　2
戦地偲び給ふ大御心畏し新年賀宴を御取やめ御避寒も遊ばされず　2
日支文化提携に北支から使節　2
非常時の小国民に〃何を教ふべき〃――文部省が先生へパンフレット　2
本会彙報　2
新暦正月を励行時局門連を配布――台中州の新しい試み　2
虚礼廃止運動へ――奉天省協和会も起つ　2
北支新政権誕生――中華民国臨時政府と命名　2
昭和十二年に於ける教化運動の回顧　小泉　英一　3
「神苑朝」にちなみ暁闇の伊勢神宮からCKが全国中継放送　3
話材教材　除夜の鐘　加藤　咄堂　3
犯罪は一割減る　3
〃祖国日向〃の認識深化――初めは県民からそして全国民に！　4
隣保相助のため最寄合を結成――東京市で明春実施決定　4
維新大業の礎　先賢の遺徳偲ぶ――萩公会堂で盛大な慰霊祭　4
土地の事情に即した教育――青年学校改善の調査　4
農村女性は働く　4
『婦女の鑑』――孝子、節婦の美談盛つて愈よ今月末完成　4
長崎県社会課でニュース映画館建設――文化事業改革へ第一歩　4
台中州教化委員大会開催　4
心も服装も改め銃後精神を高揚――西三河（愛知）の全農山村　4
〃豆〃勤労隊　4
台北全州下で労働奉仕デー　4
国民精神総動員中央連盟主催堅忍持久申合の会――東京市内各区で開催　4
地方色片片　4
除雪奉仕　4
勤労奉仕班続々設置　4
時局下活躍の決意新にす――福岡の都市教化講習会　5
ブックレビュー　国風会発行『国家総動員』――稀に見る憂国の大文字　5
祝南京陥落（＊俳句）　竹　斎　5
教化町村運動

永安楽土建設！――山口県の教化町村開設宣誓式を挙行 5
教化町村施設に三井報恩会の助成 5
河原常務理事も出馬東北特有の底力を見せた青森の教化村協議会 5
岩手の講習協議会並に部落常会の批評会 5
市町村振興の全一的中枢機関に関する調査（二） 5
第十三回国民生活建直し指導者後期講習会 古賀幾次郎 6
第十三回国民生活建直し指導者後期講習会 6


## 第一八七号 一九三八（昭和一三）年一月一日 1

戦捷の新春 1
神苑朝 1
新年に際して 松井 茂 1
大和民族の発展と教化運動 安達 福蔵 2
神苑朝（＊漢詩） 高島 米峰 2
国家総動員と国民精神総動員 横溝 光暉 2
国民精神総動員第二回強調週間――紀元節から一週間 2
本会彙報 2
教化運動の新指標 矢吹 慶輝 3
八日に観兵式――新春の宮中諸御儀 3
年中行事一月 3
思想国防 深作 安文 4
皇軍の南京入城（＊写真） 4
愛国行進曲――内閣情報部撰定 5
話材教材 年の始は国の始 加藤 咄堂 5
本会製作の新文化映画「土」――来春早々発表の見込 5
話 5
銃後の農村問題 守屋 栄夫 6
第十三回国民生活建直し指導者後期講習会 6
銃後の農村対策――「労研」の貴重な報告 7
国民精神総動員運動に呼応 実践要目を決定――栃木県連合会総会を開く
神奈川県の教化指導者講習会 10
団体の研究を始め生かせ冬休み――栃木県の重要指令 10
空の護りと共に一宮市に社会教育課新設 10
農村中堅戦士養成――高知県立帰全農民道場生る 10
北支に新民会結成――新政府の精神的母体 10
旧議事堂の跡に国史館を新設――紀元二千六百年奉祝会記念の事業一つ 10
仏教各派が協力県民教化に邁進 10
三重県下の成人教育講座 10
基督教徒へ大和魂――元旦宮城前で祈禱式 11
児童教育資料として『勤王史蹟読本』 11
銃後の守りへ勤労奉仕班を結成――三重県各学校にて 11
農村医療運動として保健貯金を計画 11
郷土繁栄工作に愛郷同盟を組織――戸畑市有志起つ 11
教化町村運動
近畿、北陸、九州に亙る教化町村幹部連合協議会開催 11
事変下更に決意を新にす各村の記念式 山形県長井村／宮

城県愛島・館矢間村　11
勇士の家の建直し――教化村の銃後美談　11
高松藩の『伍家制令詳解』を読みて　古賀幾次郎　12


## 第一八八号　一九三八（昭和一三）年一月二一日

防共と東亜　鹿島守之助　1
皇軍の威容（＊写真）　1
畏し聖上の御精励一億の同胞斉しく感激――宮内大臣謹話　松平　恒雄　1
東亜の安定と日本の使命――ことばと文字より見て　下村　海南　2
教化時評三則　高島　米峰　2
対支新国是確立儼然遂行に邁進――歴史的御前会議　3
教化運動の新指標（下）　矢吹　慶輝　3
家族揃つて宮城を遙拝――精神総動員強調週間第一日　3
支那に於ける新文化的なる宣撫工作　鷲尾　順敬　4
本会彙報　4
新春雑感　田部　重治　5
話材教材　夢想なりしか大陸政策　加藤　咄堂　5
重大事局に鑑み特に盛大に挙行――昭和十三年建国祭　6
娯楽一点張りから国民精神作興へ――新映画法の制定　6
協会を設置し映画教育を強化――統制に乗出した静岡県　6
祖国振興隊を結成勤労倍加を目指す――宮崎県の施設　6
国策線に副ひ拓殖義勇隊を組織――栃木県社会教育課の計画　6
神域を出でよと神官に呼びかく　6
三重県の社会教育課――十四年度に実現か　6
桑の廃物利用――株は製炭・枝は剥皮　6
農村教化指導へ北支の「新民会」活動方針決定す――都市教化は第二次的　7
銃後対策の万全に勤労奉仕班活躍の種々相　7
準戦時非常動員！福岡県青年団の涙ぐましき活動　7
銃後赤誠譜　7
部落活動の組織運営に関する調査　古賀幾次郎　8
新刊紹介　高島米峰氏の新著『同じ方向へ』ほか　8


## 第一八九号　一九三八（昭和一三）年二月一日

非常時局に於ける建国祭の意義　香坂　昌康　1
青島湾を望む／雪の進軍（＊写真）　1・2
新段階に対処する精神総動員を展開――第二回強調週間の目標　1
国民政府を相手にせず――政府重大声明を発表　1
政府の声明に呼応し精神総動員に拍車　1
事変下紀元節全国十二万の神社が国威宣揚の祝詞奏す　1
憲法発布五十周年世界に比類なき千古不磨の大典――今ぞ偲ばむ有難き御聖旨　2
憲法発布五十周年記念祝典に行幸――時局に鑑み簡素に挙行　2
〝新日本〟の制服愈国産に定まる　2
年中行事二月　2
本会彙報　2

黎明期の北支経済活動　国松　文雄　3
靖国神社大祭を国祭日に制定――各派交渉会で提出　3
「日の丸」の濫用内務省で断乎禁止　3
中国・四国地方国民精神総動員講習会――琴平町に開催決定　3
最前線の皇軍を慰問――井上文成氏のたより　3
本会監事荒井賢太郎氏（＊訃報）　3
尺貫法存績に決す――度量衡制度調査会答申　岡部　長景　4
土の哲学（1）　映画「土」撮影記　小泉　英一　4
更生途上の教化町村を巡る（一）　富田　文雄　5
話材教材　戦争の道徳観　加藤　咄堂　5
北支戦線だより　城壁の柳なよやか夢の平和郷――水冶鎮城附近の情況　宮沢　四郎　5
教化町村運動
愛知県に於ける教化町村振興懇談会　6
興村に気負ひ立つ和歌山県下四町村開設式挙行　6
理想郷目指して邁進――滋賀県下の指定村開設宣誓式　6
思想総動員――起ち上る静岡県社会課　7
報国精神を振起――高松の総動員強調週間　7
精神総動員の一助に部落競励会審査――台湾台中州彰化郡の試み　7
愛国教育の徹底――信濃教育会が指示　7
出版物も総動員――島根県で関係団体へ勧奨　7
培へ勤労の塊――農村の銃後陣成る　7
仰げ日の丸――県庁員の国旗台　7
夥しい滞納税一掃――非常時が生んだ美談　7
美しい労資の協調　7
国民精神総動員第二回強調週間――二月十一日より一週間　7
伍什人組並教化常会の実際に関する調査　古賀幾次郎　8

## 第一九〇号　一九三八（昭和一三）年二月一一日

言論　時局対処の途如何　1
憲法発布五十年に際して　守屋　栄夫　1
政府、恩赦奏請――憲法発布五十周年記念日紀元の佳節を卜し　2
誤まれる思想を排撃し肇国の精神を顕現――第二回強調週間の一日一行　2
事変下建国祭全土に漲る愛国の赤誠　2
竹田宮殿下の御台臨を仰ぎ大学生の健国祭奉祝　2
憲法条章に則り時艱克服の首相告諭　2
本会彙報　2
「土」試写会文部省で開催　2
年中行事二月　2
第二回強調週間　長期抗戦に対処して銃後国民の緊張強化――各府県に於ける多彩の行事
東京／愛知／福岡／栃木／広島／埼玉／和歌山／奈良／長野／兵庫／長崎／宮城／佐賀／徳島　3
国民精神総動員第二回強調週間――二月十一日より一週間　3
海外に「赤」防止の前衛――人民戦線掃滅に一歩前進　4
台湾総監府が農村指導者講習会――全島から約二百名受講　4
奉天省（満洲国）下に教化連盟を組織――県下を単位とする

計画 4
郷土精神を盛つた『土佐読本』 4
青年聖農運動——各員五畝歩の模範研究経営を 4
渡辺崋山の遺跡を訪ふ 古賀幾次郎 5
話材教材 強調週間に因みて一週の教訓 加藤 咄堂 5
土の哲学（2） 映画「土」撮影記 小泉 英一 5
教化町村運動 埼玉県に於ける教化村連合協議会 6
更生途上の教化町村を巡る（二） 富田 文雄 6
神都宇治山田市にて国民精神総動員講習会開催——参加範囲
・近畿地方 6

## 第一九一号 一九三八（昭和一三）年二月一一日

思想戦に就て 横溝 光暉 1
黄河大鉄橋完成（＊写真） 1
総動員の趣旨達成民衆の組織が基調——予算総会に於ける松
井理事長の質問 松井 茂 1
重点を家庭に——近衛首相の答弁 近衛 文麿 2
憲法発布五十周年記念祝典（＊写真） 2
思想戦を強化——全国に情報官設置 2
国民精神総動員家庭報国綱領決定 2
思ひ出も新たに斎藤前会長三回忌——伝記編纂も略ぼ完成 2
香川県連合会会長逝去 2
本会彙報 2
教化時評三則 高島 米峰 3
話材教材 純潔運動の今昔 加藤 咄堂 3
教化町村運動 相寄る日本魂——かくて銃後全し教化村鉢形
村に咲いた美談 4
更生途上の教化町村を巡る（四）《ママ》 富田 文雄 4
南の窓より 田部 重治 5
土の哲学（終） 映画「土」撮影記 小泉 英一 5
武器なき戦ひ——「思想戦展」を観て 5
非常時局下に描く挙県総動員の指針——山形県振興委員会で
決定 6
働き手は戦線に生産減退の憂ひ——五万の農村青年動員 6
坐禅で鍛へる労働魂——大阪市立訓練所生の勤行 6
社会教育委員講習協議会 6
産業強調週間——宮城で各団体を動員 6
農民道場建設——佐賀で実現に乗り出す 6
新田義貞公の六百年記念祭 6
団体明徴読書週間——長野図書館で 6

## 第一九二号 一九三八（昭和一三）年三月一日

非常時と国民の覚悟 小汀 利得 1
年中行事三月 1
国民精神総動員と家庭報国の実践 棚橋源太郎 1
今ぞ想起せよ当時の国民の赤誠——事変下の陸軍記念日を迎
えて 2
行事は質素に！長期抗戦に対処——陸軍記念日の催し 2

林、野村両大将三上博士の各氏本会理事に就任　2
前会長三回忌法要しめやかに執行　2
教化上都市農村依存に関する留意要項　3
教化町村運動
　第二回強調週間に際し兵庫県下の教化村を廻る
　古　谷　生　4
　教化村是俚謡　4
更生途上の教化町村を巡る（四）　富田　文雄　4
都市に教化網を完成　精神総動員趣旨徹底へ――兵庫県五市
　教連で方策決定　5
教化協同会の下に一千四百の隣保班神戸市湊区にまづ実現す　5
ドイツ正式に満洲国承認――友好関係愈々密接防共の責務遂
　行に　5
台湾にも靖国神社を建立要望の声昂る　5
北畠顕家卿六百年式年祭――五月廿二日から阿倍野神社で　5
橘神社の創建――全国から募金　5
日比谷で大祝典――満洲建国六周年記念日迎へて友邦へ捧ぐ
　慶祝行事　5
長崎で社会教育の充実を期す――講習協議会を開催　5
社教委員の講習、協議会　5
集団勤行の華　5
南の窓より　下　田部　重治　6
話材教材　人身売買の事ども　加藤　咄堂　6
新刊紹介　鹿島守之助氏著『防共協定とナチス・ファッショ
　革命』ほか　6

## 第一九三号　一九三八（昭和一三）年三月一一日

銃後の農村　小野　武夫　1
年中行事三月　1
国民精神総動員と家庭報国の実践（下）　棚橋源太郎　1
自治制発布記念祝典に聖上陛下御親臨――全国各地で自治報
　国運動　2
自治制発布五十周年記念式に天皇陛下親臨の御沙汰を拝して
　――末次内務大臣謹話　末次　信正　2
教化時評　高島　米峰　2
本会彙報　2
家庭報国の実践普及徹底の懇談会　3
武士道精神に則り各国旗に敬意を表せよ　3
銃後後援強化の上申事項決定――直ちに積極運動開始　3
政治的啓蒙と並行し農民生活の建直し――中華民国新民会の
　活動　3
陸軍特別志願兵令公布に大祝賀行事挙行――四月三日、全鮮
　一斉に　4
未成年禁酒禁煙の〝遵法週間〟四月一日より一週間　4
第一線の将士を想ひ銃後の赤誠を披瀝――意義深く迎へた陸
　軍記念日　4
融和週間を実施――五箇条御誓文渙発記念日に　4
納税報国週間――岩手県下一斉に　4
実践事項を決定し時艱克服に邁進――国民精神総動員の趣旨

を体し神奈川県下青年団関係者の懇談会　4
嘉納治五郎氏首唱報国更生団結成　4
銃後施設の完備——栃木県下の熟田村　4
時局対策協議会——広島県少壮中堅者に　4
仏徒報国に立つ——島根県仏教奉公団　4
まづ西区に町会連合会——大阪市で活潑な町内会　5
町内全戸あげて公債貯金申合せ　5
精神総動員綜合監査と今後に於ける方策　5
香川県における国民精神総動員講習会緊張裡に終了　5
「赤」から綺麗に転向し美し涙の君が代——秘められたこの
挿話模範村となつた豊住村　5
村治に半生を捧げた山崎翁（秋田県上岩川村長）引退　5
敬神奉公会発会式　5
教化事業調査会委員神崎一作氏（＊訃報）　5
教化町村運動　愛媛県下の教化町村振興懇談会　6
教化町村だより
（その一）　輝く教化の殿堂——吉田町の一角に新建　6
（その二）　「手掌」は農民の顔——荒土村の珍展覧会　6
（その三）　可憐な若武者部隊大久野村の軍教　6
更生途上の教化町村を巡る（五）　富田　文雄　6

**第一九四号**　一九三八（昭和一三）年三月一一日

自治制発布五十周年記念計画に付て　坂　千秋　1
地方自治の振興へ邁進——自治制発布五十周年を迎へて　加藤於菟丸　1
銃後の農村（下）　小野　武夫　1
天長節「奉祝の時間」午前九時・宮城を遙拝　2
教化時評　高島　米峰　2
山西の山又山の嶮路を前進の遠山部隊（＊写真）　2
地方委員制度実施に決定　2
青年団号二機の命名式挙行　2
中等学校の修身書詔勅を基礎に編む　3
新民会指導下に北京に〝指定実験区〟——新しい農村復興運動　3
話材教材　春宵歌話　加藤　咄堂　3
本会彙報　3
年中行事三月　3
教育報国を目指し国民精神の昂揚へ——鹿児島県の教育総動
員案成る　4
2600年記念皇祖発祥の聖地から肇国精神の宣揚に——宮
崎県の奉讃会の計画　4
第十二回全国児童愛護週間　4
〝防共〟に結ぶ六友邦——ドイツの正式承認を機に全満に国
交確立慶祝大会　4
転向の千名が〝赤〟征伐に結ぶ　4
八紘一宇の精神闡明——朝鮮で四月三日に国民精神総動員
精神総動員運動　4
国語の家を選定し皇民化運動に拍車——活潑な台中州の国民
新に社会教育課設置——台北市で事務拡充　4
戦時下の農村婦人銃後の奉仕に目覚しい成果　4

銃後の人的要素拡充——広島県で県民性の調査 4
精神総動員は先づ主婦から 4
全県下に洩れなく部落常会設置——新潟県で積極的に乗出す 5
部落常会の講習会——佐賀県に開催 5
精神総動員は自主的に五人組制度を勧奨——滋賀県の運動経
過報告書 5
教化報国五十年前本会評議員柴田寅三郎氏京都府より表彰さる 5
寄贈雑誌 5
五十鈴の清流で「みそぎ」の行——近畿地方講習会終る 5
教化町村運動
佐賀県下各町村連合協議懇談会 6
和楽の郷土建設を誓ふ田村町（滋賀） 6
更生途上の教化町村を巡る（六） 富田 文雄 6
〝黄〟信号 非常時局と煙草の吸殻 金田 竜二 6

## 第一九五号 一九三八（昭和一三）年四月一日

自治振興の新指標 田沢 義鋪 1
年中行事四月 1
堂々中外に宣揚せん「八紘一宇」の大精神——神武天皇祭を
迎へて 1
伊太利使節団の明治神宮参拝（＊写真） 1
自治制発布五十周年に際して 岡崎 勉 2
町村の教化的運営 国塩 達太 2
本会彙報 2
自治制発布五十周年を記念して教化町村長懇談会開催——来
る十八日文部省会議室にて 3
愈々組織網を完成して都市教化の劃期的振興へ——兵庫県主
催の懇談会で各都市代表者意見一致 3
家は国の礎 家庭報国展覧会——四月九日より一週間 3
発育優良の三歳児 教化協同会の誕生二周年——神戸市湊区 3
旬間特輯 3
教化町村運動
三樹知事も乗して島根県下教化村の諸行事を挙催 4
福井県下の教化町村振興懇談会 4
石川県指定の教化町村協議会開催 4
更生途上の教化町村を巡る（七） 富田 文雄 4
所感（＊漢詩） 小宮 修 4
教化村を飾る 独力孤児の養育に当る四十年——老夫婦の美挙 5
故斎藤子爵の肖像画——上野画伯苦心の作・完成す 5
戦線の皇軍に贈る手織りの日章旗——九十媼の燃ゆる赤誠 6
前線へ前線へ（＊写真） 6
農山漁村民の精神を作興経済更生強化に邁進——山口県の事
変下の対策決定 6
農繁期を前に学校男女青年総動員——福岡県の銃後勤労奉仕
計画 6
時局教化問題の懇談——大阪府教連評議員の集ひ 6
山里に春立ち返りフト悪夢醒めて全村禁酒令 ノン兵衛村の
汚名を雪ぎ理想郷建設に邁進——長野県和田組合村の朗話 7
男女未成年禁酒禁煙の励行——厳粛な誓約式挙行 7

自治振興週間　集団勤行奉仕や一善日を設定　7
支那大衆の教化に紙芝居と講釈師
不用品交換市場——広島県の農村に開設さる　7
若松市に〝町内常会〟——精神総動員へ邁進　7
地方色縮刷版　7
話材教材　桜花と日本精神（上）　加藤　咄堂　8
新刊紹介
　西村精一氏著『新五人組制度論』／柴田甚五郎氏著『聖人
　中江藤樹』ほか　8

## 第一九六号　一九三八（昭和一三）年四月一一日

言論　自治振興と教化立郷　1
自治振興とその方策　佐々井信太郎　1
護国の英霊四千余柱偉勲靖国神社に薫る　1
靖国神社大祭に一分間の黙禱——廿六日午前十時十五分　1
御慰問使に妃殿下御十一方——今月中旬から全国へ御差遣　2
支那三題（＊写真）　2
年中行事四月　2
物心両面総動員国民の協力要望——閣僚手分け地方遊説　2
冗費節約無駄排除　政府全官庁に訓令　2
家は国の礎一目で判る家庭報国展覧会　2
本会彙報　2
昭和十三年度に於ける本会の主なる施設事業　3
本会理事林銑十郎大将石川・富山教化村を視察——村民と膝
を交えて懇談　3
寄贈雑誌　3
教化時評三則　高島　米峰　4
教化都市の魁神戸市湊区の実情を探る　二十六回生　5
教化隊を街頭に放痰防止の運動　5
更生途上の教化町村を巡る（八）　富田　文雄　6
中江藤樹　一　柴田甚五郎　7
話材教材　桜花と日本精神（下）　加藤　咄堂　7
農会と産組を結びつけ〝部落常会〟の設置へ——事変対策遂
　行に協力一致　8
新設の振興主事に教化村長を抜擢——手腕を各方面から期待　8
県庁の各課に神棚を設ける
銃後陣愈よ強化——精神総動員に拍車　8
少年保護記念日要綱決す——国民精神総動員の一翼として　8
団体観念の明徴に国旗祭を挙行——台中州で盛大に　8
徳行家の放送朝の修養時間　8
涙の滲む姉妹愛　8
国民精神総動員市民体操会　8
娘ざかりを作業服に包んで打つは更生の鍬　8
日本青年修養会でレコード発売　8

## 第一九七号　一九三八（昭和一三）年四月二一日

畏くも聖上親臨自治制発布五十周年祝典　優渥なる勅語を排
　し一万余の参列者感激——二重橋前・曠古の盛儀　1

一木男の光栄 1
年中行事四月 1
自治報国の秋 松井 茂 1
輝く自治功労者・団体――教化町村関係の分 1
振興途上の全国教化町村長一同に会して更に前進の歩固め
――全国教化町村長懇談会 2
文部大臣挨拶 木戸 幸一 2
松井理事長挨拶 松井 茂 2
末梢教化組織と常会を枢軸とする実践網の徹底へ――国民精
神〝長期総動員〟 3
自治振興とその方策（下） 佐々井信太郎 3
寄贈雑誌 3
教化町村運動
本会理事林大将を迎へて感激の二教化村 4
島根県海潮村の真剣な銃後運動 4
更生途上の教化町村を巡る 富田 文雄 4
中江藤樹 二 柴田甚五郎 5
話材教材 寺子屋と天神 加藤 咄堂 5
各戸の更生目指し聚落の集中指導――北海道檜山支庁で実施 6
市町村を合併し自治振興を計る 6
国民堅忍章の制定 6
〝無税〟の理想郷へ――全戸月一円の貯蓄を実行 築く挙村
一致の美風 6
中支にも新民運動――純教化団体で活動 6
地方色点描 6

## 第一九八号 一九三八（昭和一三）年五月一日

聖上靖国神社に行幸親しく忠霊を御拝 1
銃後に於ける経済更生と教化（上） 丹羽 四郎 1
今事変初の論功行賞――陸海四千三百余名 1
長期戦下の農山漁村は何をなすべきか――実践具体案なる 2
八十億円を目標に貯蓄奨励の一大運動 2
銃後国防の万全に健康週間設定――来る五月十七日より一週間 2
年中行事五月 2
本会彙報 2
社会風潮一新に関する上申事項決定 3
時局再認識に力点――劃期的地方長官会議 3
全国各地に教化網の整備強化の機熟す
京都／大阪／山梨／大分／八幡 3
教化町村運動 広島県主催幹部講習会盛会 4
更生途上の教化町村を巡る 富田 文雄 4
寄贈雑誌 4
中江藤樹 三 柴田甚五郎 5
話材教材 菅公と教化 加藤 咄堂 5
寄贈図書 5
全半島を挙げて一大運動を展開――銃後報国強調週間 6
佐賀県の教化道場春日山道場成る 6
朝鮮にも祖国振興隊 6
第十九回全国禁酒大会 6

応召家族の応援に勤労報国団組織　6
かつての赤化学生新民運動の陣頭に――身を挺して貴重な調査　6


## 第一九九号　一九三八（昭和一三）年五月一一日

事変下に於ける貯蓄の特殊意義と重要性　牧野　輝智　1
銃後に於ける経済更生と教化（下）　丹羽　四郎　1
准河架橋の中村部隊（＊写真）　1
時局下皇室の御近状――宮相、地方長官に謹話　松平　恒雄　2
日本運動界の父嘉納翁急逝す――カイロより帰国の船中　2
運動の分野を拡大　経済に及ぼす総動員の新綱領　2
本会彙報　2
貯蓄報国銃後の務め　国民挙つて貯蓄を励行事変下財政経済に協力――本年の目標八十億円　3
官庁会社諸団体にも貯蓄組合を結成――六月二十一日から貯蓄報国週間　3
都会病を退治し更生計画を現実化――農村教化の新綱領成る　4
中堅青年講習会　4
隣保組織を整備し五人組制度結成――兵庫県で協議会開催　4
孝明天皇平安神宮奉祀――奉告祭も盛大　4
銃後は泰し　兄の愛児を護る生活戦の花　4
国民精神研究所を創設――全島皇民運動を一元化　4
郷土の振興運動――紀元二千六百年記念事業計画　4
社会教化に精進――奈良県下各宗代表の協議会　4
女子の勤労団体　4
中江藤樹　四　柴田甚五郎　5
話材教材　銃後の女性へ　加藤　咄堂　5
寄贈　5
教化町村運動　
教化村振興懇談会記　長野　6
教化町村の振興過程を示すヂオラマ五景　6
地方色点描　6


## 第二〇〇号　一九三八（昭和一三）年五月二一日

地方自治制度とその教化的意義（上）　大島　正徳　1
事変下の海軍記念日を迎へて　1
銃後に於ける経済更生と教化（完）　丹羽　四郎　1
目指す徐州へ急進撃の皇軍（＊写真）　1
年中行事五月　1
事変下の海軍記念日――全国黙禱と空陸大行進　2
教育教化の実践化――集団的行動に留意せよ　学務部長会議　文相訓示　木戸　幸一　2
燦たる世紀の覇業――〝航研機〟新記録樹立　2
都市教化講習会――六月廿一日より六日間神戸市に開催　2
教員官公吏の制服と洋装礼式の日本化――学務部長会議で論議　2
本会彙報　2
寄贈雑誌　2
教化時評三則　高島　米峰　3
話材教材　回々教来る（上）　加藤　咄堂　3

教化町村運動
教化村振興懇談会　鳥取　4
教化町村幹部連合協議会　秋田／山形／新潟　4
更生途上の教化町村を巡る　富田　文雄　4
地方色点描　4
かうすれば貯金できる――大蔵省からお手本を配布　5
経済戦に打ち勝つ途銃後貯蓄を要望――賀屋蔵相が大獅子吼　5
月々の俸給は天引知事さんも手弁当――宮城県の勤倹貯蓄運動　5
日の丸弁当で貯蓄――大阪の高槻小学校　5
軍需景気の増収全部強制貯金に――大阪府が関係工場に呼びかける　5
貯蓄の大々的奨励運動――台湾総監府金融課が中心に　5
美はし銃後の隣人愛　5
鹿児島／三重県／新潟県／和歌山／山梨県／大阪府　5
勇士の家を護る――残された老母と幼女二　親身も及ばぬ温い情け　5
橿原神宮〝神域拡張奉仕〟勤労報国に奮ら――奈良県下若人群の総動員　6
第十九回「時」の記念日挙行　6
全国司法保護事業大会　6
日本主義に立脚――朝鮮基督教連合会結成　6
役場焼失の禍を転じ挙村一路更生へ　6
仏教徒各種事業連盟結成　6
神職が社会教化の第一線に　6
納税報国運動――三重県下各地で催す　6
夏休みを短縮――中等学生を勤労奉仕に動員　6

**第二〇一号**　一九三八（昭和一三）年六月一日

言論　組織と実践と　1
銃後教化の諸問題（一）　福島　繁三　1
軍旗を捧じて徐洲入城の皇軍　ほか（＊写真）　1
近衛内閣大改造を断行　戦時体制強化に対処　1
地方自治制度とその教化的意義（下）　大島　正徳　2
国民精神総動員貯蓄報国強調週間――来る六月廿一日より一週間　2
教育勅語渙発五十周年　2
第一回全国安全週間――要綱決定さる　2
六月年中行事　2
国民精神総動員都市教化講習会受講者募集要項　2
指導の一元化が急務――部落指導に関する内務・文部・農林関係官懇談会　3
話材教材　回々教来る（下）　加藤　咄堂　3
本会彙報　3
教化町村運動
事変下の教化と私の村　長山　吉次　4
教化村になつてから村がどう変つたか？　中学校児童に聴く――秋田県下北手校の試み　4
教化町村短信　4
部落常会から家庭常会に教化善導の実あぐ――長崎県で県下

町村に勧奨　4
教化指定町村などを増置――教化網の完成　4
お隣り同士が協力――五人組制度の〝防犯隣保会〟　4
部落常会を徹底！――三原市の銃後対策　4
中江藤樹　五　柴田甚五郎　5
新刊図書
加藤咄堂氏著『戦争と信仰』／大久保弘一氏著『知識階級
に与ふ』　5
寄贈雑誌　5
夏期休暇の五日間学生に勤労訓練――集団作業実施要項　6
力づよき勤労奉仕――農繁期・協力一致を強調　6
村の若者の修養殿堂雲月庵道場成る――秘められた一挿話　6
五十年の貯金により疲弊の村から再興　6
銃後の娘は強し――三人の兄に代つて耕作　6
記帳の活用で赤字から黒字へ　6
本年度の教化指導計画――台中州で決定　6

**第二〇二号**　一九三八（昭和一三）年六月一一日

戦争と女性　三輪田元道　1
銃後教化の諸問題（下）　福島　繁三　1
秩父宮殿下戦跡御視察（＊写真）　1
寺院に於ける社会教化留意要項決定――宗教局長よりも趣旨
徹底方通牒　2
時局の伸展に伴ひ宗教団体を督励　2
仏教連合会主催の各宗教学部長時局協議会　2
国民貯蓄奨励標語募集　2
銃後教化に関し本会調査会委員の所見　2
新段階に処する中央連合の対策――理事を新たに増員強化　2
本会宮沢四郎書記内黄攻略戦に護国の華と散る　2
本会彙報　2
国民精神総動員都市教化講習会受講者募集要項　2
七月七日近づく事変一周年　物・心を総動員――一菜主義、
一戸一品を献納等忠霊に感謝の式典　3
救護活動と教化　和田　豊作　3
教化町村運動
男女青年団とも知事より表彰――光栄の愛知県吉田町　4
四週年を迎へて　立花彦四郎　4
岡山県に於て二種の協議会開催　4
江南の大地を培ふ〝農芸報国〟の一団――長期戦へ若人は起
上る　4
中堅青年養成地方道場――青年北海道の建設へ　4
農村へ挺身――青年官吏の集団勤労　4
酒呑み部落から模範部落へ　4
北海道庁に国民貯蓄組合を結成　4
手不足の銃後農村に少年労力奉仕団結成　5
銃後家庭の長期戦　5
貯金組合の結成を慫慂――長期戦対応の京都府教化団体　5
肇国創業の精神に生くる祖国振興隊の活動――宮崎県教化団
体連合会　5

雄々し軍国の妻——夫への令状届けんものと深夜の荒海を乗切る　5
九十四翁も敢然——銃後の奉仕に一肌　5
涙ぐましい銃後の護り——全耕地を村で部落で管理　5
老村長陣頭に力強き銃後の村　5
飲んだつもりで膨れる貯金箱　5
曾ての赤の闘士銃後の友を戒む——鉄兜に蘇る祖国愛　5
中江藤樹　六　柴田甚五郎　6
話材教材　積善の人、原田嘉朝翁（上）　加藤　咄堂　6


### 第二〇三号　＊未見

### 第二〇四号　一九三八（昭和一三）年六月二一日


銃後国民の教化　藤村　益蔵　1
戦争と女性（二）　三輪田元道　1
徐州郊外ラマ塔の警備（＊写真）　1
教化時評三則　高島　米峰　2
寺院教化留意要項——大学で教材に使用　2
本会彙報　2
寺院に於ける社会教化の留意要項　3
支那事変勃発一周年記念実施の注意要項　4
銃後が捧ぐ光の家　傷痍、帰還軍人の〝援護館〟新設　4
銃後女性の鑑——勇士の家に覆面の贈物　4
一勇士の戦場に奮ひ起つアイヌ部落　4
指導方針を掲げ〝総動員〟の実践へ　4
時の記念日に功労者表彰——兵庫県教化団体連合会から　4
鹿児島教化連盟大会——県下市町村長学校長らを招集　4
胸打つこの赤心——前線勇士と銃後の妹　4
日本精神高揚の研究会を組織——国民思想強化に邁進　4
兄二人に代つて大人も及ばぬ働き　4
教化町村だより
勤倹貯蓄模範村——島根県で二例を発表　4
旅行貯金を愛国貯金に——根上町浜校で　4
一鍬毎に「赤誠」——建国奉仕隊結成式　5
皇国振興隊　5
農林省から選ばれた模範勤労奉仕班　5
地方色点描　5
中江藤樹　七　柴田甚五郎　6
話材教材　積善の人、原田嘉朝翁（下）　加藤　咄堂　6


### 第二〇五号　一九三八（昭和一三）年七月一日


日本の組織の無限界性　紀平　正美　1
戦争と女性（三）　三輪田元道　1
アメリカ空軍の大演習／中牟附近の氾濫（＊写真）　1・4
我が村の国民精神総動員　我が村の教化事業と銃後の後援に就て（上）　枝松　五六　2
海外短信　2

誌上応接室　神社祈願は憲法違反か　高島米峰・解答　2
寸尺感話　もつと遣ひたい言葉　古賀幾次郎　2
本会彙報　2
物資総動員強調週間――七月下旬から八月下旬まで全国的に
断行　3
出征家族は安泰「給料全額」の掩護――夫々支給期限を延長　3
国民精神総動員地方教化関係幹部講習会開催要項　3
国民貯蓄奨励入選標語発表　3
話材教材　長期抗戦は敗滅への一路　加藤　咄堂　4
教化町村運動　昭和十三年度教化村の活動――秋田県教化事
業連合会　4
更生の雄島村小さき手になる　4
童心に刻む事変――吉田校の掲示板教材　4
愛国の赤誠を一筋に〝国婦〟と〝愛婦〟合同への一歩　5
国民精神総動員実践網を結成す――山口市で全世帯を動員　5
全支部へ「親善書」――本野愛婦会長が通達　5
孝明天皇奉祀仮殿の地鎮祭――京都平安神宮で　5
団体勤労　5
力強い下駄履行進――革飢饉に国策風景　5
町内会強化に五人組を復活――堺市で案を練る　5
半島人ばかりで振興隊を結成　5
兄弟勇士の留守を護る家主と元主人　5
国民精神総動員朝鮮連盟発起人会開催　5
〝銃後の家〟を増設――市軍事援護課で決定　5
高杉晋作記念碑完成　5
地方色点描　5
旅をして感ずる　田部　重治　6
新刊図書　鹿島守之助著『帝国外交の基本政策』　6
寄贈図書　6

## 第二〇六号　一九三八（昭和一三）年七月一一日

畏し記念日に勅語を賜ふ　1
内閣の告諭　近衛　文麿　1
言論　国家総力への集中　1
三陛下御黙禱　1
事変一周年に際し全国民に訴ふ　近衛　文麿　1
戦争と女性（完）　三輪田元道　2
畏し宮中の御範――数々の物品御節約　2
銃後に迎へた一周年全土に漲る愛国譜――一汁一菜一品献納
徹底　2
我が村の国民精神総動員　我が村の教化事業と銃後の後援に
就て（下）　枝松　五六　2
寸尺感話　もつと遣ひたい言葉　古賀幾次郎　2
オール代用品時代　国民生活も戦時体制へ――経済戦に備へよ　3
皇后陛下の御仁徳国民感動の記念――各地方長官からの言上
書を厚生省で一冊に収録　3
夏こそ鍛錬の時期――文部厚生両省銃後へ呼びかく　3
本会彙報　3
誌上応接室　3

リュシコフ大将の思想　斎藤　晌　4
広東市街の敵防禦砲火（＊写真）　4
短波特輯　4
国民精神総動員都市教化講習会日記　5
神戸市湊区の教化施設観察報告――都市教化の現地講習を了へて　5
教化町村運動
長期奮闘を誓ふ幹部連合協議会――大分、福岡両県で開催　6
山田・蘭牟田両村の懇談会　鹿児島　6
教化村の青年を対象に森林道場を開設――銃後山林資源培養へ　6
家庭教化常会教化町村に設置――長崎県で勧奨　6
見よ教化村にこの実例　焦土に起ち上つた中野部落――貯金更生の尊き記録　6
神興村長逝去　6
本年度の指導計画　高知県／長崎県　6
全県下に細胞組織――兵庫県下で大教化網　7
銃後活躍を統制――高松市に自治教化や防護実践網を　7
萩に「精神塾」を建設――第二の吉田松陰を育成す　7
国策に順応して仏徒一斉に起つ――本会の寺院教化留意要項を実践　7
男耕し女が植付く――労働合理化の烽火　7
大分、中津両市の自治振興懇談会
田尻卍宗老師の奇篤　7
戦傷の勇士と結婚しませう――国婦が媒介斡旋に　7
隣保相助の模範――天童町に貯金朗話　7
美し銃後の隣人愛――不幸な勇士の家にこの奉仕　7
嬉し銃後の護り――〝勇士の妻病む〟に町内総動員　7
児童は手製の草履――水分村の申合せ　7
地方色点描　7
中江藤樹　八　柴田甚五郎　8
話材教材　中元と盂蘭盆　加藤咄堂　8

## 第二〇七号　一九三八（昭和一三）年七月二一日

教育時事二論　入沢　宗寿　1
長期戦に対処し国民精神総動員を単一強化――宣伝実施基本計画を変更　1
掃海隊の機雷爆破（＊写真）　1
教化時評三則　高島　米峰　2
消費節約徹底を期し民間諸団体を総動員――盛り上る国民運動へ　2
読者諸氏に謹告　2
本会彙報　2
国民心身鍛錬運動実施要綱案決る　3
公有林を開放して学校林を設定――二千六百年記念事業　3
短波特輯　3
世界大戦の思出と銃後の独逸国民　エリーズ・アツケルマン　3
教化町村運動
教化町村振興懇談会　滋賀県／山口県　4

教化行進曲 4
遺族の相互扶助——御下賜金の全部を基本金に力強い〝靖国会〟生る 4
我が村の国民精神総動員　理想郷の建設へ（上）　柴田孫太郎 4
愈よ汗の奉仕へ——今日から一日五百人を動員〝集団勤労〟要綱決る 5
全市民を動員勤労奉仕隊——津山市に結成さる 5
数珠を持つ手に鍬——銃後教化と勤労奉仕 5
各宗派を総動員——天津に教化連盟結成 5
神社を通じて皇国精神発揚——第一線に乗出す神職 5
貯蓄の実行期だ　組合の結成や〝梅干日〟の設定——頼母しい銃後の報国ぶり 5
出征軍人家族団福島で生る 5
地方色点描 5
赤誠こもる献金——戦傷勇士の妻女が 5
応召家族状況簿——松江市が適時の試み 5
中江藤樹　九　柴田甚五郎 6
話材教材　山の崇仰と山の征服　加藤咄堂 6

## 第二〇八号　一九三八（昭和一三）年八月一日

時局下に於ける敬神奉公の実践（上）　吉田　茂 1
読者諸氏に謹告 1
峨々たる山嶮を苦闘の進撃（＊写真） 1
教化力を益々鞏固に！　全国教化組織の整備強化 1
中央教化会館建設を延期——国策線に沿い理事会で決定 1
本会彙報 1・4
国学の復興と日本精神　久松　潜一 2
短波特輯 2
事変一周年に際し関係者の奮進要望——本会加盟団体に通牒 3
厳粛なる勅語捧読式——長期戦に対して愈々決意を固む 3
中国地方町村教化講習会開催——鳥取県大山・大山寺にて 3
本会派遣皇軍慰問使井上文成君に感謝状を贈る 3
水禍の神戸へ見舞 3
我が村の国民精神総動員　理想郷の建設へ（下）　柴田孫太郎 4
教化町村運動
昭和十三年度教化町村指定府県決定——北海道外四府県 4
正に第二次計画に入る福島の教化町村——全県下を風靡する五年の成果 4
橿原村第二期五ケ年計画 4
奈良徳島本年度指定教化町村設定打合会開催 4
事変下に勇奮・村更生の決意を堅む——沖縄県下の教化宣誓式 5
暑熱も物かは勉強に汗だく——佐賀県教化村幹部の集り 5
十三年度教化町村施設一覧近く発行 5
勤労奉仕班を単位に銃後に「長期建設」——生産拡充を確立して奨励 6
隠岐神社御造営に神国勤労挺身隊の集団奉仕 6

盲人も勤労奉仕　6
学生の勤労奉仕（*写真）　6
小楠公の菩提所を精神道場に――建設奉仕隊の早くも活躍　6
明治の佳節期し国民体育大会――銃後に示す若人の意気　6
献身奉公の運動――高雄州で方針を決定　6
北京在留邦人も精神総動員運動――実践事項など決定　6
国民精神総動員釜山連盟結成　6
東京府に社会教育課新設　6
地方色点描　6
「土の精神」に生きよ――石川で農民道場を開設　6
事変を機として村に滞納者なし――和平に輝く（秋田）山田村　6
〝赤誠の鍬〟力強し――柏崎傷兵療養所着工式　6
勇士の遺家族慰問　6
思想国防研究部――国民精神文化研究所内に誕生　転向の闘士等も精進　7
国民精神総動員協議会――福島で開催　7
読む話　紙の再生　7
世界大戦の思出と銃後の独逸国民　エリーズ・アッケルマン　7
中江藤樹　十　柴田甚五郎　8
話材教材　富士山の信仰　加藤咄堂　8

**第二〇九号**　一九三八（昭和一三）年八月一五日

現下の新生活論（上）　暉峻義等　1
天皇陛下航空廠行幸／海の荒鷲の威容／我が高射砲部隊の活躍（*写真）　1・2・5
読者諸氏に謹告　1
時局下に於ける敬神奉公の実践（下）　吉田茂　2
ニュース籠　2
本会彙報　2
各省連合の下に時局問題協議講演会並懇談会全国各地方別に開催　3
想へ！関東大地震――早くも巡り来た十五周年記念日　3
銃後後援強調週間――十月五日から国民総動員　3
第拾五回「酒なし日」挙行　3
各家庭から公募〝物の利用更生展〟　3
国民の生活様式改善運動の実践へ――総動員中央連盟で決定　4
我が村の国民精神総動員　銃後に処する教育者の態度と児童並に村民の活動（上）　吉田貞吉　4
北海道・東北地方町村教化講習会要項受講者募集　4
戦争の建設的意義　小島威彦　5
教化町村運動
恵まれぬ奥山の人々を医療する保険組合――大滝村（埼玉）に建設　5
広島県下の協議座談会　5
三業組合婦人の銃後活動　5
所感A　朝鮮人の内地渡航問題　金相洪　5
霊地高野山に於ける講習会修行日記　6
中国地方町村教化講習会講師決定す　6
積り積つた飯米貯金――純朴な山村に貯金の手本　6

麗はしき隣人――寄る辺なき勇士の四児に親身も及ばぬ世話　6
一家の大黒柱となる二少女　6
肩に〝赤誠の器具〟――建具修理に奉仕　6
出征の主人一家を譲る――少年店員の涙ぐましい活動　6
僧侶を中心に国民精神総動員講演協議会　6
復興精神の振作に邁進――兵庫県教・連理事会を開き水害対策を樹立　7
五人組・十人組の組織を強化――経済戦対処懇談会で強調　7
国策を中心にして教化運動の強化拡充――岐阜県、指導方針を通牒　7
地方調　7
女子義勇隊――宇治山田市で組織　7
精・総朝鮮連盟で全部落に組織網を拡大　7
全鮮思想報国連盟支部結成大会――平壌新公会堂で挙行　7
台南州勤労隊結成――川村知事を隊長に作業　7
ヨム話　村の賞勲制度　7
世界大戦の思出と銃後の独逸国民　エリーズ・アツケルマン　8
話材教材　勤労奉仕と共同の精神　加藤　咄堂　8
伊太利人の手で日本神道史　8

**第二一〇号**　一九三八（昭和一三）年九月一日

言論　回顧と反省　1
銃後教化の完璧を期し緊急全国協議会を開催――九月五、六日文部省大会議室にて　1
現下の新生活論（下）　暉峻　義等　1
我等の生活を定めるもの――婚姻の成立に因みて　戸田　貞三　2
鄱陽湖上堂々進撃の我艦隊／盟邦の青春使節／ソ満国境で分捕ったソ連戦車／事変国債第五回売出し（＊写真）　2・4・7
銃後後援強化週間――傷兵保護院と教化関係者の打合会を開催　3
洋服も着物も大改良〝国民服〟いよ〳〵制定へ　3
大陸同胞の精神的中枢北京に神社創設　3
社会教化と紙芝居　大島　正徳　3
本会彙報　3
岡田東京府知事本会理事就任　3
興隆日本の農村教化　笠森　伝繁　4
北支農村教化十年計画樹立　4
教化町村短信　4
所感B　幸福な内地住居の半島同胞其他　金　相　洪　4
交換学生の日本観　斎藤　晌　5
ニュース塔　5
鈴を振る桑野安太郎翁（一）――町内会の先達　永竹　浩洋　6
我が村の国民精神総動員　銃後に処する教育者の態度と児童並に村民の活動（下）　吉田　貞吉　6
北海道・東北地方町村教化講習会受講者募集　6
〝聖戦記念会館〟を傷つき病む勇士に贈る　7
関東大震災十五周年記念講演会　7
五人組・隣保制度で活躍　7
頼もし学童部隊――三年半も前から集団勤労　7

在留邦人一致団結し総動員運動愈々実施――天津地方委員会組織　7
貯金出来る人出来ない人　7
朝鮮京城便り　7
ヨム話　豆鉛筆の話　7
地方調　7
恩田木工先生の思想と業蹟　大平喜間多　8
話材教材　全体主義への趨向　加藤　咄堂　8

## 第二一一号〈銃後後援強調号〉

一九三八（昭和一三）年九月二五日

銃後の護りは断じて我等の手で　赤誠誓ふ教化の戦士――全国緊急協議会の成果　1
献身奉公を絶叫――重要議題を俎上に早くも息詰まる緊張　1
銃後の固き護りを決誓――一同宮城靖国神社等へ参拝　1
駐外派遣軍慰問感謝電報　1
実施要項の羅列は愚――必行事項に全力を注げ教化網の完成こそ急務　2
物より心が第一　銃後後援と教化――週間をお祭り騒ぎに終らせるな　2
畏し皇室の御仁慈　前例なき厚き思召し――時局下御精励の御日常　本多猶一郎　2
全国教化連合団体銃後対策緊急協議会協議事項　2
銃後確保の熱誠吐露――第二日最高潮に達した本会議　3
戦線銃後を結ぶ赤誠　安んぜよ出征将兵各位――未曾有の成果を収め全日程終了　3
宣言　全国教化連合団体銃後対策協議会　3
傷兵保護事業について　岡田　文秀　3
清浦会長へ総代見舞す　3
（＊標語）国を護つた傷兵護れ　ほか　3・4・5
本会彙報　3
銃後後援強化週間に於ける施設要項　中央教化団体連合会　3
銃後後援強化週間の実施に就て　高橋　敏雄　4
軍事援護事業に就て　吉富　滋　4
傷病兵の保護と国民教化　持永　義夫　5
各地の銃後施設と完璧の教化陣――第二日の地方状況報告
銃後生活の確保　秋田喜十郎　6
遺族へ職業補導　松井　教爾　6
各種団体の摩擦を避け銃後の完璧を期す　山田　義雄　6
社会教育委員の活躍　岸　三郎平　7
経済戦強調に紙芝居の活用　岩上　維精　7
貯蓄報国に邁進　矢田　茂夫　8
木炭製造を通し時局認識へ　田中　耕一　8
軍事援護団を組織　松本　政雄　8
国策紙芝居「銃後の華」梗概　9
傷痍軍人成功美談集　9
名誉の遺家族に支那事変出征記念農地を――武勲は光る自作の土　10
一時的感情は駄目――傷痍軍人の花嫁教育　10

国民融和教育の徹底を期し教育教化者の奮起を要望　10
嬉し勇士の更生――白衣を脱いで職業戦線へ　10
第十四回大日本連合青年団大会　10
国民外交の使命を果して丸山鶴吉氏帰朝　10
地方色点描　10
全国小学校ヨリ募集傷痍軍人優遇感謝入選標語　10
陸の荒鷲徳安市街を爆撃／瑞昌城壁に書かれた支那用スローガン（＊写真）　10・11
傷痍軍人に就て　林　仙之　11
銃後婦人の務め　武藤能婦子　11
再起奉公祖国に報ひん一路更生に邁進する――白衣の勇士たちを訪れる　12
伯耆大山に於て国民精神総動員運動の戦士訓練を目指した講習会　12
戦傷兵士の胸に輝く記章　12

## 第一一二号〈銃後々援強調号第二輯〉

一九三八（昭和一三）年一〇月一日

頼もしき国民たれ――本会主催銃後対策緊急協議会に於る荒木文部大臣訓辞　荒木　貞夫　1
大詔渙発十五周年記念日を中心に国民精神作興週間――十一月十日を「克己」精励日に　1
国民精神作興週間要綱　中央教化団体連合会　2
国民精神作興週間に就て　清水　芳一　3
本会彙報　3
（＊標語）仰げ日の丸たゝへよ傷兵　ほか　3・5・6
銃後後援強化週間実施に際し教化関係者に望む　山崎　巌　4
軍事援護事業の概要（昭和十三年九月）　厚生省臨時軍事援護部　4
英霊への感謝と銃後後援の徹底　中村　明人　5
街頭に銃後後援を強調　全国一斉に大講演会　5
傷兵保護院の事業　5
傷痍軍人成功美談集　6
皇室と軍事援護事業　6
全国民一分の黙禱――靖国神社臨時大祭　7
東京府連合会の懇談会施設の万全を期す　7
忠魂を継いで烈々報国の団結　7
半島の感激！「志願兵の母」――これぞ半島女性の鑑　7
教化団体協議　7
失明軍人に新職業　7
銃後の十則――五ケ村の申合せ　7
伸びる日本は東北振興からの意気に燃えたる――町村指導者の懇談会　7
地方色点描　7
国民精神総動員町村教化講習会要項　7
時評　チエツコ問題と日本報道機関　小島　威彦　8
ニュース塔　8

## 第二二三号　一九三八（昭和一三）年一〇月二三日

靖国神社臨時大祭に聖上陛下英霊に御親拝　1
事変下に於ける教育教化　小尾　範治　1
聖慮畏し軍人援護に優渥なる勅語を賜ふ――御内帑金三百万円下賜　1
興隆日本の農村教化　笠森　伝繁　2
国民精神作興週間とその実践要目――国民克己精励日の設定　財団法人中央教化団体連合会　2
十一月十日詔書捧読式挙行――十五周年記念日の催し　3
十一月十日「国民克己精励日」――国民みな戦士長期建設への進軍　3
実践事項の徹底に関し加盟団体に通牒　3
戦時下町村振興に燃えるが如き決意――徳島県に於ける町村教化講習会終る　3
本会彙報　3
国民精神作興週間実施要綱　3
教の国荘内　菅原　兵治　4
教化時評三則　高島　米峰　5
ニュース塔　5
教化町村運動
本年度指定教化町村相次いで宣誓式挙行――愈々活動の第一歩に入る　奈良県／徳島県／大阪府　6
教化町村幹部連合協議会　長期戦下に一段の発奮を誓ふ　熊本県／宮崎県／三重県　6
教化町村振興懇談会　和歌山県　6
和歌山、三重両県で部落常会講習会開催さる　6
半島を挙げて全鮮一斉に実施――朝鮮の精神作興週間　7
武運長久の祈願――銃後々援週間の第一日　7
失明勇士の戦友愛　見えぬわが身忘れ同僚労る――白衣に輝く初の表彰　7
傷兵保護員発行の絵葉書　7
政・民両党協力して国民精神作興運動へ　7
〝大陸の花嫁〟に「岩手女性」を懇望　7
日本教育紙芝居協会の活動　7
地方色点描　7
恩田木工先生の思想と業蹟　大平喜間多　8
皇軍バイアス湾に上陸（＊写真）　8

## 第二二四号　一九三八年（昭和一三）年一一月一日

祝漢口陥落長期建設への進軍　1
十月二十七日午後六時三十分大本営陸海軍部公表　1
大詔渙発十五周年に際して所感を述ぶ　清浦　奎吾　1
回顧十五年新なる発足へ　松井　茂　1
（＊標語）国民みな戦士　ほか　1・4
言論　新段階対処への道　2
国民を作興して長期建設戦に邁進せよ　荒木　貞夫　2
国民精神作興週間に就て　横溝　光暉　2

奉公木の植樹　河原　春作　3
祝漢口陥落（＊俳句）　竹　斎　3
予想される当日の盛儀――記念式準備全く成る　3
記念会次第　3
武漢三鎮陥落に際し挙国・奮起を望む――新東亜の建設に陸海大臣談　板垣征四郎／米内光政　3
禁酒・禁煙の断行　高島　米峰　4
国家総力戦に対処すべき旺盛なる精神力を涵養――事変下国民精神作興週間を迎ふ　4
大詔渙発記念報徳会大会　4
日本精神作興歌　4
国策紙芝居「国民みな戦士」解説　5
十一月十日「国民克己精励日」――国民みな戦士長期建設への進軍　5
共同奉仕作業の実施　国民精神作興と勤労奉仕　栗原美能留　6
国民精神作興週間とその実践要目――国民克己精励日の設定　財団法人中央教化団体連合会　6
無敵皇軍へ捧ぐる感謝と長期建設への自覚昂揚――多彩なる各地の作興週間
東京府／石川県／香川県／長野県／大阪府／広島県　7
東京府主催の武装大行進――一日神宮外苑に集合　7
国民精神作興体育大会――準備に拍車を加ふ　7
北京の総動員週間　7
天津は総動員大会　7
地方色点描　7
精神作興と大陸教化　加藤　咄堂　8
長期建設の首途に国民精神作興詔書渙発十五周年を迎ふ　池田　宏　8
海の荒鷲爆撃行　ほか（＊写真）　8

## 第二一五号　一九三八（昭和一三）年一一月一五日

国民精神作興に関する詔書渙発十五周年式典　大詔奉礼の感激を新にし一路長期建設に邁進　1
祝辞　近衛文麿／平沼騏一郎／松平恒雄／荒木貞夫　1
長期建設への進軍　全土に高鳴る烈々たる国民の意気――国民精神作興週間
北海道／青森県／福島県／富山県／石川県／埼玉県／東京府／千葉県／栃木県／山梨県／岐阜県／滋賀県／三重県／和歌山県／奈良県／京都府／兵庫県／徳島県／鳥取県／山口県／長崎県／佐賀県／鹿児島県／沖縄県／朝鮮／台湾　2
本会々長式辞　清浦　奎吾　2
銃後の護りは固し／皇軍崇陽目指して進撃　ほか（＊写真）　2・3
本会彙報　2
長期建設と大陸経営　下村　宏　3
東亜新秩序建設へ帝国不動の方針声明　3
教化町村運動
教化町村幹部連合協議会　各町村の教化陣――心強き銃後の固め　静岡県／愛知県／宮城県／岩手県／青森県　4
千葉県に於ける教化村決定す　4

教化町村だより
浪曲「銃後のまもり」部落常会で公開――徳島県の南井上村 4
三千二百町の沃野を救ふ――出東外六村の農水事業 4
教化町村施設展覧会素描 5
ニユース籠 5
鈴を振る桑野安太郎翁（二）――町内会の先達　永竹　浩洋 6
市の教化指定連区名古屋が全国のトツプ切る――八連区中心に教化網 7
正しい拝礼の法――まづ学童から教へる 7
主婦の一念誉の〃赤襷隊〃 7
青年の指導教化へ戦線の体験活用 7
傷兵の妻の道 7
紙芝居で国策を 7
報徳主義を遵奉――みよ銃後に起ち上る晴れ姿 7
山梨県に於ける国民精神総動員協議会 7
国民精神作興のリーフレツト配付 7
米の婦人宣教師両婦人会に入会 7
地方色点描 7
教の国荘内（二）　菅原　兵治 8


## 第二一六号　一九三八（昭和一三）年一二月一日


長期建設と国民の覚悟（上）　野村吉三郎 1
進む陸戦隊（＊写真） 1
興隆日本の農村教化　笠森　伝繁 2
軍事援護事業精神的方面に未だし 2
理事横田秀雄博士（＊訃報） 2
本会彙報 2
郷土岩手水沢の地に前会長斎藤子爵の銅像――盛大裡に除幕式挙行 3
防共二周年の実結ぶ――日独文化協定成る 3
英霊の名を高め新たな生活へ――未亡人で靖国の家会 3
新潟県の教化村幹部講習会――広済寺で二泊三日の山籠 3
年末賞与を国債で支給――全国的に運動を教化 3
新刊紹介　栗原広三著『実用日本薬草学』に就て 3
教化町村運動
教化町村経営の先達富山と石川の幹部協議会 4
教化町村施設展覧会開催　出品目録 4
教化町村だより
村人の胸打つ健気な働きぶり――出東村少年赤十字団 5
長野県二ケ村の集ひ 5
教の国荘内（三）　菅原　兵治 6
新しき土を目指し分村や分郷計画――銃後農村の更生を計る 7
「銃後生活刷新班」の実行要目を配布――殷賑産業関係者へ要望 7
経済戦強調週間――十二月十五より二十一日まで 7
対馬に模範部落――「記帳の家」制度を設く 7
静岡県静浦村の国民精神作興週間村常会 7
武漢治維会成立――二十五日晴れの発会式 7
沖縄県各市町村に社会教育主事を 7

市民是五項——岡崎市で呼びかく 7
全部落一丸となり長期の共同炊事 7
小学校区域別に〝誉れの会〟を創立 7
地方調 7
民族・国家・個人 斎藤 晌 8
短波特輯 8

## 第二一七号 一九三八（昭和一三）年一二月一五日

興隆日本の農村教化 笠森 伝繁 1
元旦の朝十時国民奉祝時間 1
歩哨 ほか（＊写真） 1・4
長期建設と国民の覚悟（下） 野村吉三郎 2
九州人吉（熊本県）にて町村教化講習会開催 2
本会彙報 2
今事変の御府御造営聖慮畏し戦没将兵の上に 3
〝護国神社〟と奉称——全国各府県に忠魂を祀つて 3
農村指導研究会——文部、内務、農林からも出席 3
融和事業懇談会 3
那覇市に町内会及実践班成結 3
働く人の生活体験文募集 3
斎藤子爵銅像除幕式に参列して 飯田 久恒 3
高松市で自治組合長会 3
メーメル問題とナチスのウクライナ進撃 小島 威彦 4
教化町村運動
佐賀県中通村の指導者講習会 4
青森県教化村幹部視察講習会 4
長崎県にて『教化町村実績概況』刊行 4
国策線に協力し隣保協力の誓い——連区常会振興大会の宣言 5
お友達のお墓へ手向の読本朗読——奉仕する純情クラブ 5
松葉杖の勇士に捧ぐ乙女の純情——自ら進んで結婚話 5
軍隊式、赤紙で「勤労奉仕班」招集——模範部落、於福村上田代 5
五人組奉仕班 5
部落常会に横の連絡 5
地方色点描 5
教の国荘内（四） 菅原 兵治 6

## 第二一八号 一九三九（昭和一四）年一月一日

迎春辞 1
東亜新秩序の建設と国民の覚悟 松井 石根 1
昭和己卯宸題朝陽映島（＊漢詩） 米峰道人 1
事変第三年を迎へて 松井 茂 2
国民精神総動員運動の展望 香坂 昌康 2
畏し拝賀も元日のみ——新年宴会も御取止 2
昭和十四年の教化問題——着眼は高く、着手は低く 加藤 咄堂 3
教化運動の新指標 関屋 竜吉 3
東亜新秩序と日独文化協定 鹿島守之助 4

東亜新秩序の建設　東亜経綸の指導原理我が肇国精神に淵源
（一）——新民主義に就て　藤沢　親雄　4
長期建設と我国の財政　汐見　三郎　5
日支国交調整の根幹政府劃期的声明発表——近衛内閣総理大
臣談　近衛　文麿　6
長期建設に対処する——基督教の教化運動　6
大日本連合青年団新陣容成る　6
銃後責務遂行に生活改善を徹底　6
五人組を復活し防犯組織へ応用　6
融和問題研究会　6
教室に英霊を祀る——戦死した級友の兄に児童が捧ぐる赤誠　6
明朗北京風景／長春に新春を迎ふ（＊写真）　6・7
教化町村運動
山口、広島両県下に於ける教化町村連合協議会　7
部落常会の普及に邁進——広島県下の国民精神総動員協議会　7
関東地方町村教化講習会——二月上旬霊地成田町にて　7
紙芝居に折紙をつく　7
教化指導第一線に隠れた人格者を求め所属団体が講師登録　7
遺勲さらに輝く戦没軍人の遺族会——名古屋市で設立準備　7
五ケ年計画で教育振興会　7
短冊の門松を飾る　7
貧乏村から金持ち村へ　7
理想的な村営結婚　7
本会関係者消息　7
地方色点描　7
新年頭の誓願——今後の支那をどうするか　高島　米峰　8
ニュース塔　8
東亜の建設と日本文化　松本　学　9
国家改新の大道と新東亜の建設（一）　佐藤　賢了　9
事変下に第二の新春を迎えて——新護国思想　矢吹　慶輝　10
長期建設下の農村　小野　武夫　11
勅題を覆誦し奉る（上）　国府　犀東　12

**第二一九号**　＊未見

**第二二〇号**　一九三九（昭和一四）年一月二一日

言論　昨日今日更に明日へ　1
平沼内閣出現の意義　守屋　栄夫　1
本会関係者異動　1
お断り　1
創立十五周年を偲びて
事変下に迎へた十五年躍進の後も目覚しく更に新たなる段
階に邁進　2
尽きせぬ歓談に創立十五年を偲ぶ——一月十五日の記念会　2
本会功労者に会長より感謝状——松井理事長挨拶
十五年会史を繙く　松井　茂　2
創立当時を思へば驚くべき今日の降盛　加藤　咄堂　3

教化総動員と教化団体の活躍　下村　寿一　3
国民と共にあれ　泉二　新熊　3
山川会長出馬迄の苦心　今泉　定助　3
教化網完成のため全国的組織企画　小浜　浄鉱　4
今にして知る教化団体の底力　高島　米峰　4
農村更生は教化が先行　持永　義夫　4
国家改新の大道と新東亜の建設（一）　佐藤　賢了　5
東亜新秩序の建設　東亜経綸の指導原理我が肇国精神に淵源
（二）——新民主義に就て　藤沢　親雄　5
教化町村運動　6
□□□□《不明》教化町村指定　本年度指定全部終了　6
北海道に於ける教化村指定打合会　6
徳島県下教化町村宣誓式　6
まづ赤字退治だ——指定村日根野の意気　6
県内有力者を網羅して高知香川の国民精神総動員協議会　7
新機軸を出した高知・香川両県の教化町村視察協議会　7
紙芝居「がんばり村」（梗概）——大蔵省国民貯蓄奨励局指導　7
時局認識を目指し愛媛県各教化町村の巡廻指導講習会　7
銃後施設優良教化村富民協会より表彰　7
岩手県御明神村の幹部講習会　7
国民赤誠の再編成銃後奉公会生る　8
第七回台中州社会教化委員大会開催　8
私立青年学校振興展覧会開催　8
「国民儀礼章の用ひ方」に就て　8
全村歩調揃へて進め生活改善へ　北般若村　8
金沢に隣保教化班　8
沖縄一の貧乏部落が更生　8
長崎全県に部落常会——両市には都市実践網　8
寄贈図書　8・10
地方色点描　8
八紘一宇の精神闡明日本精神発揚週間——二月五日より実施　9
建国祭家庭奉祝「梅の節句」のお奨め　9
全国八地方別に銃後教化対策傷兵保護協議会を開催　9
大学教授連で「思想研究懇談会」　9
白衣勇士援護に愛婦と国婦と合同懇談会　9
ニュース塔　9
教の国荘内（五）　菅原　兵治　10


## 第二二一号　一九三九（昭和一四）年二月一日


感謝し尊敬し合う社会の建設　1
教化時評　高島　米峰　1
難関突破の一大勇猛心を振起せむ　後藤　文夫　1
東亜新体制に対処　大陸に進出せよ　池田　純久　2
東亜経綸の指導原理我が肇国精神に淵源（三）——新民主義
に就て　藤沢　親雄　2
紀元の佳辰　繰り展げらる、建国大絵巻　3
建国祭の施設要項　3
梅まつり　3
建国祭「梅の節句」童謡懸賞募集　3

市民三万の行進――岡山市の建国祭行事　3
千葉市でも紀元節に大行進　3
銃後の女性――鹿児島県始良郡山田女子青年団　3
放送演芸と教化　小野賢一郎　4
教化町村運動
鹿児島県に於ける教化町村振興懇談会　4
埼玉県教化村連合視察協議会　5
静岡県興津町にて中部地方町村教化講習会開催　5
一回の慰問袋より十回の慰問文が――帰還勇士より銃後へ　5
一市町村に一基――忠魂塔建設方針決る　6
〝土〟を護る愛村運動　6
本会彙報　6
寄贈図書　6
短波特輯　6
護国神社の聖域を精神教化の殿堂に　福井県　6
愛知県教化事業協会で加盟団体の懇談会　7
台中州社会教化指導者講習会　7
台北州教化連合会で教化劇の脚本募集　7
佐賀県教化連合会の精神発揚週間　7
国家改心の大道と新東亜の建設（三）　佐藤賢了　7
地方色点描　7
農村生活改善着手の個所　岸田軒造　8

## 第二二二号　一九三九（昭和一四）年二月一五日

生活改善の原理　1
教化時評　高島米峰　1
神国の道（一）　大倉邦彦　1
東亜経綸の指導原理我が肇国精神に淵源――新民主義に就て　藤沢親雄　2
戦時下日本精神発揚週間　建国創業を偲び興亜の決意新た――全土に高鳴る日本精神発揚の譜
北海道／山形県／宮城県／栃木県／千葉県／神奈川県／新潟県／石川県／長野県／山梨県／兵庫県／和歌山県／鳥取県／香川県／徳島県／熊本県／宮崎県／佐賀県／朝鮮／台湾　3
聖戦下に寿ぐ建国祭――帝都の慶祝図絵　3
建国祭奉祝の夕　3
寒風も何のその相搏つ立郷の熱意――埼玉県大滝村常会見学記　来正生　4
九州地方町村教化講習会――熊本県人吉町にて開催　宿泊籠城の五日間　5
和やかな裡にも町村振興の堅き決意――関東地方町村教化講習会終る　5
千葉県下指定村開設宣言式　5
銃後教化対策傷兵保護協議会――全国八地方に順次開催　6
三周年を迎へて意義ある催し――愛知県下の教化町村　6

銃後教化の内容拡充──愛知教化事業協会 6
岡山県連合会総合──二月十三日に開催 6
教化美川町の振興計画 6
中央融和事業協会参与会 6
教化強調週間教化村大会開催　兵庫県 6
禁酒を誓言した浅瀬石村の青年団 6
村から貯金奨励金──東能勢村を表彰 6
社会教化到底に隣保班を組織　金沢市 6
報徳式の「建直し」 6
図書寄贈に就ての御願ひ 6
時事解説　教化活動促進が眼目──宗教団体法案に就て 7
傷痍軍人の職業指導──傷兵保護事務打合会 7
国防献金七千七百万円 7
ニュース塔 7
教化と国民歌曲　堀内　敬三 8
国民歌六篇発表さる 8


## 第二二三号　一九三九（昭和一四）年三月一日


陸軍記念日と国民融和日 1
国民の忍苦と力試し　村川　堅固 1
本会役職員動静 1
総動員運動の徹底は先ず組織の整備が肝要──二月十五日貴族院予算総会に於ける松井理事長の質問　松井　茂 2
時局に対応した改組強化を断行──率直な平沼首相の答弁
東亜経綸の指導原理我が肇国精神に淵源（完）　平沼騏一郎 3
神国の道（二）──新民主義に就て　藤沢　親雄 4
政府と民間の一元化──国民精神総動員中央連盟の改組拡充　大倉　邦彦 4
「母の日」週間──地久節を中心に 5
陸軍記念日の行事実施方針 5
第三十六回理事会 5
今月の行事 5
事変下再び陸軍記念日を迎へて今こそ当時を想起せよ 5
教化町村運動 5
五ケ年の苦闘に対し選奨式を挙行──石川、富山、兵庫、長崎の各県 6
〝婦人常会〟も活躍し疲弊から起上つた村　浅瀬石村 6
教化村苗村に開いた幹部連合協議会 6
家庭内の神前結婚──静浦村の生活改善 6
銃後教化対策傷兵保護協議会松江・松山にて開催──陸軍記念日の行事として 6
貯金倍加運動を部落常会で申合す 6
教化振興の成案を秘め心の糧に参禅三昧──中部地方町村教化講習会終る 6
地方教化自彊部落寮成案　松田寅十郎 7
霊前に偲ぶ──二・二六三周年 7
台湾神社外苑に国民精神研修所成る 7
東亜新秩序運動──北、中支一斉に開始 7

農村振興へ――晋北政府乗り出す 7
台湾の優良教化部落 7
長崎県で八町村教化協議会 7
ラヂオドラマ「爆音」（一） 伊藤 章三 8
時局と映画演劇（一） 小林 猷信 8

## 第二二四号　一九三九（昭和一四）年三月一五日

教化常会の健全なる生長の為に 1
長期建設と持久教育 小野 武夫 1
教化時評 時局と母性 市川 源三 1
五人組法規から見た徳川幕府の教化政策（一） 石川 謙 2
本会彙報 2
清麻呂公の銅像――東京大手門外芝地に建設 3
入学期に際し新調を控えよ――東京府から〝節約〟の通牒 3
内親王殿下御誕生／新宮様御命名の御儀 3
戦死者遺児に給費向学の途を拓く――将校婦人会の美挙 3
国民精神総動員融和週間実施さる 3
ニュース塔 3
ラヂオドラマ「爆音」（二） 伊藤 章三 4
時局と映画演劇（二） 小林 猷信 4
銃後教化対策傷兵保護東北地方協議会――二、二七秋田市にて開催 5
静岡市にて中部地方協議会 5
福井市にて北陸地方協議会 5
興亜早春に迎へた陸軍記念日 5
千葉県で全村教化懇談会 5
広島県で部落常会指導者講習会 5
報徳精神講演会 5
教化町村運動
　五ヶ年の感謝・選奨と第二期振興計画を打合す――石川・富山の選奨並協議会 6
　半島人常会もあつて福井県下教化村の視察協議会 6
部落常会運営方法について 大和 七郎 7
教化町村だより 7
　鶏・兎・豚を増殖――教化村苗校の施設成る 7
　教化太田村の美風 7
　禁酒断行で躍進の道 7
　教化更生祭 7
地方色点描 7
紙芝居の教化的利用と其の名称に就て 8
新刊紹介
　咄堂氏釈『碧巌録大講座』／井上哲治郎氏著『東洋文化と支那の将来』 8

## 第二二五号　一九三九（昭和一四）年四月一日

町村と宗教家への切望 1
日本精神を興亜精神へ　興亜精神を世界精神へ 加藤 咄堂 1
年中行事四月 1

教化時評　高島　米峰　1
ドイツの東漸と欧州政局　鹿島守之助　2
ニュース塔　2
教化団体の振興に関し松井理事長の重大質問――予算委員会
第三分科会に於て　松井茂／荒木貞夫　3
〝精動〟体制整備　委員会官制・委員決定――本会古谷幹事
委員会幹事被仰付　4
国民精神総動員中央連盟新陣容成る――本会松井理事長も理
事に就任　4
国民精神総動員委員会官制――昭和十四年三月廿八日　4
後鳥羽天皇七百年祭記念講演会開催さる　4
天長節奉祝実施要項成る　4
端午の節句を中心に――第十三回全国児童愛護週間　4
四月七日愛馬の日に支那事変軍馬祭挙行　4
第八回禁酒禁煙遵法週間　4
常夏の島から　伊豆　凡夫　4
昭和十四年度事業計画概要　5
雑誌『常会』の創刊と興亜教化対策の樹立――十四年度本会
予算決定　5
青年層を総動員農山漁村の実質的に充実強化　5
役職員動静　5
常会指導の指針雑誌『常会』の発刊　精動運動の新展開に呼
応常会の普及徹底に拍車――早くも各方面に異常の反響　6
本会教化問題調査会規定――去月二十九日理事会にて決定　6
教育紙芝居筋書の懸賞募集　6
図書寄贈に就ての御願ひ　6
銃後遺族家族家庭強化対策ニ関スル希望意見（抜萃）
厚生省臨時軍事援護部　6
教化町村運動
輝く選奨に感激し更に第二次計画に邁進――兵庫・長崎の
教化町村選奨式　7
県下町村に率先教化村の使命を高揚――鳥取県教化村幹部
連合視察協議会　7
扶桑村の婦人講習会　7
二級から一級に飛躍北海道の二教化村　7
沸き挙る各地の「常会」熱
〝常会〟の地域拡大相互の自治・産業等の福利に貢献――
〝総動員〟に新動向　8
広島県下全体に第一回指導者講習会――町内会部落常会開
設を目的として　8
青森県教化村常会幹部の講習会　8
総親和力強し！――修養団の総動員大会　8
予期の成果を収めて――千葉県主催全村教化懇談会　8
安行村長逝去　8
銃後教化対策傷兵保護協議会　中国地方／四国地方　8

**第二二六号**　一九三九（昭和一四）年四月一五日

言論　精動新発足の首途に立つ　1
総親和・総努力（一）　蓮沼　門三　1

国民精神総動員新展開の基本方針　1
五人組法規から見た徳川幕府の教化政策（二）　石川　謙　2
興亜大業の翼賛――四月十二日「精動」の第一声　3
朝鮮総督府内に斎藤子の銅像――二十二日除幕式挙行　3
銃後家庭教化の歌――愛国婦人会の懸賞募集要項　3
本会加盟団体緊急主務者会開催――五月五・六日東京にて　3
早くも応募原稿――教育紙芝居の筋書募集　3
本会彙報　3
銃後遺族家族家庭強化対策ニ関スル希望意見（抜萃）
厚生省臨時軍事援護部　3
ラヂオドラマ「爆音」（三）　伊藤　章三　4
貯めよ！百億――本年度国民貯蓄奨励方策　4
部落常会の実情――石川県河北郡宇ノ気村字指江
大和　七郎　5
直ぐ役立つものを目標に雑誌『常会』の準備進む――七月一日創刊号発行　5
寄贈雑誌　5
全土に挙る常会開設の声
長野県／長崎県／徳島県／久留米市／宮崎県／愛媛県／福井県／那覇市／広島県／大分市／金沢市　6
全市に「連区常会」を徹底――大名古屋市の教化網整備　7
教化協同の三周年――飛躍途上の神戸市湊区　7
「区役所常会」を結成――名古屋市東区の示範　7
優良部落常会に奨励金　7
勤労作業準正科に　7
浄めの雨霽れて新殿に神鎮まる――畏し隠岐神社鎮座祭と式年祭　7
ニュース塔　7
時局とスポーツ　川本　信正　8
新刊紹介
朝原梅一氏著『社会教育学』／菅原兵治氏著『農士道』／斎藤晌氏著『日本思想の将来性』ほか　8

**第二二七号**　一九三九（昭和一四）年五月一日

時局認識と物資活用消費節約の徹底方策を決定――内閣精動委員会総会　1
時局認識徹底方策　1
興亜大業の翼賛　平沼騏一郎　1
物資活用並に消費節約の基本方策　2
総親和・総努力（完）　蓮沼　門三　2
年中行事五月　2
地方調　2
産業報国連盟改組――府県単位の地方連合会結成　3
教化問題調査会第一回総会　3
英霊に一分の黙禱――靖国神社臨時大祭　3
参与を増員講師を常置――本会の人的整備進む　3
加盟団体緊急主務者会日程決定　3
審査委員決定詮衡に着手――紙芝居筋書の懸賞募集　3
愛知県教化事業協会の本年度事業計画概要　3

本会彙報　3
新映画　日活多摩川作品「土」梗概　4
寄贈雑誌　4・7
ラヂオドラマ「爆音」（五《ママ》）　伊藤　章三　4
宇部市に於ける常会としての報徳会　村瀬　貫一　5
廃品回収に関する政府統制・方針決す　5
婦人の生活更新運動――鹿児島県下着々実績を挙ぐ　6
半島に於ける精動運動――朝鮮連盟機構整備　6
五人組制度の高度化――市町村の活動単位として活用　6
新たに事務局設け〝精動〟への拍車　6
農道精神を体す耕心塾　盛岡市　6
国の鎮め（＊写真）　6
お丶懐しの温顔――生けるが如き斎藤子の坐像　盛大な除幕式挙行　6
欺瞞的イデオロギー　斎藤　晌　7
ニュース塔　7
四季花絶えぬ――常夏の宝庫　伊豆　凡夫　8
新刊紹介　清水安三氏著『朝陽門外』　8

**第二二八号**　一九三九（昭和一四）年五月一五日

言論　精動実践の途　1
国民精神総動員の新展開と時局の認識　松井　春生　1
精動の新展開に対処する教化担任者の決意全し――多大の成果を収めた全国加盟団体主務者会議　2
各方面の絶讃裡に雑誌『常会』の誕生近し――乞期待七月一日の創刊号　4
創刊の辞／内容示例　4
教育紙芝居筋書懸賞募集　当選者決定――一等無く二等六名入賞　5
春風吹き初むる北海道の開設宣言式　5
本会彙報　5
地方調　5
皇国海軍の威容を宣揚――第三十四回海軍記念日行事　5
小学校教員を総動員家庭に浸透を計る――川口市の総動員運動　6
節酒節煙を励行――七日を〝時局生活の日〟東京府　6
〝健康週間〟実施さる　6
民間初の農民塾――朝鮮緑旗連盟で開設　6
輝く篤行者を表彰　6
政府・内外施設に邁進――長官会議で所信徹底　6
共同労働班を組織　6
貯金報国二万人――海員たちの心意気　6
老後も楽し紙芝居――永いお役人生活から街頭へ　6
欧洲の危局を概観して　米田　実　7
ニュース塔　7
懸賞募集入選作品　教育紙芝居筋書「友愛商店」　田中　竜男　8
寄贈雑誌　8
新刊紹介
鹿島守之助氏著『ビスマルクの外交政策』／住田正一氏著

『中学時代』　8

第二二九号　一九三九（昭和一四）年六月一日

日本人の修養　下村　寿一　1
学生生徒御親閲の栄――畏し勅語を給う　1
六月年中行事　1
本会彙報　1
加盟団体主務者協議会出席者名　1
五人組法規から見た徳川幕府の教化政策（三）　石川　謙　2
興亜教化問題懇談会開催さる　3
教育紙芝居懸賞募集当選作品の作品化――次の二篇に決定
「軍人の子供」「征く日まで」　3
群馬県に於ける〝常会〟講習会　3
第二十回時の記念日挙行　3
教化町村運動　第一期の奮闘を讃へ第二次の発足を祝福――
昭和九年度指定の教化町村　3
懸賞募集入選作品　教育紙芝居筋書「軍人の子供」　鈴木　泰芳　4
第三十八回理事会　4
教化問題調査会第二回総会　4
精動本部の事務連絡員会　4
教化町村だより
第一次計画完成に際し佐賀県教化主任者会　4
教化振興を期して多比良町で努力事項設定　4
寄贈雑誌　4
奥山・坂上両氏を囲んで朝鮮・台湾に於ける「銃後活動」を
聴く座談会（一）　古谷敬二／加藤咄堂／奥山仙三　5
姓の内鮮一体へ前進――戸籍令を全面的改正　6
頼もし勤労報国組合――銃後に奮起の園部町民で結成　6
社交規約を制定して銃後の生活刷新に拍車　6
部落民の団結で負債苦を切抜く――〝精動〟時代の感激篇　6
「五人組制」を放送　6
部落常会まづ基準村へ整備　6
早乙女五人で編成――田植の移動労働班　6
農村の〝長男教育〟　6
常会で貯蓄奨励／一宮実業の鍬体操／精動の別働隊生る／傷
痍軍人の先生／主婦を総動員／司法省が暑休廃止　6
戦争に勝つために進め！百億貯蓄へ――十五日から貯蓄強調
週間　7
本年度物動計画確立す――綜合国力の培養に邁進　7
寄贈雑誌　7
お断り　7
ニュース籠　7
国民娯楽の浄化と向上　権田保之助　8
新刊紹介　石川翁農道要典編纂会編『石川翁農道要典』　8

第二三〇号　一九三九（昭和一四）年六月一五日

言論　雑誌『常会』の創刊　1

日本婦道の確立　井上　秀子　1
畏し聖上陛下水田に親しく御植付　1
第五回都市教化指導者講習会――七月十七日より五日間名古屋に開催　1
五人組法規から見た徳川幕府の教化政策（四）　石川　謙　2
傷痍軍人に五訓「錬磨克服世の儀表たれ」　3
満ソ国境ノモンハンに於ける外豪不法越境軍を撃退中の我が〇〇部隊（＊写真）　3
七月七日全国民黎明に祈念――事変二周年の行事と運動　3
令旨奉体・結核予防へ大国民運動を展開　3
俸給、賞与の貯蓄率を殖して進軍――今月から増額実施　3
三上参次氏急逝さる　3
矢吹慶輝博士（＊訃報）　3
寄贈雑誌　3・7
奥山・坂上両氏を囲んで朝鮮・台湾に於ける「銃後活動」を聴く座談会（二）
小野寺俊児／奥山仙三／伊藤博／坂上福一／石川貞右衛門　4
在日華僑と懇談――神戸市に於ける興亜教化問題懇談会　5
横浜に於ける興亜教化問題懇談会　5
中国・四国地方町村教化講習会――七月中旬愛媛県小松町にて　5
労力不足を補う農業報国移動班――農繁期に〝五人組〟活躍　6
半島婦人に礼儀作法「同胞会」を組織――本堂を道場に開放　6
誉れの託児所表彰さる――香川県の二教化村　6
始政記念日を中心に国語普及強調週間を設定　台中州　6
五人組制度を活用――銃後農村の勤労動員　6
広島県下全町村長に常会の講習をした地方課の大馬力　6
大阪府下の教化村懇談会　6
モンペと筒袖主義――銃後婦人の生活を再編成　6
男子に劣らぬ女子農民道場――宮崎県にて計画中　6
農業実習の際は国旗掲揚　6
ニュース籠　6
精動の新展開と社会教育の革新　樋上　亮一　7
地方色点描　7
敬礼に就て　斎藤　晌　8
『常会』創刊記念原稿募集要領　8
主婦学の勉強に女子青年三十万を動員――ドイツの娘達に労働奉仕令　8
本会彙報　8

**第二三一号**　一九三九（昭和一四）年七月一日

言論　戦時態勢化の生活刷新　1
事変経済の現状と今後（一）　阿部　賢一　1
七月年中行事　1
五人組法規から見た徳川幕府の教化政策（完）　石川　謙　2
本会彙報　2
『常会』原稿募集要領　2
空・水・陸に火を吐く――事変二周年を記念する攻防演習　3
有栖川宮記念厚生資金表彰　3
享楽のない帝都――事変記念日の自粛　3

〝全国民一日戦死の日〟――その覚悟で迎へよ事変記念日　3
公私生活の徹底的革新へ――精動特別委員会で決定　3
歌と絵葉書で陸軍の〝聖戦二周年〟計画　3
消費節約徹底に「隣り組」利用――物価委員会で決定　3
男爵山川建氏理事に就任　3
地方色点描　3
奥山・坂上両氏を囲んで朝鮮・台湾に於ける「銃後活動」を
聴く座談会（三）　加藤咄堂／坂上福一　4
新雑誌『常会』官民挙げての絶讃裡に力強く創刊さる――
常会運動に一転機を劃す　5
常会を県下に徹底　長野県　5
秋田県では教化村を先生に常会講習会　5
教化町村運動　旱天に慈雨を齎した新潟県下教化村幹部連合
協議会　5
教化問題調査会第三回総会　5
教化町村だより　自慢の二つ七万俵の米と寄生虫なき村民
島根出東村　5
秋山照禅氏講師に就任　5
盛夏・神都宇治山田市にて全国教化関係幹部講習会――八月
三日より七日迄五日間開催　5
全国教化関係幹部講習会開催要項　5
実践行動衆の模範たる「精動延身隊」を編成　6
鉦叩いて共同田植――費用の半分を節約貯金　6
白衣勇士を紙芝居で慰問　6
満洲土産話　開拓地の多産多死は親の飲酒が因　6
新五ケ年計画を編成　満洲国、生産力増強へ――極東の新情
勢に対処　6
京都府と鳥取県に社会教育課新設　6
ニュース籠　6
〝精動〟徹底に紙芝居利用　6
街の護り　木札の急使――各戸に「隣保救急鑑」を備付　6
「銃後家庭教化の歌」作曲募集　6
児童の手になる学校常会　6
精神指導者錬成講習会　6
逞しい精神力涵養　6
国民徴用令の内容――人の総動員完璧を期す　7
大陸に於ける占領地区の思想戦　7
寄贈雑誌　7
懸賞募集入選作品　教育紙芝居筋書「日本の女性と銃後の護
り」　浅井藤一　8
第五回都市教化指導者講習会開催要項　8
中国四国地方町村教化講習会開催要項　8

**第二三二号**　一九三九（昭和一四）年七月一八日

言論　地下百尺　1
新世界秩序の黎明とその主体（上）　石津照璽　1
事変経済の現状と今後（二）　阿部賢一　1
奥山・坂上両氏を囲んで朝鮮・台湾に於ける「銃後活動」を
聴く座談会（四）　坂上福一／加藤咄堂／奥山仙三　2

粛然一億の黙禱――誓ひも新た興亜の栄　3
松井博士を迎へ福島県教化村開村式を挙行――一郡一村を目標に　3
「軍事保護院」創設さる　3
「取締」から「自覚」へ――事変下大学生の指針　3
理事懇談会　3
地方調　3
懸賞募集入選作品「銃後に咲く華」　鈴木　隆一　4
懸賞当選作の紙芝居近日出来　4
寄贈雑誌　4
日華親善は相互の理解より――長崎に於ける興亜教化問題懇談会　5
本会彙報　5
教化町村運動　郷土更生に尽した戦士の努力は遂に報ひらる――岡山県教化村選奨式並懇談会　5
全国教化関係幹部講習会開催要項　5
共同炊事で栄養理想郷へ――香川県氷上村に凱歌　6
相次ぐ社会教育課の新設　6
中等小学校職員に断髪せよの命令――丸坊主時代　6
時局総務局岐阜県に設置　6
買ふ人売る人造る人の心得――物価騰貴の抑制策　6
春繭景気に天引貯金　6
全土に張る常会進軍譜
文部省主催で部落常会幹部の萱平で講習会開く　6
町内常会強化――精動実行部対策成る　6
部落常会の指導を地方の中堅人物に　6
常会網整備へ――熊本県知事訓令で促進　6
部落常会強化幹部講習会　6
銃後生活の刷新――大分県庁の精動常会　6
革新は先づ町会から　6
常会振興の心得　広島県比和町　6
木極りの生活刷新案　7
露営の灯に血も滲む尊き二年の戦史――来春には編纂の運び　7
勤労と体力の増進向上に関する方策きまる――精動委員会の決定　7
勤労の増進・体力の向上に関する基本方策　7
ニュース籠　7
大歩危・小歩危　小泉　英一　8
旱天に雲霓を望む『常会』に寄せる感激の嵐――相踵ぐ連日の大註文に転手古舞ひ　8
創刊を機に雑誌『常会』披露の会　8

## 第二三三号　一九三九（昭和一四）年八月一日

新秩序への宗教的使命（一）　宇野　円空　1
新世界秩序の黎明とその主体（下）　石津　照璽　1
興亜の大業と日本農村　笠森　伝繁　2
畏し皇后陛下の御仁慈――ノモンハン戦死者に有難き賜物　2
八月の年中行事　2
精動徹底・町村振興を期し町村教化講習会を開催――八月中

・下旬札幌市にて　2
本会彙報　2
炎暑と闘う五日都市教化指導者の精進――名古屋で第五回講習会終る　3
対支認識是正、皇軍に協力　英・画期的転向を明示――七月廿四日日英両国政府公表　3
精動錬成講習会終る　3
八月一日から廿日迄国民心身鍛練運動実施さる　3
遺族の相談相手　3
第五回国民精神総動員報徳式指導者講習会　3
傷痍軍人援護の特別施設を設定――昭和九年度指定の三十六町村　4
宇治山田の全国講習会受講申込殺到――数十名に参加見合せ方依頼す　4
教化問題調査会七月例会　4
教化町村運動　霊鳥仏法僧鳴く三河鳳来寺村で愛知県教化町村連合協議会　4
地方調　4
暑熱を克服して知・行の道を邁進――中国四国地方講習会緊張裡に終る　5
時間励行へ――文部省の精動実行案　5
郷倉旧藩時代の農村の護り――今にも残るその〝精神〟　5
借金村から滞納ない村――宮城県福岡村の更生　5
島根県教化団体連合会代議員会　5
忠霊顕彰会の方針を決定――〝一日戦死〟の俸給献金　6
〝眠れる宝〟探しに大陸へ資源調査隊　6
店員修養会開く――佐賀商議所で計画　6
興亜精神修養運動――北京の意義深い行事　6
目覚まし「五人組」銃後農村へ活を入れる　6
〝黄紙〟の召集令――徳島県大津村の挺身奉仕隊　6
軍港都の護りに学校・会社に自衛団　6
見よ！更生の姿――傷痍軍人は引張り凧　6
大陸のお友達へ贈る親善図画　6
誇りは健康――島根県女青団員の婚礼合理化運動　6
〝精動〟十戒配布　6
国民の実生活に即した国策遂行のため――世界最初〝物の国勢調査〟行る　7
五十億を遂に突破――劃期的の〝郵貯行進譜〟　7
寄贈雑誌　7・8
ニュース塔　7
教化映画と娯楽映画　桑野　桃華　8

**第二二三四号**　一九三九（昭和一四）年九月一日

時局下に於ける選挙　田沢　義鋪　1
新秩序への宗教的使命（二）　宇野　円空　1
戦場の労苦を偲ぶ「興亜奉公日」設定さる　1
佐藤信淵の国家思想　一　小野　武夫　2
年中行事九月　2
平沼内閣総辞職　大命阿部大将に降下――直ちに組閣工作開始　3

実施項目制定に当りて　有馬　良橋　3
「奉公日」は敬虔に　国民精神総動員中央連盟　3
大震災から十七年――事変下三度目の震災記念日　3
神都で心身鍛練――宇治山田市に於ける全国教化関係幹部講習会　4
震災を偲んで記念式並講演会開催　4
聖旨を奉体　銃後の援護を徹底――忠霊顕彰や遺家族慰安等
十月三日から強化週間　4
銃後後援強化週間実施大綱　4
興村の決意も堅く知行修練に精進――北海道地方の町村教化講習会終る　5
東北地方町村教化講習会開催――九月中旬盛岡市にて　5
本会予定行事　5
地方色点描　5
新潟県連合会長中村知事逝去　5
寄贈雑誌　5・8
本会彙報　5
連区常会を通じて銃後の市民訓練――名古屋市に成人教育調査会　6
経済部常会発会――下級吏員の声を聴く　6
常会の呼集に竹法螺を活用す　6
市町村に常会指導――精動の第二次運動に　6
銃後関係にも賜はる今事変の「従軍記章」御治定　6
第二回戦時生活刷新指導者講習会　6
愛国班創立運動――精動平南連盟で計画　6
麗しの内鮮一体――出征農家へ同胞の加勢　6
傷痍軍人へ贈る「厚生道場」――祭壇と花壇のある神殿造り　6
沖縄に「お母さん学校」　6
台湾に於ける精動研究会――台中州教化会館にて開催　6
昭和十四年度青年教育賞論文募集　6
蓄音器レコード献納運動　6
事変下に於ける選挙粛正運動に就いて　内務省地方局　7
頼もし銃後報国の象徴　7
ニュース籠　7
高砂族教化の根本方針を明示――理蕃政策の力強い要綱　8
精動に井戸組を復活――北海道庁が新案を実施　8
教化町村運動
常会の視察を主に和歌山県教化町村幹部視察協議会終る　8
福島県の教化町村県常会――八月十六日橿原村で開催　8
教化町村だより　政争から明朗へ――〝教化村に指定されて四年〟一変した真中村　8

**第二三五号**　一九三九（昭和一四）年九月一八日

東亜の開展と汪兆銘（一）　田中　香苗　1
生活刷新二題　堤　康次郎　1
佐藤信淵の国家思想　二　小野　武夫　2
支那新中央政府を援助　事変処理完遂を期す――阿部内閣新政綱発表　3
時局と大震火災　松井　茂　3

銃後々援強化週間に協力方を要望――加盟団体長並教化町村長宛通牒 3
（＊標語）よき人を挙げて銃後の御奉公　ほか　本庄　繁 3・4
軍人援護と国民の協力 4
汪兆銘を首席に推戴 4
支那派遣軍総司令部設置 4
蒙疆新政府誕生 4
公共施設や運動場開放――第二回興亜奉公日の行事 4
戦争景気に眩むな――精動中連声明 4
後醍醐天皇六百年祭典 4
寄贈雑誌 4
教化町村運動
模範村山田村を会場に香川県教化村幹部連合視察協議会開催 5
神奈川県に於ける教化村設定打合会 5
徳島の各教化町村振興懇談会を開催 5
老若男女が唱和し得る「常会の歌」の懸賞募集 5
本会彙報 5
関東、中部地方町村教化講習会開催要項 5
農村の対立一掃は部落常会中心で遂行 6
負債整理の積極策を部落常会中心に徹底 6
報国貯金は三倍に増額 6
常会制を活用――東京府の精動振起対策 6
部落代表中心に座談会開く 6
精動の〝突撃部隊〟朝鮮各道に推進隊新設 6
広島に町内常会――隣保扶助を強調続々結成 6
新しき五人組制 6
紙芝居見ながらをばさん達の精動 6
文部省教学局で懸賞論文募集 6
お台所改善の村／小学校に興亜教室／全村民が丸坊主／模範の道路愛護村／台湾の国民貯金 6
欧洲大戦勃発す！　ダンチツヒ奪還目指し独・波領に侵入――英仏遂に宣戦布告 7
北欧七国中立声明 7
英仏の宣戦布告 7
欧洲大戦に介入せず事変解決に邁進――帝国政府態度闡明 7
深刻！欧洲第二次大戦　血と科学の争覇戦――英仏・独伊の軍事的実力 7
礼の高揚　久志卓真 8
戦争景気の一面に避けられぬ物資難――農山漁村は覚悟が必要 8

## 第二三六号〈銃後々援強化特輯号〉

一九三九（昭和一四）年一〇月一日

言論　真剣勝負の心構へ 1
東亜の開展と汪兆銘（二）　田中香苗 1
年中行事十月 1
佐藤信淵の国家思想　三　小野武夫 2
東京府市の銃後々援強化週間行事 3
教化団体代表者懇談――九月二十六日軍事保護院主催 3
強化週間に当り各団体の行事 3

秋の九段に還る英霊——合祀者一万三百七十九柱 3
委員長に杉山大将——靖国神社臨時大祭 3
傷痍軍人の大量雇傭——民間大会社より申込続く 3
戦没将兵遺族の負債整理に乗出す——福島の週間行事 3
本会役職員動静 3
本会理事野村大将外相に就任 3
軍人援護の精神 児玉 政介 4
（＊『読売新聞』当選標語） 4・5
昭和十三年十月三日内閣総理大臣ヲ召サレ賜ハリタル軍人援護に関スル勅語 4
新に生きるの道——傷病将士諸君に 加藤 咄堂 5
寄贈雑誌 5・8
誌上講演 世界の変局と日本 松本 忠雄 6
ニュース籠 7
教育紙芝居「戦死の母」 8
興亜の礎銃後の護り 捧げよ感謝護れ銃後 軍事保護院 8
教化町村運動
本年度指定教化町村決る——神奈川・群馬・岐阜 先ず設定を了す 9
輝かしき四年の業績——広島の講習会 9
更に第二次計画へ——秋田の教化村 9
寂静の幽境に町村教化の決意も堅し——東北地方講習会盛会裡に終了 9
十月、本会予定行事 9
傷痍軍人の立場より 林 仙之 10
銃後後援事業について 市川 房枝 10
「常会の歌」懸賞募集 10
傷痍軍人雇傭委員会組織——銃後感謝の補導陣 11
戦没者の慰霊祭——宮崎江平運動場で執行 11
生活の相談・病人の看護に家庭訪問婦を設置 11
傷痍軍人の職業再教育——学校工場に委託して 11
銃後強化に部落常会 11
銃後後援強化協議会福岡県の教化団体で 11
県外の優良町村視察へ——長崎県教化団体連合会で 11
特別指導員と常会指導町村 11
婦人常会で理想の健康村へ 11
全村民が生徒——学校で勉強 11
学童から慰問作品を送る／聖戦二年廃品箱二年／土に生きる柴内校／青年校で市場開設／半島人の青年団 11
関東、中部地方町村教化講習開催要項 11
団体生活刷新の体験 岡本 寿一 12
波蘭分割の歴史 12

**第二三七号** 一九三九（昭和一四）年一〇月一五日

物価賃金等の引上禁止に就て 武部 六蔵 1
東亜の開展と汪兆銘（完） 田中 香苗 1
佐藤信淵の国家思想 四 小野 武夫 2
十月十一日国民精神作興詔書渙発記念日——週間行事は本年取止め 3

国民精神作興に関する詔書渙発記念日　3
教化問題調査会十月例会　3
新春御題　迎年祈世　3
十一月の興亜奉公日強調事項　3
軍人援護は物資より精神が先行――岡山県軍人援護講演協議会　3
秋気清き早暁教化村指定奉告祭執行　神奈川県吉田島村　3
本会彙報　3
精動強調全国教化連合団体協議会開催要項　3
教化町村と銃後後援　流石！先進教化町村水も洩らさぬ銃後陣――富山、石川、三重、兵庫、岡山の各地巡る　4
誌上講演　世界の変局と日本　松本　忠雄　6
ニュース籠　6
一郡一町村選んで精動指導の模範村を建設　7
精動委員を任命――東京市に一万人の網　7
明治節奉祝実施要綱　7
便利な共同炊事――米子専門店街で開始　7
遊撃隊つくり部落を総動員　7
熱意の納税紙芝居　7
滋賀県で〝五人組〟の歌　7
三峰山に修行の五日　教化前進の歩固め全し――関東中部地方講習会盛況裡に終る　7
電気瓦斯倹約のお願ひ　8
半搗か七分を原則白米禁止を断行――今月中総動員法を発動　8
地方調　8

## 第二三八号　一九三九（昭和一四）年一一月一日

言論　精動と教化運動　1
分の組織　山本　勝市　1
佐藤信淵の国家思想　五　小野　武夫　2
年中行事十一月　2
国民精神作興詔書渙発記念日行事展開　3
詔書捧読式並講演会開催要項　3
聖上、靖国神社に行幸――畏し英霊に御親拝　3
新嘗祭を期して新穀感謝祭挙行さる　3
隣保精神の徹底により銃後後援の強化を図れ――大分県の講演協議会　4
結婚様式は簡素に――長崎生活改善実行連盟提唱　4
本会彙報　4
国民精神総動員近畿地方町村教化講習会　4
精動強調全国教化連合団体協議会（開催要項）　4
教化関係者を動員　宣伝から体当りへ――精動の方向転換福島　5
島根県教化団体連盟会幹部講習会開催さる　5
第九回佐賀県教化連合会総会　5
半島人にこの赤誠――五人組制度をめぐる内鮮融和　5
主婦会が精動に一役　5
教訓尊し〝奉公館〟　5
減額県税は貯蓄へ　5

教化町村だより
精動・実践網の整備――教化村の組織ぶり 5
企画部を設置――山田村の指導陣 5
物心一如の教化――更生一路の檀紙村 5
振興委員会が活躍――縦断組織の高室村 5
島根の教化村で朝鮮の青年吏員が勉強 5
歳暮贈答は全廃〝締れ師走〟の猛運動 6
例外規定に大童――「九・一八物価」釘付令の種々相 6
円価を弗価に連繫――弗リンクとは何か 6
ニュース籠 6

## 第二三九号〈全国教化連合団体協議会精動強調特輯号〉

一九三九（昭和一四）年一二月一日

興亜の理想を目指し教化全線の士気旺盛――成果を挙げた全国協議会 1
国民精神作興に関する詔書捧読式講演会盛大に挙行 3
東亜新建設と国民精神の作興 加藤 咄堂 3
各地の銃後施設と教化全線の完璧陣――熱誠溢るゝ各地の現地報告
全県下を常会で振興 角田誠一郎 4
農村は貧乏せず教化指導が先行 森田 熊吉 4
町村指導には組織が第一 丸山 仙吉 4
四つの重要教化対策 山田 義雄 4
目覚ましい教化団体の活躍 斎藤 久吉 4
常会振興に主力 松田寅十郎 5
祭祀を中心に教化 宮崎左止三 5
物心両方面の拡充 深美菊太郎 5
三大目標に驀進 森本 鶴松 5
幹部が一心同体――村の磁石として活躍 田辺 福松 5
婦人常会の活躍 津幡 隆 5
出征家族の教化 片桐 竜興 6
全村教育要目に各団体が協力邁進 増森彦兵衛 6
日常生活に即応 黒瀬 斉 6
全村一元下を企画 有友寿次郎 6
指導者の捨我の精神を昂揚 渡辺 四郎 6
教化本来の立場に還れ 鶴田 定治 6
五百二十回に亙る常会の体験 入倉 善三 6
凡ゆる問題は教化の対象 佐藤 広治 6
生活改善で農村を救済 田中 平吉 6
五人組を整備 芝田末次郎 7
常会で難村を救う 宮原多三郎 7
大正天皇を偲び奉りて（上） 渡辺 世祐 7
佐藤信淵の国家思想 完 小野 武夫 8
「常会の歌」懸賞募集当選発表――一等二篇 三等一篇入賞 新沼幾曾夫／西川好次郎／梅田健 9
本会彙報 9
教育紙芝居脚本の懸賞募集――軍事保護院の後援を得て 10
教化町村と銃後後援 現地と結ぶ美はしい風景――長崎県矢上村の銃後活動 10

十二月本会行事　10
傷痍軍人に関する申合せ実行事項　10
長崎の指導者講習会参会者六百名　10
九州地方町村教化講習会鹿児島市にて開催――十二月五日より九日まで五日間　10
虚礼を絶やせ――東京府の年末年始粛正　11
神奈川県教化団体連合会第五回総会　11
宮城に今事変の御府――忠烈を永く偲ばせ給ふ思召　11
遠く大陸からも奉献――全国に新穀感謝祭　11
佐賀県社会教育課新設に決定　11
軍人家庭へ感謝の稲刈――内鮮一体の奉仕　11
教化村記念会　11
地方色点描　11
教化町村運動
　神奈川県玉川村の宣誓式　11
　新教化村の協議会――栃木県の二ケ村で　11
標語懸賞募集／物資活用の考案並に実例募集　11
米の搗精度と栄養　榊原　平八　12
ニュース籠　12

**第二四〇号**　一九三九（昭和一四）年一二月一五日

興亜の大業と国民精神　河原田稼吉　1
大正天皇を偲び奉りて（下）　渡辺　世祐　1
紀元二千六百年祝典の全貌　宮城外苑で式典――行幸、行啓仰ぐ十一月十日紀元節祭は大祭に　3
軍人援護施設の実際を見学――軍事保護院の主催で　3
建国の佳節和歌詠進や天覧武道――宮中最大の御盛儀を寿ぐ　3
広く世の師表を顕彰　皇紀二千六百年式典に畏き思召――軍国の節婦らに栄光　3
教育紙芝居脚本懸賞募集要項　3
地方色点描　3
視察を多く加へた鹿児島に於ける九州地方町村教化講習会　4
教化町村運動　全国の教化町村轡を並べて奮進――各地で研究協議会開催　滋賀県／山口県／鹿児島県　4
寒波の中に五日――奈良県信貴山に於ける近畿地方町村教化講習会　4
本会彙報　4
全県民実践の四大要綱を決定――宮崎県精動の新たなスタート　5
部落常会に拍車――島根県で隣保実行班を設置　5
麗はしの隣保協助――勇士の家へ勤労奉仕六日間　5
銃後家庭教化婦人会――高松、丸亀両市で　5
宣伝戦の重要を痛感――第一線池田部隊長の便り　池田　純久　5
教化町村だより
　村の生産百万円――赤磐郡高陽村の更生ぶり　誇りの「部落常会」　5
　五十年前の設立――全国最古の軍事援護機関　5
　教化村で農村講座　5
　福井県で社会教育課を独立　5

寄贈図書 5
大和民族の発展と人口問題 外山　良造 6
ニュース籠 6

## 第二四一号　一九四〇（昭和一五）年一月一日

言論　紀元二千六百年を迎ふ 1
紀元二千六百年を迎へて 松井　茂 1
畝傍山を仰ぎて（＊短歌） 佐佐木信綱 1
紀元二千六百年に処する国民精神総動員運動に就て 横溝　光暉 2
迎年祈世 2
勅題三首（＊漢詩） 国府　種徳 2
昭和十五年に於ける国民精神総動員運動実施方針 2
紀元二千六百年の祝典行事――多彩なる記念行事各地に展開
新東亜建設東京大会――十一月十日を中心に東京市の奉祝記念事業 3
高原公園の施設と文化会館の建設 3
造林・植樹を奨励 3
文化大鑑編纂と名和公精神の顕揚 3
都市防空壕の設置 3
祖国古日向の顕彰 3
肇国図書館の創設 3
各種功労者を表彰 3
献木と勤労奉仕 3
新年宴会御取止 3
紀元二千六百年の新年の誓詞を決定 3
一月年中行事 3
紀元二千六百年を迎ふ 鹿子木員信 4
迎年祈世（＊漢詩） 米峰道人 4
教育紙芝居脚本懸賞募集要項 4
教化二千六百年 加藤　咄堂 5
迎六十六春（＊漢詩） 高島　米峰 5
紀元二千六百年を迎へて 歌田　千勝 5
ニュース塔 5
教草川柳初春 代田　重雄 6
興亜の春（＊漫画） 公　平 6
百貨店食堂も麦飯／公葬に花環の全廃／静坐で精神鍛錬／「禁酒報国の歌」懸賞募集 6
欧洲大戦と東亜 鹿島守之助 7
新春に於ける国際情勢 米田　実 7
昭和十五年を迎へ農村に寄す（上） 守屋　栄夫 8
勅題（＊短歌） 高島平三郎 8
我国自治の将来 道家斉一郎 9
戦時下に於ける我国経済 汐見　三郎 9
常会組織を完備――精動の実践網を強化　長崎県 10
常会教化の講習――町村から指導者を選んで 10
町内常会を強化 10
全国初の切符制――上田市外神科村の産業組合 10
村全体が植物学の教室 10

南京陥落二週年記念日における提灯行列（＊写真）　10
本会彙報　10

## 第二四二号　一九四〇（昭和一五）年一月一五日

言論　我等の分担　1
無敵荒鷲、基地に紀元二六〇〇年を迎ふ（＊写真）　1
皇紀二千六百年の新年を迎へて　本庄　繁　1
本会職員異動／本会役職員動静　1
昭和十四年度指定教化町村全部決定――愈々全面的活動へ　1
昭和十五年を迎へ農村に寄す（下）　守屋　栄夫　2
戦時節米報国運動実施方策決る　3
太鼓を合図に早暁勤労――富める村の建設に　3
指定教化五ケ村の理想郷建設に邁進　佐賀県　3
本会一月予定行事　3
岡山県教化団体連合会総会開催　3
本会創立記念日の会　3
地方色点描　3
新年随感　田部　重治　4
おことはり　4
春の設計（＊漫画）　伊藤　公平　4
教化町村だより
　第二次計画への邁進と教化友村の会を設定　5
　新に四ケ町村を設定――兵庫県の教化町村運動活潑　5
　常会の先駆者教化村是を実践　福井県新横江村　5
　長崎教化町村幹部懇談会開催　5
ニュース籠　5
都市に於ける自治と教化――東京に隣組の生れるまで　平林　広人　6
水の配分を仲よくして　枝松　五六　6

## 第二四三号　一九四〇（昭和一五）年二月一日

言論　建国祭と国民の宣誓　1
紀元二千六百年の建国祭を迎へて　永田秀次郎　1
神国日本と仏国日本（一）――教化運動の指標　高神　覚昇　1
年中行事二月　1
既往十六年を回顧し更に会勢の発展へ――朝野の名士一同に会し盛会だつた本会創立記念会　2
昭和十五年国民精神総動員運動実施要項成る　2
元本会々長『男爵山川先生伝』成る　2
教化問題調査会一月例会　2
紀元二千六百年を契機とし聖旨奉体教化都市を指定――理想都市の建設に邁進　3
本会彙報　3
紀元二千六百年祝典の建国絵巻繰り展げらる　4
五「聖蹟」を内定――輝く神武天皇伝説地　4
紀元節――朝九時に国民奉祝　4
新しい仲間五十人／板木叩いて早起／生活の全面的刷新／祝祭日毎に二銭貯金／女学生の修養道場　4

第八回台中州・同教化連合会共催社会教化委員大会開催さる　5
九ケ月間の貯蓄増加実績　5
二月の興亜奉公日　5
戦時物資活用協会で〝銀〟政府集中運動を提唱　5
米内内閣成立す――一月十六日晴の親任式挙行　5
本会理事吉田茂氏厚相に　5
精動に図書館も参加　5
興亜の総力は部落常会から――知事以下指導に躍進　広島県　5
鳥取県地方委員懇談会　5
火野葦平氏を囲んで前線と銃後の感想を聞く――軍事保護院主催の座談会　5
教化に紙芝居――指定村・平屋村　5
ニュース籠　5
教化町村運動
新年初行事鳥取県三村の協議会　6
凛烈・寒気を衝いて栃木県下二教化村の発足　6
皇紀二千六百年を記念して断然禁酒の明るい村へ――彦部村の出発　6
紀元二千六百年歳旦記　古谷　敬二　6

**第二四四号**　一九四〇（昭和一五）年二月一五日

紀元の佳節に当り畏くも大詔渙発　1
挺身臣節を尽して聖旨に副ひ奉らん――内閣告諭　1
紀元二千六百年の紀元節を迎へて　米内　光政　1
聖旨を奉体し教化報国に邁進せん　松井　茂　1
聖恩畏し御下賜金拝戴――重なる光栄に感激　2
聖旨を奉体し淬励の誠を効せ――文部大臣謹話　松浦鎮次郎　2
聖恩に浴せる光栄の教育教化団体　2
役職員動静　2
至誠努力以て聖明に奉答せよ――地方教化団体に通牒　3
恩赦の詔書渙発――減刑、復権令公布さる　3
岡田東京府連合会長挨拶　3
緊急理事会開催　3
地方教化団体配賜の伝達式挙行　3
奉祝紀元二千六百年建国祭　燦たる御稜威の下に迎へた紀元二千六百年建国の佳節――全土一色一億蒼生歓喜に沸く　4
神武天皇御偉業の聖蹟――第一回四ケ所を発表　4
優良実践組織と功労者教化町村より多数表彰さる――精動中央連盟　5
町内常会懇談会――古い歴史を誇り隣人共助の美風を　5
嬉しい銃後十則　5
町村常会設置へ――部落常会の中間的連絡機関に　5
常会改組計画――福岡市内に二千余組　5
隣保班の活動方針を是正――別府市で具体案練る　5
〝隣保家〟記念碑竣工――神戸市湊区民の総意で　5
第二回思想戦展　5
隣保組織の確保　5
地方色点描　5
〝常会〟の普及徹底――今や素晴らしい飛躍を遂ぐ　6

久留米軍人家族教化指導講話会 6
農村文化生活の調査――農村指導員の指導状況も共に 6
生活刷新を徹底――指導班が常会を巡視 6
台中州で模範部落の建設 6
五箇条御誓文奉戴記念日を中心に国民融和週間実施さる 6
奉祝〝建国の夕〟に海潮村有志による出雲神代神楽の奉納 6
神国日本と仏国日本（二）――教化運動の指標 高神 覚昇 7
時局生活よりの教訓（一） 香坂 昌康 7
教化運動の刷新管見 細川 隆 8
ニュース塔 8

## 第二四五号 一九四〇（昭和一五）年三月一日

時局生活よりの教訓（二） 香坂 昌康 1
農民嘆（＊短歌） 吉植 庄亮 1
国体の本義と教化運動の使命（一） 佐藤 清勝 1
精動運動に関し松井理事長の質問要旨――二月六日貴族院本会議に於て 松井 茂 2
官民一致協力精動の実を挙げたい――米内首相の答弁 米内 光政 2
実践網を通じて簡素生活の徹底を図れ――精動委員会幹事会で決定 2
陸軍記念日ポスター 2
銃後の納税報国村――集金した金をまづ貯金 3
三月の奉公日――戦時生活の推進と国防観念の普及徹底へ 3
国民精神総動員宗教家懇談会 3
三月の年中行事 3
紀元二千六百年御慶祝のため満洲国皇帝陛下御訪日決定 3
朝日ニュース紙芝居座談会 3
福井、和歌山、山梨に社会教育課 3
福岡県で常会振興懇談会 3
教化町村だより
岐阜県下の教化町村宣誓式 4
歴史の匂ひ豊か――教化村宜山校で『郷土物語』編纂 4
本会彙報 4
八ケ所で開かれた神奈川県の常会講習会 4
小倉全市に隈なき御民組 4
戸畑に常会専任指導員 4
地方調 4
教育紙芝居脚本当選発表
山本緋紗子／田川初治／浅野卓次／浅場慶夫／田代新一 5
審査余滴 5
紀元二千六百年を迎へて教化運動の抱負を語る 樋上 亮一 6
教化指標の確立と実践 岡本 寛一 6
ニュース籠 6

## 第二四六号 一九四〇（昭和一五）年三月一五日

新中央政府を満幅支援――米内首相帝国の方針を宣明 米内 光政 1

国体の本義と教化運動の使命（二）　佐藤　清勝　1
三月の年中行事　1
本会彙報　1
家族的国家と教化（一）　乙竹　岩造　2
国民斉しく苦楽を分て　泉田　一　3
部落常会の偉力　国塩　達太　3
帝都に展く軍国絵巻陸軍記念日豪華の催し　4
雪の富山で開いた軍人援護に関する講演協議会　4
神武天皇聖蹟更に二ヶ所内定　4
第二国民の心に培う「軍人援護」四月から全国で実施　4
五箇条の御誓文奉戴記念大講演会を開催　4
第九回禁酒禁煙遵法運動　4
紀元二千六百年記念大会聖訓奉旨会東京府教連で　4
町内会の整備充実――長崎市教化都市実現に邁進　4
郡常会を県と市町村常会の間に　4
挙式の度に「感激の幕」　4
ニュース籠　4
教化町村だより
第一期の苦闘を犒ひ第二次の発足を祝福――昭和十年指定教化町村を選奨　5
輝く成果更に第二次へ邁進――秋田県選奨式　5
互に精進を誓ふ温・東条の二村――長野県下教化村視察協議会　5
宮城県教化村開設四周年記念式典、講習会開催さる　5
教化友村を綜合視察――秋田県例年の催し　5
鹿児島県で優良町村を表彰　5
地方調　5
懸賞募集一等入選作品　紙芝居「ほまれの日の丸」　山本緋紗子　6

## 第二四七号　一九四〇（昭和一五）年四月一日

時局に顧みて社会教育者に望む　小田　成就　1
家族的国家と教化（二）　乙竹　岩造　1
上代民族の生活と思想（一）　志田　延義　2
南京に輝く還都新支那国民政府成立――汪氏十大政綱を発表　3
還都宣言に呼応――帝国重大声明　3
聖上・御除喪で御親拝――靖国神社臨時大祭　3
桜の九段に還る英霊――新祭神一万二千七百九十九柱　3
聖旨奉体紀元二千六百年記念事業と常会振興に拍車――昭和十五年度事業計画なる　3
本会彙報／本会役職員動静　3
興亜大業を担ふ後楯銃後は更に固し――京都府軍人援護講演協議会　4
銀もお国へ！　戦時物資活用協会で提唱　4
農繁期の異る村が互ひに労力を交換――扶桑村新しいこゝろみ　4
足利市で教化標語の募集　4
青森県に社会教育課　4
兵庫県教化町村更に三町村を増設　4
増産計画指導の優秀町村として東瀬棚村、宜山村表彰さる　4

町内常会五十を結成――全力あげる広島市　4
ニュース塔　4
教化町村運動　輝く選奨式と第二次計画と協議――青森、岩手の教化村　5
朝鮮教化の指標　奥山仙三　5
紙芝居脚本懸賞募集入選作品「誉れの家守れ」　浅野卓次　6
地方色点描　6

**第二四八号**　一九四〇（昭和一五）年四月二十日
言論　教化都市の建設　1
家族的国家と教化（三）　乙竹岩造　1
上代民族の生活と思想（二）　志田延義　2
四月の年中行事　2
島根県で精動網強化――県、郡単位の常会設く　3
神武天皇聖蹟四ケ所決る　3
常会発会式の執行　3
全部落が一家族　3
全国常会指導者に福音　AKにて常会講座――五月毎水曜日放送　3
健康増進運動――青葉の五月全国で開始　3
琉球行（上）　古谷生　3
昭和十五年度事業計画概要　4
重なる聖恩に感激　会勢の振興を協議――福岡県社会教育協会で　4
愛知県教化加盟団体定例懇談会　4
待望久しき「活映機」完成さる――六月一日より発売予定　4
加藤咄堂君古稀記念会趣意書　4
教化町村運動
群馬県に於ける教化村開設宣誓式　5
石川県の教化町村幹部協議会　5
常会を強化――教化都市長崎で経費一万円　5
兵庫県教化町村幹部講習会　5
教化、実践網の模範――神戸、島ケ原村を視察　5
村有の婚礼衣装で冗費を節約――出東村の美風　5
海潮村表彰さる――全国農産物販売協会から　5
わが足利市の教化機関と教化常会　5
懸賞募集入選作品　紙芝居脚本「お父さんの手」　田代伸多郎　6
ニュース塔　6

**第二四九号**　一九四〇（昭和一五）年五月一日
聖上・靖国神社御親拝――護国の新祭神に栄光　1
今日の希望　下村宏　1
還都慶祝式典華かに挙行――新支那の発足を祝福　1
社会と田園　斎藤晌　2
五月の行事　2
ニュース籠　2
国民挙つて貯蓄報国――本年度国民貯蓄奨励要綱　3

納税成績の向上と組合貯金の激増――効果をあげた高山各常会　3
国民精神総動員運動機構改組要綱決定す　3
常会を整備強化――茨城県で町村協議会を開催　3
常会で廃品を交換――毎月・興亜奉公日に　3
隣保強化に婦人も一役――神戸湊区に教化婦人会　3
精動の実践を徹底――四日市の各層に常会組織　3
浦和の児童灰集め　3
地方色点描　3
「常会の歌」作曲成る――力強く和やかに　4
待望久しき「活映機」完成さる――六月一日より発売予定　4
教化問題調査会に軍人援護に関する特別委員会設置　4
山梨県教化事業協会第十四回総会開催　4
教化市町村運動
　理想教化市の実現へ！　颯爽・足利市の首途――四月十七
　　日宣誓式挙行　5
　開設四周年を機とし全村教化大会開催　長野県東条村　5
　大阪府の常会指導者講習会　5
琉球行（下）　古谷　生　5
懸賞募集入選紙芝居脚本「やす子」――一巡査の覚書　大矢　宗介　6

**第二五〇号**　一九四〇（昭和一五）年五月一五日

欲心利心　山本　勝市　1
第六回全国都市教化指導者講習会要項　1
日本海大海戦の今昔物語　武富　邦茂　2
ニュース籠　2
振興隊精神を全生活に注入――宮崎市精動常会の組織　3
事変下の海軍記念日――一分間の黙禱・多彩な行事　3
新に四件を決定――神武天皇の聖蹟　3
明治神宮の聖域浄化――第一回懇談会開催　3
第十三回全国安全週間――七月一日から一週間　3
紀元二千六百年修養団大会を開催　3
二千六百年記念貯金――多家良村で実行　3
荒地を開いて村の更生――美し挙村一致の奉仕　3
今秋の十月一日を期し団勢調査を施行　3
幹部常会を新設――岡崎市が指導者を錬成　3
長野県で常会特別指定村新たに卅四ケ町村を設定　3
進んでお米を供出――大篠村の感激佳話　3
岡田知事の英断に依り財団法人設立を決定――東京府教連の
　体制強化　4
教化運動の拡充強化を期し本年度事業を樹立――愛知県教化
　事業協会　4
銃後の備へ固く――茨城県水戸市に於て軍人援護協議会　4
隣組常会の実況放送――東京・京橋・槇町三丁目　4
配賜金を基金として常会振興に全面的拍車――兵庫県教化団
　体連合会　4
教化市町村運動
　第一次実績の選奨と第二次計画協議――佐賀、福岡教化町
　　村選奨式　5

名古屋市教化連区開設宣誓式を挙行――来る五月十八、九の両日 5
輝かしき五年の業績更に第二次計画実現へ邁進――埼玉県川辺、大滝、梅園村選奨式 5
川柳のいましめ 代田 重雄 6
劃期的効果を期待さる待望の「活映機」頒布の申込受付開始 6
本会役員異動／本会役職員動静 6
地方色点描 6

## 第二五一号 一九四〇（昭和一五）年六月一日

大祓の話 植木直一郎 1
本会彙報 1
上代民族の生活と思想（完） 志田 延義 2
六月の年中行事 2
軍人援護思想涵養強調の目標軍事保護院より全国へ通牒――国民教化要綱を制定 3
台北に常会を組織――区長会をそのまゝ活用 3
町内常会の活動に拍車――徳島市の精動総動員 3
都市常会の徹底――特別指導町内会も設く 3
夏の賞与も国債 3
満洲国に屯田制／蒙疆で民衆教化／白国突如独に降伏／府県制五十年記念／国民服に儀礼章 3
第六回全国都市教化指導者講習会要項 3
教化市町村運動
不撓の精神を以て第二次計画の達成へ――熊本、大分、静岡、埼玉の選奨式 4
三ヶ月で百円を醸出――大泉の一銭貯金 4
海潮村に誠修塾 4
広島県比和町の田植 4
時代に魁けて模範都市建設に邁進――新道、御剣両連区の宣誓式 5
婦人の手で畜産繁殖――宜山村の計画 5
高砂族青年団高陽村を視察 5
貯金三割増加――瑞浪町で運動 5
「常会の歌」レコード六月中旬発売――振付も近く完成 5
町内会の教化へ――長崎市で改組に着手 5
常会の標語とバッヂ広島県で選定 5
本年度事業決る 岡山県教連 5
朝鮮に社会教育官 5
時局と常会 一 古谷 敬二 6

## 第二五二号 一九四〇（昭和一五）年六月一五日

紀元の話（一） 亘理章三郎 1
六月の年中行事 1
東部地方教化町村幹部講習会要項 1
国策としての常会整備（一） 鈴木 嘉一 2
常会にお集りの皆様へ 横溝 光暉 2
秩父宮殿下の台臨の下紀元二千六百年銃後奉公祈誓大会――

建国の聖地橿原に集ふ三万五千人　3
神武天皇の聖蹟更に五ケ所を決定　3
常会を整理充実し粛選に万全　3
建国祭本部制定昭和日本の韻律――紀元二千六百年記念曲成る　3
台湾総督府・台北州指定都市教化研究会開催さる　3
兵庫県で常会振興会を創立　3
『国教の基』を刊行　3
全都市の幹部に強く呼びかけた愛媛県の常会講習会　3
ニュース籠　3
相次ぐ地方教連の強化岡山県教化団体連合会も財団法人設立に決定　4
東京府教連の加盟団体宮城外苑整備に奉仕――本会職員も参加　4
大阪府教化団体連合大会を開催　4
明治神宮聖域を中心に参道常会開設　4
御下賜金を根基に教化基金造成へ――福岡県社会教育協会　4
映画「常会の唄」撮影に着手　4
農村に隣保の集ひ　4
常会で物資配給　4
横須賀市に国策実行組　4
本会彙報　4
豪華・絢爛の番組「町会・隣組と常会の夕」開催――六月二十五日　於・日比谷公会堂　4
教化市町村運動
青森県下二町村新しき首途に立つ――藤代大畑両町村の宣誓式　5
皇紀二千六百年を期し全国各府県教化町村を郡単位に拡充　5
豊浦村幹部の来訪――振興計画を懇談　5
結婚改善の指定町会長崎市で選定　5
愛媛県教化町村連合視察の協議会挙行さる　5
理想的な共同炊事――東条村の好成績　5
時局と常会　二　古谷　敬二　6

## 第二五三号　一九四〇（昭和一五）年七月一日

紀元の話（二）　亘理章三郎　1
西部地方教化町村幹部講習会要項　1
事変下農民の心構へ　丹羽　四郎　2
七月の年中行事　2
国策としての常会整備（二）　鈴木　嘉一　2
秩父宮台臨　誠忠の熱血を捧げて深縁滴る橿原の聖地に銃後奉公祈誓大会　3
建国の佳歳を御慶祝――満洲国皇帝陛下御来訪　3
支那事変三周年を迎へ記念日は有意義に　3
呼掛く常会の振興――事変記念日を期して　3
都市常会強化へ　3
映画「靖国神社」　3
売惜みや闇は国賊的行為だ　守れ銃後の十則――第一師団司令部で作成配布　3
全国挙つて戦場の労苦を偲べ――興亜奉公日徹底方策決る　4
映画短評「常会の歌」を観る――思想的に立派だ

大阪府教化団体連合会聖旨奉体記念大会　小泉　英一　4
珍しい生徒常会　4
長崎教化団体県外優良町村視察　4
県民の教化目標決る　山形県　4
社会教化実践網更に一班の強化――大牟田市本年度の基本方針　4
能率増進克己実践――七月の常会五項目課題　4
自治組織体に「活」――大阪府で実践指導者講習会　4
常会体操「手をとり合つて」図解　5
豪華番組に満場陶酔――盛況だつた「常会の夕」　5
安行村の選奨式（埼玉）　5
部落常会が源泉――三重県に農村隣保事業協会　5
常会のある町満点――甲府署の節米検査報告書　5
時局と常会　三　古谷　敬二　6

## 第二五四号　一九四〇（昭和一五）年七月二〇日

昔の五人組と今の隣組（一）　穂積　重遠　1
本会役職員動静　1
紀元の話（三）　亘理章三郎　2
七月の年中行事　2
満洲国、天照大神奉祝建国神廟を創建――皇帝陛下、詔書を渙発　3
節米運動に新紀元　指導町会設く――共同献立等も実施　3
神武天皇の二聖蹟新たに決定　3
「国民進軍歌」成る　3
切符制度に備へ「家庭表」を作成――鳥取市の常会整備　3
朝鮮で教化講演会　3
自治節米を実践――「節米票」を活用する常会　3
台北州教化連合会機関紙『教化』を発刊　3
全村挙つて麦飯　3
全市町村に常会　3
盛況を極めた全国都市教化指導者講習会――修了者実に百十四名　4
京都府教化団体連合会で創立十五周年記念大会を開催　4
ニュース塔　4
第三回参道常会――七月三日於本会事務所　4
兵庫県教連でも都市教化の講習会　4
大学にも隣組――隔月に常会を開催　4
教化町村運動
紀元二千六百年を契機とし教化町村運動飛躍的進展――新に六十五町村を指定　5
用水路を改修して水田を開墾――山守村の旱害対策　5
全国教化連合団体主務者講習協議会――京都市外鞍馬寺に開催　5
裏作栽培で県下一――鳥取県社村の実行組合　5
南関校の落穂拾ひ　5
明朗の村建設へ――多家良村、隣保村に　5
本会彙報　5
対談　都市と農村に於ける常会の実際――五月廿九日東京中

央放送局より放送　曾根朝起／浜中喜好　6

## 第二五五号　一九四〇（昭和一五）年八月一五日

教化体制と其の気魄　加藤　咄堂　1
国防国家完成に邁進　内外対策・根本的に刷新――基本国策の要綱発表さる　1
昔の五人組と今の隣組（完）　穂積　重遠　2
紀元二千六百年を契機とし教化新体制の樹立を期す――今秋聖地橿原に於て全国教化大会を開催　3
奢侈贅沢品の使用は止めませう！　3
第十七回「酒なし日」運動　3
第四回参道常会　3
全山これ道場　極暑を冒し行の五日――鞍馬山に於ける全国教化連合団体主務者講習協議会終る　4
防空演習に於ける隣組の活躍（＊写真）　4
新指定教化村補追　4
町村振興を目指し教化魂の錬成に――東部地方教化町村幹部講習会　4
教化市町村運動
幾多の艱難を克服し迎へる今日の喜び――福島県教化町村選奨式　5
先進教化村に倣ひ更に二ケ村を指定――福島県下の開設宣誓式　5
教化村の使命達成に一段の拍車――東京府教化村視察協議会　5
新教化村の輝く門出――秋田県の指定式並協議会　5
模範的な隣保　沖縄県の宜野湾村　5
欧米かぶれの日本人　西原　竜夫　6
文部省委託公民教育時局教化振興講習会――岐阜・新潟県に於て開催　6
ニュース籠　6
本会彙報　6

## 第二五六号　一九四〇（昭和一五）年九月一日

言論　新体制と教化理念　1
新体制と国民の心構へ　大倉　邦彦　1
九月の年中行事　1
新政治体制と教化　五来　欣造　2
本会彙報　2
新体制に即応する本会寄附行為の劃期的改正――八月二十日主務官庁より認可さる　3
輝く二千六百年祝典に行幸啓を御聴許――光栄の参列者六万人　3
国勢調査日に旅行は止めませう！　3
紀元二千六百年記念全国軍人援護事業大会――十月初旬・東京にて開催　3
紀元二千六百年奉祝全国教化大会要項　3
霊峰霧島の麓高原にて五日間――西部教化町村幹部講習会終る　4
新体制に即応して時局教化の振興を期す――岐阜県に於ける講習会終る　4

都市教化振興研究協議会――福岡県社会教育協会で開催　4
兵庫県教連主催で教化指導者講習会　4
ニュース篋　4
新体制の活模範――教化市町村幹部懇談会今秋橿原に開催　5
山口県新指定教化町村幹部の初顔合　5
随処に迸る革新の意気――千葉県豊浦村の視察協議会　5
町の婦人会お手柄　5
永劫に輝く故斎藤子爵の遺勲――水沢・仙台に記念碑建立　5
明朗な新生活の建設　慰安・娯楽も質実に――国民生活新体制要綱発表さる　6
組常会を愈々開設隣組も新体制――市政に映す市民の声（東京）　6
町内共同体の誕生――仙台に異色の物資配給組合　6
意義深き満一年――国民奮起の興亜奉公日　6
節米台帳制――大阪府で実施　6
日常生活を全面的に刷新――三原市常会の申合せ　6
常会で生活刷新二策　6
文部省委託公民教育時局教化振興講習会――中国四国地方を広島県で開催　6

## 第二五七号　一九四〇（昭和一五）年一〇月一日

新体制と教育教化　関屋　竜吉　1
新体制に寄す　高島　米峰　1
新体制と精神力――新体制は幼稚園から　鹿島守之助　2
本会彙報　2
日独伊三国同盟成る――ベルリンで調印を完了　3
内閣告諭　近衛　文麿　3
靖国神社十月十六日から秋の臨時大祭――英霊一万四千四百柱を合祀　3
建国忠霊廟満洲に御創建　3
第五回参道常会　3
軍人援護の勅語拳国奉体の誠――銃後奉公の実践を期す　3
教化立国の本義顕揚――全国教化大会に於ける諮問並協議事項決定　4
部落会・町内会の整備拡充案成る――内務省より訓令発せらる　4
河原常務理事東京文理大学長に　4
秋田県下の精動指導者講習会　4
新体制のトップを切つた神奈川県常会講習会　4
精鋭百名を集めた岐阜県庁の常会講習　4
嘉義市に教化網　4
戦時下に新しき生活――冠婚葬祭に新体制　5
農漁村に文化の注入――健全な娯楽を普及　5
三十戸で共同生活――秋田県で農村新体制　5
保育紙芝居特別頒布を開始　5
神田村に青年道場成る――浄財と勤労奉仕の結晶　5
（＊標語）一億で背負へ誉の家と人　ほか　5・7
ニュース篋　5
新体制に於ける常会の任務再認識――新潟県高柳村に於ける時局教化講習会　6

緊張裡に終始した鳥取県教化村の視察協議会 6
翠巒の厳島で修練（四日） 時局教化講習会の日記抄――広
島県に於ける教化講習会終る 6
農民個々と全一集中 小野 武夫 7
わが荒鷲の重慶爆撃（＊写真） 7
新体制と経済組織（上） 大野 信三 8
十月の年中行事 8

**第二五八号** 一九四〇（昭和一五）年一一月一日

紀元二千六百年奉祝全国教化大会 1
聖戦下に意義一入深く肇国の聖地に大会開かる――世界大
転換に呼応し教化全線の方途審議
文部大臣訓示 橋田 邦彦 2
祝辞 近衛文麿／松平恒雄／安井英二／吉田善吾／本庄繁 2
奈良県知事挨拶 宮村才一郎 3
会長挨拶 松井 茂 3
理事長・常務理事更迭
熱意以て負託に答へん 柴田善三郎 6
挺身奉公の覚悟 古谷 敬二 6
決議の実践を地方に通牒 6
理事長退任に当りて 松井 茂 7
全国教化市町村振興懇談会――全国大会を機に開催 7
時代に魁けて新体制に寄与――本会事業報告 古谷 敬二 7
答申・決議 8

**第二五八号附録** 一九四〇（昭和一五）年一一月一日

優渥なる勅語を賜ふ――教育勅語渙発記念式典 1
安井内相を会長に自治振興中央会結成――本会を始め七団体
参加 1
新年御題 漁村曙 1
曠古の大祝典次第決る 1
紀元二千六百年家庭奉祝の奨め 1
紀元二千六百年記念懸賞論文募集 1
聖旨奉体教化市町村に御下賜金を御配賜――挙国奉祝の日を
期し 2
会長告辞 清浦 奎吾 2
軍人援護に関する講演協議会――長野・山形県にて開催 2
滋賀県下教化村――幹部連合視察協議会 2
岡山県教化団体連合会財団法人組織に認可 2
翼賛会発会式を挙行――一億一心逞しき発足 2

**第二五九号** 一九四〇（昭和一五）年一二月一日

時局と軍人援護 三島 誠也 1
十二月行事 1
百二十億貯蓄達成運動を迎へて 栗原 修 2
本会彙報 2
両陛下臨御輝く世紀の祝典宮城外苑に漲る赤誠――紀元二千

六百年式典・奉祝会 3
『写真週報』紀元二千六百年奉祝記念号 3
ニュース籠 3
紀元二千六百年奉祝地方教連大会――相次で盛大に開催さる
佐賀県／神奈川県／岡山県 4
日華親善に拍車――長崎に於ける第二回興亜教化問題懇談会 4
大政翼賛の方途研鑽――九州地方時局教化振興講習会 4
防火思想を鼓吹 4
先進教化町村に伍し新に五十三町村を指定――新体制に先駆し堂々の進発 5
第一次の実績に鑑み新に三村を指定――佐賀県教化村指定協議会 5
群馬県教化村設定打合会 5
卅万市民一体となり臣道実践を宣誓――長崎市の教化市開設宣誓式 5
岡山県に於ける新設教化町村の発足に輝かしき宣誓式 5
新体制と経済組織（下） 大野 信三 6
本会理事野村大将駐米大使に新任 6
各教化町村の幹部集り軍人援護視察協議――岡山県、兵庫県下に於て 6
軍人援護の講演協議会――更に山口県・大阪府にて開催 6

**第二六〇号** 一九四一（昭和一六）年一月一日

巻頭言 百歳の計画 1
教化綱領 1
一月の年中行事 1
勅題 漁村曙 1
年頭所感 柴田善三郎 1
新体制下に於ける臣道実践 加藤 咄堂 2
国民奉祝元旦九時一斉に遙拝 2
臣道実践の推進力翼賛会実践要綱決す 2
本会彙報 2
勅題漁村の曙を歎美せん 国府 犀東 3
新年随想 斎藤 晌 3
新春に於ける国際情勢 米田 実 4
新体制と農村の使命（上） 菅原 兵治 5
加藤咄堂居士（＊漢詩） 高島 米峰 5
教化市町村運動
五ヶ年の実績を回顧しさらに次期計画へ躍進――宮城県教化村五周年記念式 6
物心両方面の躍進振りに瞠目――山口県下教化町村視察協議会 6
佐賀県新教化村開設宣誓式挙行 6
開設一周年を記念して神奈川県教化村の式典 6
富山県教化村設定協議会 6
指定書伝達と協議会――東京府教化村の初会合 6
愛島村の隣保共助 6
起ち上る勇士三千余――傷痍に怯まず更生の戦場へ 7
松井茂理事顧問に就任 7

部落常会へ魂を吹き込む――群馬県長柄村の講習会　7
寒風何のその興村への視察研究――埼玉県常会指導者講習会　7
三重県でも伝達式　7
台中州社会教化大会　7
宜山村の健保組合　7
本年度掉尾の参道常会――十二月十三日海軍館にて　7
新更会の常会研究会　7
川柳のいましめ　代田　重雄　8
御下賜金を基として常会振興基金を設定――兵庫県教連の計画　8
ニュース籠　8
地域別推進班と職能別指導班――福岡県で翼賛運動に新機構　8
本会関係者の野村理事歓送会　8

## 第二六一号　一九四一（昭和一六）年二月一日

新体制と農村　守屋　栄夫　1
二月年中行事　1
隣組と常会――一月十八日大阪放送局より放送　古谷　敬二　2
一月は勤労増産の日――今月から再出発の興亜奉公日　3
戦場の道義昂揚に戦陣訓を下達　3
御聖徳を偲ぶ『宸翰集成』学士院が編纂に着手　3
紀元節の午前九時民一億の奉祝　3
参道常会――一月十三日開催　3
本会役員異動　3
教科書に隣組／結婚費廿円に制限／産業戦士の指導教化／農村へ娯楽の贈物／映画館お昼前は開放／最初の海の開墾　3
教化市町村運動
村振興に邁進した五ヶ年の実績を讃ふ――埼玉県鉢形村の選奨式　4
全村を挙げて出発の第一歩――茨城県黒沢村の宣誓式　4
力強い申合せ　岡山県楢原村　4
異端者に罰則制――大谷地村で臣道実践徹底へ　4
広島県教化町村五周年記念奉告式――各村別厳粛に挙行　4
部落更生の範模　岡山県宇甘西村鼓田　4
冠婚葬祭に酒を締出す　4
舟山島北方岸を掃蕩する海軍陸戦隊（＊写真）　4
東京府教連の新体制法人組織認可さる――新春を期して積極的活動　5
全国に培ふ神道と郷土愛　各神域に修養道場を建設――神祇院で主要神社に指令　5
安藤正純氏の『発展日本の原理と新体制』を読む　加藤　咄堂　5
部落会町内会の指導者錬成講習会を開催――自治振興中央会の主催　5
壮年の常会――広島県比和町で開設　5
役員午餐会――創立記念日に開催　5
倉敷市常会十則　5
本会彙報　5
教化新体制講習会――台北市、国民精神研修所で開催　5
大政翼賛と農士魂（下）　菅原　兵治　6

今後の常会　末盛　直人　6

## 第二六二号　一九四一（昭和一六）年二月一五日

農村の常会と青年　古谷　敬二　1
隣組の理念　溝口　駒造　2
教化綱領　2
本会彙報　2
参与依嘱　2
建国祭　陸海空に立体絵巻　3
祈年祭の意義昂揚　3
起ち上る傷痍の勇士（＊写真）　3
学業の余暇活用勤労翼賛運動――都市学生を総動員　3
孤独の英霊の前で常会　3
酒のない村　3
〝常会の誓〟を懸賞募集　3
部落常会中心に生活の合理化　3
仲良し「隣組文庫」　3
二月年中行事　3
紀元節の佳節をトし聖旨奉体教化市新に四市を指定　4
教化市設定に関する打合会　4
理想都市の建設を宣誓　堺市の教化市宣誓式――新町内会大会も併せて開会　4
全国教化都市幹部講習協議会　4
常会十則の徹底へ　岡山県六条院町　4
地方色点描　4
金沢の景勝で真摯研鑽　研究懇談も多大の成果――関東地方時局教化講習会　5
隣組と常会の運営を語る座談会開催　5
志田山行　三八二四生　5
軍人援護の根本精神　荻野　憲祐　6
ニュース籠　6

## 第二六三号　一九四一（昭和一六）年三月一日

教化綱領通義　教化綱領と国民の誓ひ　加藤　咄堂　1
本会彙報　1
第三十六回陸軍記念日国民に呼びかける「必勝の道」とポスター全国へ　1
三月年中行事　1
常会指導研究講習会――三月十一日より箱根にて開催　1
軍人援護の根本精神（下）　荻野　憲祐　2
ニュース籠　2
理想は皇民錬成街――台中州で隣組の研究会　3
『日本国民史』を編纂　3
百卅五億貯蓄へ――明年度の新目標額　3
新実践十則を制定――東京府の興亜奉公日　3
「雪の凶変」から五年　3
全国教化大会の決議に基き前線将兵の慰問に『常会』三月号を発送　3

第九回参道常会　3
理事依嘱　3
航空日の豪華催し決る　3
教化市町村運動
教化町村の使命達成を神明に宣誓して発足――埼玉県教化町村開設宣誓式　4
教化村の中堅幹部を集めた神奈川県の教化村講習会終る　4
時局下躍進を期す――徳島県教化村振興懇談会　4
教化町村運動
教化町村振興に一段の拍車――愛知県教化町村視察協議会　5
一区一心の殿堂――三条市に初の常会場　5
香川県教化村第二次計画を協議――二月二十日高室村にて開催　5
島根県下教化指導者講習会　5
岡山県でも教化村講習会　5
郡内の諸団体が一丸となつて常会を開催　5
軍人援護に関する講演協議会開催――二月十九日高松市にて　5
婚礼は国民服団服で　5
川柳のいましめ　代田　重雄　6
部落会・実行組合一元化して活動――対立を解消し新発足　6
地方色点描　6

## 第二六四号　一九四一（昭和一六）年三月一五日

教化綱領通義　二、八紘一宇の皇謨（上）　加藤　咄堂　1
教化綱領　1
靖国神社春の臨時大祭――四月廿四日から五日間　1
役職員動静　1
外地満支の常会（上）　鈴木　嘉一　2
農村労働力の動態――農村人口の大動脈は安泰　3
新年度の貯蓄目標百三十五億円と決定――一層適切な奨励方策な考慮　3
第十回禁酒禁煙遵法運動　3
隣組展覧会で拍車　3
地方色点描　3
教化市町村運動
農村の新体制を目指し雄々しく発足――福島県の教化村宣誓式　4
競ふ農道精神の花――全国に漲る力強い供出運動　4
第一次の実績を検討――宮城県教化村の記念式　4
堺市で教壇訓を制定　4
ニュース籠　4
教化市の精鋭一堂に会し都市教化の方策を考究――小倉市で開いた都市教化講習会　5
常会の正しい運営を目指し「隣組と常会座談会」小倉市に開催　5
隣組事蹟共進会――模範常会異色の企画　5
愛国日常会を統一（朝鮮）――総力運動にラヂオを動員　5
女性ばかりで常会　5
宗教の新体制――仏教報国運動について　高神　覚昇　6

## 第二六五号　一九四一（昭和一六）年四月一日


教化綱領通義　二、八紘一宇の皇謨（中）　加藤　咄堂　1
謹告　1
外地満支の常会（下）　鈴木　嘉一　1
本会彙報　1
四月の年中行事　1
笑和運動提唱　林　謙一　2
『常会叢書第三輯　市町村指導の体験を語る』――四月一日に発行　2
熊本県の公民教育講習会　2
ニュース籠　2
行幸に輝く馬絵巻――四月代々木で興亜馬事大会　3
完璧の『日本科学史』　3
隣組婦人部の草鞋つくり（＊写真）　3
宗教翼賛に全面的展開　3
切手貯金七月から実施　3
翼賛の商人道を確立――常会を通して懇談・実践　3
清麻呂公の至誠を偲ぶ　3
地方色点描　3
教化市町村運動
過去一年を反省し更に新しき発展へ――京都府の教化村指定記念式　4
指導幹部を更に錬成――山形・群馬県で教化村講習会　4
美しい常会献金――広島比和村で実行　4
群馬県教化村の開設宣誓式　川内村／伊参村　4
教化町村の幹部を集め石川県で研究協議会を開催　4
新潟県高柳村で第二次振興要綱を樹立　4
常会研究に専念　箱根山中の四日――常会指導研究講習会終る　5
軍人援護精神を浸透――鹿児島教化町村の講演協議会　5
貯米五人組――北海道鳥取村の報国競争　5
常会の誕生で凱歌――喧嘩村が模範貯金村に　5
高野山に国民教化道場――金剛寺に近く着工　5
大泊に外人の隣組　5
我が村の常会活動　篠塚　正樹　6


## 第二六六号　一九四一（昭和一六）年五月一日


教化綱領通義　二、八紘一宇の皇謨（下）　加藤　咄堂　1
教化綱領　1
第四十回理事会　1
本会彙報　1
故斎藤子爵記念碑除幕式　1
今日一日の誓　古谷　敬二　2
児童常会十則　2
昭和十六年度事業計画概要　財団法人中央教化国体連合会　3
我が村の常会活動（二）　篠塚　正樹　3
青年学校生御親閲五月廿二日二重橋前で――光栄の全国代表三万四千余名　4

官庁、公共団体の鉄鋼類特別回収　4
昭和の国民新礼法　敬礼挨拶から食事迄――文部省で決定発表　4
当分週に一回肉なしデー――四月から大口消費者に実施　4
五月一斉赤ちゃん検診――弱ければ国費で療養　4
鍬の豆戦士大陸へ　4
全国の「生活相談所」頗る活況　4
保育所を増設　4
翼賛会改組の全貌公表――機能発揮を目標　性格には変改なし　5
「常会の誓」決定す　5
常会で敬神を説く――「礼」昂揚へ神職が乗出す　5
不良化を防止――五月の児童愛護運動　5
隣組訓――新潟県村上本町制定　5
コンクリート製の畦道　5
農村の脚自転車配給　5
納税は婦人の手で　5
北海道に転業の村　5
ニュース塔　5
新体制途上の教化町村を語る　富田　文雄　6
教化市町村運動
　東京府下二教化町村の開設宣誓式　7
　教化指定町村幹部研究協議会　7
　山梨県教化事業協会第十四回総会開催　7
　長野県東条村で教化大会を開催　7
時計入の回覧板　7
全市民がラジオ体操　7
川柳教訓　隣組と常会　代田　重雄　8

## 第二六七号　一九四一（昭和一六）年六月一日

教化綱領通義　三、君民一体の精華　加藤　咄堂　1
職員異動　1
欧洲戦争の現勢と米国の趨向　米田　実　2
希臘軍つひに降伏／東京開港本極り／スターリン首相に就任／中原会戦の戦果赫々／泰仏印平和条約調印　2
「常会の誓」を朗読しませう　3
新生活運動は新暦から――迷信打破陰暦は認めず　3
事変一色の鉄桶陣――四たび迎ふる記念日　3
翼賛会に国民生活動員本部　3
海の記念日　七月二十日　3
現下時局に即応すべき教化新体制の確立を討議――五月十四日十五日全国加盟団体主務者会議　4
教化市町村運動
教化町村五ケ年の苦闘に対し選奨を実施　6
選奨の栄誉に誇らず更に振興へ拍車――愛知県教化町村選奨式　6
北多摩郡多摩村宣誓式　6
模範英村の再建を誓つて神明に奉告――山梨県に於ける開設宣誓式　6
真裸の浄汗作業――下黒川国民校の実践ぶり　6
栃木県下教化村振興懇談会　6

教化市足利の記念講演会――市政施行二十周年に当つて 6
陣容を整備強化積極的活動を期す教化問題調査会 7
富山教連の協議会――恩賜金造成を計る 7
福岡県教連の本年度事業計画 7
部落町内会に係制を設け福島県で下部組織を整備 7
北海道に於ける教化町村視察研究会 7
新潟県にて社会教育課新設 7
新体制途上の教化町村を語る　富田　文雄 7
満洲開拓と花嫁　笠森　伝繁 8
地方色点描 8

## 第二六八号　一九四一（昭和一六）年七月一日

教化綱領通義　四、忠孝一本の大義　加藤　咄堂 1
紀元二千六百年記念教化史蹟を顕彰――別記二十九件を決定す 2
農村及び農民に対する工場の影響　丹羽　四郎 3
七月の常会申合事項――広島県振興課 3
青年訓練実施十五周年記念　聖上陛下畏くも臨御――青年学校生徒御親閲 4
第一回中央協力会議終了――盛上る力強き建設的意見下情、政策に反映せん 4
再出発の興亜奉公日――自主的に打樹てよ新なる生活設計を 4
婦人団体統合――日本伝統の婦道に新発足 4
参道常会改組――第一回の会合 4
本会彙報 4
国民優生法　優生結婚の指針を決定――七月一日より実施 5
全村和楽の運動会――農閑期に明朗番組で 5
学生の手で禿山の緑化を――夏季休暇利用の植林奉仕 5
近衛・汪共同声明 5
迷信の〝暦〟から解放され科学する農山漁村へ 5
〝備荒植物〟の再検討 5
教化市町村運動
　理想郷土建設を神明に宣誓――山口県教化市町村指定式 6
　教化町村選奨式――広島、島根両県に挙行 6
　五ケ年の苦闘に花を咲かせた高知県教化村選奨式 7
　愈々真価発揮へ――和歌山県四ヶ町村の振興懇談会 7
　部落町内会の指導者を錬成――自治振興中央会の講習会 7
教化市町村点描 6
婦人と翼賛の途　佐藤　茉莒 8
ニュース籠 8

## 第二六九号　一九四一（昭和一六）年八月一日

言論　喫緊の教化目標 1
超非常時の意義　斎藤　晌 1
本会彙報 1
教化綱領通義　五、物心一如の大法　上――国家総力の充実　加藤　咄堂 2
町村自治の振興（上）　富田　文雄 2
教化市町村運動

更に邁往の意義を揚ぐ――名古屋市教化連区の大会 3
教化村進軍譜――群馬県振興懇談会 3
全村教化講座を宮城県教連で実施 3
基礎漸く確立し愈々真面目発揮――香川県教化村選奨式 3
新生活観の徹底と同時に実践を期して劃期的一億常会開催さる 4
時局下教化対策特別委員会設置――調査研究に着手す 4
教化史蹟記録小説体に編纂――今秋単行本として刊行 4
埼玉県教連の総会 4
興亜奉公日八月の新指針――生活正義への出発の日 4
静岡県下教化指導者講習協議会 4
産業戦士に〝生活訓〟――生活の刷新を断行 4
第三次近衛内閣成立　近衛首相決意を披瀝――今日は皇国不動の国策を唯実行あるのみ 5
伊藤情報局総裁の土曜放送――変転極まりなき国際関係恃むは自力あるのみ　伊藤　述史 5
金鵄勲章制度の劃期的改正　御創設の聖旨御顕揚――年金令廃止・併佩御許し 6
財団法人大日本忠霊顕彰会総裁官奉戴式挙行 6
忠霊塔にたぎる国民の赤誠――その後の建設状況は…… 6
尊し〝銃後四年間の戦果〟――献金一億三千万円 6
支那事変四周年を記念し帰還勇士を楔とする前戦と銃後を結ぶ集ひ 6
国鉄夏の輸送を徹底的統制――積極的に国策輸送に協力を 6
豆債券の売出し 6
〝電報〟に制限 6
大日本興亜同盟の発足 6
融和事業協会同和奉公会と改称 6
暴利取締の強化――買占・売惜しみ・抱合せ販売禁止 7
銃後女性に相応しい婦人国民服制定をめざし広く一般より試作品を募集 7
国民学校で席次廃止――通信簿も甲乙丙から優良可に改めらる 7
共同財産を持つ隣組／台湾志願兵初名乗り／隣保班の恒久的共同炊事／飛行機に蛹も一役／讃へよ〝勲の家〟／青島でも隣組を結成／小作人の名称を抹殺 7
本県常会の動向と振興管見　鳥取県　細川　隆 8
ニュース籠 8

## 第二七〇号　一九四一（昭和一六）年九月一日

臣民の道　藤野　恵 1
九月の興亜奉公日実施要綱　生活戦体制の確立――先づ生活全面に亘る単純化を 1
教化史蹟記録刊行第二陣 1
本会彙報 1
教化綱領通義　五、物心一如の大法　下――国家総力の充実　加藤　咄堂 2
教化綱領 2
全寿奉公の道　今井常四郎 3
教化市町村運動
周到なる準備の下に高度教化村を建設――愛媛県下教化村

選奨式 4
大分県下の教化村振興懇談会 4
教化村視察研究会――滋賀・京都に開催 4
躍進途上の八幡浜市教化市として新しき門出――厳粛盛大な開設宣誓式挙行 5
教化村平良の躍進　満五ケ年の記念式典――物語る枝松村長苦心の跡 5
町村自治の振興（中）　富田　文雄 5
米価買入値引上げ　販売価格は不変――農相、農民精神の発揮と消費規正の徹底を要望 6
全国へ配られる防諜訓 6
十月三日軍人援護の〝重要性を強調実践〟 6
土に輝く高齢夫婦 6
ニュース籠 6
国民労務動員の戦時編成化を期し近く〝国民皆労報国運動を〟展開 7
内外の情勢緊迫に備へ「学校報国団」を再編成 7
新婦人団体の名称大日本婦人会と決定 7
国民錬成所敷地決る――紀元二千六百年式殿小金井に移設 7
敬神修養の殿堂――帝都神域に中央道場 7
第十八回「酒なし日」運動 7
地方色点描 7
教化史蹟　善人喜兵衛の遺蹟を訪ふ　熊原　政男 8
笑和運動と川柳　代田　重雄 8

**第二七一号**　一九四一（昭和一六）年一〇月一日

教化綱領通義　六、公私一元の本旨　加藤　咄堂 1
役職員動静 1
教化市町村運動
臨戦態勢方策を組上に――奈良県教化村視察研究会開かる 2
切磋共励に努む――岩手、秋田の教化村協議会 2
臨戦時体制の速かなる強化を期し戦時生活強化講演会開催 2
静岡県下に於ける軍人援護に関する研究会 2
銃後奉公強化の国民運動を展開――挙国的援護の実を挙ぐるは皇国臣民の重責 3
興亜奉公日十月の指針　戦争物資動員の日――物資の合理的更生活用の実践を 3
予告　文部省委託公民教育教化町村幹部講習会――全国五地方に開催 3
教化翼賛に挺身――教化町村新に二十七町村増加 3
軍人援護に拍車をかけた福岡県に於ける講演協議会 3
町村自治の振興（下）　富田　文雄 4
常会指導者講習会概況報告　群馬県川内村 4

**第二七二号**　一九四一（昭和一六）年一一月一日

見える協同と見えざる協同　大島　正徳 1
十一月の興亜奉公日　生活能率増進の日 1

東条新内閣成立　1
本会彙報　1
教化市町村運動
臨戦下町村振興の新指標を講究――関東北陸教化町村幹部講習会　2
静寂の幽境春日山道場に教化町村幹部講習会　2
瑞浪町を綜合視察――成果を収めた岐阜の研究会　2
栄誉に輝く選奨式――宮崎県教化町村第二次の発足　3
東能勢村を会場に大阪府教化村（市）幹部視察研究会開催　3
誓は堅し三輪村――教化村宣誓式　3
港都長崎市に於ける教化市振興懇談会　3
軍事援護の精神を昂揚――宮崎県に於ける視察研究会　3
援護網の確立を期し全力をこれに集中――鳥取県に於ける教化町村視察協議会　4
軍人援護の完璧は教化の徹底に俟つ――広島県に於ける教化町村視察協議会　4
農村に見る一億一心――鳥取県二部村々常会視察記　岡本　4

**第二七三号**　一九四一（昭和一六）年一二月一日

崇神天皇の御聖徳及び事業に就て　井上哲次郎　1
崇神天皇聖徳奉讃の催し――十一月十四日講演会を開く　1
本会彙報　1
十二月の興亜奉公日実施要綱「一億前進の誓ひ」――正しき反省から力強き前進へ　2
予告　都市町内会指導者講習会――全国六ケ所で開催　2
故斎藤子爵記念図書館建設　2
常会定例日設定　2
聖戦書簡募集　2
教化市町村運動
新教化町村の発足――本年度指定を終る　3
万民翼賛に奮ひ立つ――中国地方教化町村幹部講習会　3
多大の成果を収めた教化町村講習会――東北、北海道地区終了　3
福島県教化町村常会　3
笑話運動と川柳　代田　重雄　4
教化史蹟物語相踵いで刊行さる　4
教化問題調査会特別委員会開催　4

**第二七四号**　一九四二（昭和一七）年一月一日

詔書　1
言論　大東亜の黎明　1
帝国政府声明――堂々中外に宣明　1
本会彙報　1
全国教化関係者に会長告辞　柴田善三郎　2
宣戦の大詔を拝して教化関係者に告ぐ　清浦　奎吾　2
決戦生活訓新たに制定さる――決戦体制下に吾々は何を為す可きか　2
決戦態勢下国民の特に注意すべき事項　2

大東亜戦争と列国の動き　米田　実　3
教化市町村運動
多大の成果を収めた都市町内指導者講習会――北海道、東北、関東地区並に中部地区を終る　4
銃持つ心で修練四日――霊場高野山での講習会終る　5
決戦体制下軍人援護精神へ徹底――青森県教化町村協議会　5
大東亜戦争対米英戦の呼称決す　5
教化綱領　5
菅原兵治氏著『村を護る』を読む　5
連峰雲　国府　犀東　6


## 第二七五号　一九四二（昭和一七）年二月一日


昭和十七年建国祭を迎へて　鈴木　孝雄　1
南方共栄圏――視察の旅より帰りて　佐々木盛雄　1
紀元節国民奉祝実施要綱　2
二月の常会徹底事項――決戦生活態勢の強化に驀進せむ　2
大詔奉戴日の実施について　2
教化報国期成式――東京府教連で挙行　2
丸山義二氏を囲んで教化町村に関する懇談会開催　2
断末魔に喘ぐ星港（＊写真）　2
決戦体制下に於ける都市町内会指導者講習会――近畿、並に四国地区を終了　3
紀元節の佳節をトし聖旨奉体教化市更に五市を指定　4
教化村を巡りて（一）　丸山　義二　4
軍人援護に関する講演協議会　4
奈良県に於ける輝かしき教化村宣誓式　4
本会彙報　4


## 第二七六号　一九四二（昭和一七）年三月一日


詔書謹話　伊東　延吉　1
鉄条網破壊（＊写真）　1
応募原稿を整理「聖戦書簡」の編纂――五月上旬刊行予定　1
本会彙報　1・5
大東亜戦争完遂　翼賛議会の確立を期す――翼賛選挙貫徹運動展開　2
三月の常会徹底事項――次の四項目を決定す　2
活溌なる活躍を期待されて大日本婦人会愈々発足　3
昭和十七年度貯蓄目標額二百三十億円と決定　3
新装なれる本会々館を開放　3
小倉市開設宣誓式第二回詔書奉戴日に挙行　3
教化市振興懇談会――先づ長崎市で開催　3
教化市町村運動
聖旨奉体教化市町村に御下賜金を配賜――紀元の佳節を期し　4
一大成功裡に都市町内会指導者講習会――中国、並に九州地区を以て全部完了　4
教化市町村使命達成に聖戦下雄々しく発足　山口県／山梨県　5
大分県教化村視察研究会――凍てつく寒気の中人情に守られ　5
山口県教化村視察の研究会――梅花ほころぶ大野で開催　5

教化村を巡りて（二）　丸山　義二　6
農業生産統制令の実施　丹羽　四郎　6

**第二七七号**　一九四二（昭和一七）年四月一日

衆議院議員総選挙に際し教化関係者に告ぐ　清浦　奎吾　1
本会彙報　1
昭和十七年度事業計画書概要　財団法人中央教化国体連合会　2
理事会開催――十七年度予算決定　3
役職員動静　3
教化綱領　3
教化市町村運動
「教化市町村連盟」を結成――岡山県の連絡共励協議会の成果　4
福井県教化村選奨並視察協議会――堺村にては宣誓式挙行　4
模範部落会町内会自治振興中央会で表彰――教化市町村関係は二十件　4
理想郷の建設を誓ふ――鳥取県の教化村開設式　5
決戦下の町村をどうするか――熊本県の視察研究会　5
八代市の教化市懇談会　5
第拾壱回禁酒禁煙遵法運動　5
教化村に咲いた国債消化美談――岡山県阿哲郡本郷村　5
大東亜建設決戦下岡山県教化大会　6
奈良県教連の時局大講演会――奈良市公会堂に開催さる　6
教化村一丸となりて軍人援護を――埼玉県に於ける視察研究会　6
お断り　6
加藤咄堂氏著『興亜国民の修養』　6
四月八日の大詔奉戴日実践事項――「翼賛選挙の貫徹」「必勝食生活」を提唱　7
部落会・町内会指導座談会　7
四月の年月行事　7
翼賛選挙の誓　7
四月の常会徹底事項に就て　8

**第二七八号**　一九四二（昭和一七）年五月一五日

全国教化連合会主務者会　大東亜戦争下に於ける教化運動の方針闡明――空襲警報発令下未曾有の緊張裡に終始　1
（＊標語）汗を尊べ貯蓄を誇れ　ほか　1・3・4・5・7
加盟団体
京都府教連で教化指導者錬成会　5
山梨県教化事業協会第十六回総会　5
貯蓄は戦時下国民の必須の最高臣道――全国に強力な貯蓄運動展開　6
昭和十七年度国民貯蓄奨励協力運動要綱　6
二百三十億貯蓄強調週間実施要綱（国民貯蓄奨励局発表）　7
教化市町村運動
千葉県神里村の開設宣誓式　7
三教化村を追加指定　7

教化問題調査会総会 7
奉仕会々長に荒木大将就任 7
本会彙報 7
大東亜戦争の完遂へ――教化総進軍の大会議開催 8
都市町内会指導者講習会――全国八地方に開催 8
新刊紹介　西原慶一氏著『言葉の躾』 8

**第二七九号**　一九四二（昭和一七）年六月一〇日

大東亜戦争完遂　教化振興全国協議会
赫々たる戦果に応へ国内教化体制を整備――未曾有の緊張裡に審議 1
祝辞　橋田　邦彦 3
地方状況報告
各宗派・教派に貯蓄組合を　西尾　六七 6
県下の難村から模範村への努力　篠塚　正樹 6
三十数年の教化漸く実を結ぶ　今給黎誠吾 7
常会の振興に集中　山本権一郎 7
教化村連盟の結成各団体の同一歩調　伊藤　末尾 8
基底組織の運営に教化関係者の努力を要望――岡本内務省振興課長挨拶　岡本　茂 6
感謝決議文　清浦　奎吾 8
（＊標語）我に無駄なし貯蓄あり　ほか 7・8
教化市町村運動
聖旨奉体玉野市前進態勢整ふ――盛会裡に開設宣誓式挙行 9
大詔奉戴日をトし沼津市で宣誓式挙行 9
聖旨奉体教化市沼津の標語新たに決定さる 9
京都府教化団体連合会主催教化運動指導者錬成会開催さる 10
大阪府教化団体連合会加盟団体排酒排煙による醵出金を本会に寄附 10
氏子観念の涵養方策成る 10
大政翼賛会に各省主宰の国民運動を吸収 10

**第二八〇号**　一九四二（昭和一七）年七月一〇日

戦時国家の要望に副ひ教化市町村の指標樹立――飛躍的進展を期待 1
相互共励を図るため教化市町村連盟の結成を勧奨 2
石川県教化市町村協議会開催 2
（＊標語）汗を尊べ貯蓄を誇れ　ほか 2・5
聖旨奉体教化市
新興小松市を理想郷に――教化市宣誓式挙行 3
都市町内会指導者講習会――各地方別に始まる
九州地方講習会／四国地方町内会指導者講習会 4
常会に於ける儀礼作法要項――中央教化団体連合会教化問題調査会特別委員会制定 6
都市民に対する氏子観念の涵養方策成る 8
感心した貯蓄実話　古谷　敬一 9

**第二八一号**　一九四二（昭和一七）年八月一日
畏くも入江侍従を御差遣　部落常会を視察せしめらる――光栄に感激の千葉県豊浦村　1
岡山県美和村に於ける常会指導の実際　林　甚八　2
国民貯蓄組合強化拡充期間――九月一日より卅日迄一ケ月間　3
本会職員異動　3
山梨県教化団体連合会と改称　4
教化史蹟を偲ぶ会――湯本堰と広蔵念仏　4
役職員動静　4
全国教化連合団体幹部講習会開催　4
柴田理事長徳島・高知県下の教化村視察　5
足利市の市民講座　5
満洲建国十周年慶祝東亜教育大会開催さる――本会より古谷常務理事出席　5
高島米峰氏著『聖徳太子』　5
都市町内会指導者講習会――中国・近畿並北陸地方を一大盛会裡に終了す　6
（＊標語）一億へ廻せ貯蓄の回覧板　ほか　7・8
教化綱領　8

**第二八二号**　一九四二（昭和一七）年九月一日
大東亜戦争下に於ける軍人援護　本庄　繁　1
軍事援護強化運動――自十月三日至十月八日　1
近代戦と貯蓄　小栗　銀三　2
神奈川県教化団体連合会の国民貯蓄協力協議会　3
想ひ出の九月一日第十九回酒なし日運動展開　3
部落会町内会の運営に関する懸賞論文募集　3
京都府下教化村視察研究会並教化団体代表者視察研究協議会　4
北海道教化町村躍進の跡著し――振興懇談会終る　4
小松市に於ける教化体制成る――結成式盛大に挙行　5
役職員動静　5
鳥取県教化町村連盟結成　5
稀有の感激で宣誓――広島県教化町村の新発足　6
更に一段の飛躍を期待多大の成果を収めて終了
　中部地方／関東地方／北海道東北地方　7
新刊紹介　佐久良東雄大人の『薑園歌集』を拝読して　柳原　白蓮　8
活映画板台本募集　9
予告　教化町村幹部講習会――全国七地方に開催　10
役職員異動　10
（＊標語）我に無駄なし貯蓄あり　10

**第二八三号**　一九四二（昭和一七）年一〇月一〇日
侍従御差遣に輝く教化市町村――使命達成に邁進を誓ふ　1
崇神天皇奉讃関西方面大講演会　1
本会彙報　1

（＊標語）一億へ廻せ貯蓄の回覧板　ほか　1・8
新穀感謝の行事——十一月三日より全国に展開　2
昭和十七年新穀感謝祭式次第——昭和十七年十一月二十三日　2
神嘗祭と新嘗祭　小林　巌雄　2
十月の常会徹底事項　3
銃後奉公の誓　3
翼賛会の指導組織に部落会と町内会　4
全国教化連合団体幹部講習会——前会長故斎藤子爵墳墓の地
岩手県水沢町に於て開催　5
教化町村幹部講習会開始——北海道東北地方及び関東地方を
皮切りに　6
理想郷銚子建設へ発足——教化市宣誓式挙行　6
常会運営の根本理念　宮沢　英心　7
教化綱領　8

## 第二八四号　一九四二（昭和一七）年一一月一五日

本会々長清浦奎吾伯薨去　1
十一月の常会徹底事項に就て　湯川　洋蔵　3
十二月の常会徹底事項　3
秩父聖人の法要と座談会　4
（＊標語）我に無駄なし貯蓄あり　4
崇神天皇聖徳奉讃の多彩なる絵巻開く——十一月十四日を中
心として　5
神奈川県に教化協会設立——教化団体連合会統合強化さる　5
教化綱領　5
秩父聖人に就て　秦　賢助　6
『聖戦書簡集』刊行——全国各書店にて発売　6
本会彙報　6・8
教化市町村運動　教化町村幹部講習会
近畿地方／中部地方／四国地方／中国地方　7
鳥取県三村の選奨式　8
鳥取県田後村の宣誓式　8

## 第二八五号　一九四三（昭和一八）年一月一日

国家的人生観の鼓吹　加藤　咄堂　1
南方建設の現況を語る　竹田　光次　2
一月の常会徹底事項　大政翼賛会　5
年末年始をかうして迎へよう　5
教化都市幹部講習会開催——石川県小松市に於て　6
聖旨奉体教化市小松の標語新たに決定　6
塩津村で愛知県教化市町村の視察協議会　7
山口県教化町村視察研究会　7
大滝村記念式挙行　7
教化市町村連盟結成——石川、山口両県で　7
本会彙報　7
崇神天皇聖蹟——山之辺の道を歩く　木　公　生　8
予告　敬神観念徹底協議会　8

### 第二八六号　一九四三（昭和一八）年二月一日


勅題の最高精神　国府　犀東　1
時局解説　湯川　洋蔵　2
新春を迎へた小松市の必勝完遂祈誓大会　4
教化綱領　4
紀元節国民奉祝実施要綱　5
二月の大詔奉戴日実施方策　5
二月十七日豊穣を祈る日工場では増産を　5
敬神観念徹底協議会　6
本会理事林銑十郎大将薨去　6
二百三十億完遂——郵便貯金強調運動　6
茨城県教化村幹部懇談会概況報告　富田　文雄　7
教化町村幹部養成興村塾開設要項　8
本会彙報　8


### 第二八七号　一九四三（昭和一八）年三月一日


神祇崇敬と其の実践　溝口　駒造　1
必勝貯蓄運動強調週間——自三月一日至三月二十日　2
撃ちてし止まむ——敵撃滅！　一億の合言葉　谷萩那華雄　3
活映（幻灯）用脚本懸賞募集要項　3
三月の常会徹底事項　4
聖戦完遂米穀供出報国運動　4
国民精神作興詔書渙発二十周年を迎へ教化市町村愈々拡充躍進す——紀元の佳節本年度指定を了す　5
群馬県新教化村設定打合会　5
滋賀県下教化町村の選奨式並教化村視察研究会　5
長野県教化村選奨式並視察研究会　5
農聖木屋石門　漆島　紫部　6
昭和十七年度指定教化町村一覧　6
本会彙報　6


### 第二八八号　一九四三（昭和一八）年四月一〇日


地方教化連合会主務者協議会　1
昭和十八年度事業計画概要　財団法人中央教化団体連合会　3
本会彙報　4・10
戦時的大感激裡に「興村塾」終る——熱血の農士・村に帰る　5
教化村視察研究会——三月中十二府県にて開催
神奈川県／新潟県／奈良県／岐阜県／大分県／鹿児島県／
広島県／岩手県／秋田県／福島県／兵庫県／大阪府　6
活映（幻灯）用脚本懸賞募集要項　6
所感　富田　文雄　7
昭和十七年度教化市町村指定を終る　8
新教化村の発足——群馬県下の開設宣誓式　8
「模範村」の在り方研究——佐賀県教化連合会主催　9
禁酒禁煙遵法運動　9
佐賀県教化大会　9

岡山県教化市町村共励の会　9
玉川指導者錬成会　9
敵愾心昂揚標語　9
教化市振興貯蓄増強協議会　銚子市／沼津市／玉野市／足利市　10

**第二八九号**　一九四三（昭和一八）年五月一日

戦ふあの町、この村　古谷　敬二　1
五月の常会徹底事項　3
はがき回答　3
理想郷伊勢帰――愛知県丹羽郡扶桑村伊勢帰部落を訪ねて　4
貯蓄新目標と空地利用――五月の大詔奉戴日実践事項　5
教化町村視察研究会　福岡県／鳥取県　富田　文雄　6
活映（幻灯）用脚本懸賞募集要項　6
砥川（佐賀）勾金（福岡）の教化村振興懇談会　7
教化市振興貯蓄増強協議会　八代市／小倉市／宇部市　7
本会彙報　7
飛騨の観音講　熊原　政男　8

**第二九〇号**　一九四三（昭和一八）年六月一日

決戦体制下に於ける農村と都市との国民貯蓄　野田沢軍治　1
「郵便貯蓄とわが生活設計」募集　3
貯蓄総進軍・特別計画　大蔵省国民貯蓄局　4
理想郷伊勢帰――愛知県丹羽郡扶桑村伊勢帰部落を訪ねて　二　4
決戦下の組合　6
はがき回答　国債債券の消化はどうしてをられますか　6
大東亜戦争必勝都市町内会指導者講習会――全国七地方に於て開催　7
山梨県教・連第十七回総会　7
向陽会だより　7
本会彙報　7
島根県教化市町村指定書並御下賜金分賜伝達式終了　8
教化市設定打合会並記念式　田辺市／出雲市／塩釜市　8
栄村山梨教化村開設宣誓式　8
六月の常会徹底事項　8

**第二九一号**　一九四三（昭和一八）年八月一日

会長就任に際して　野村吉三郎　1
陣頭指揮の野村会長　2
野村大将を推挙――満場一致の緊急理事会　2
大東亜戦争必勝全国教連幹部講習協議会――来る八月五日より十日迄六日間　於・山口県萩市北古萩海潮寺　3
構成団体名称変更　3
八月の常会徹底事項　3
本会彙報　3・4・6
道徳的精神の昂揚　大島　正徳　4
文化実験村について　堀尾　勉　5
理想郷伊勢帰――愛知県丹羽郡扶桑村伊勢帰部落を訪ねて

三
貯蓄奨励活映脚本当選発表　7
新会長野村大将を迎へ盛大な宣誓式――教化市「田辺」で挙行　7
青森県教化町村共励会開催　8
野村会長銚子市に於ける講演会　8
決戦下教化運動の新展開に関し都下有力教化団体参集し協議　9
滋賀県教化町村第二次計画協議会　9
足利市に於ける教化部長会議　9
教化市小松の活動　9
大東亜戦争必勝都市町内会指導者講習会各地で開催――既に六地方は終了　9
九州地方／中国地方／四国地方／近畿地方／中部地方／関東地方　9
新刊紹介　『ポケット幼学綱要抄』　ほか　11
父の思ひ出　松崎　直枝　12
飛騨の観音講　下　熊原　政男　14
はがき回答　国債債券の消化はどうしてをられますか　15・13


## 第二九二号　一九四三（昭和一八）年九月一日

本会理事長柴田善三郎氏逝去　1
輝く功績を残して　1
本会参与亀岡豊二氏逝去　1
百余名の名士集ひ野村会長就任披露会――七月三十一日・於大東亜会館　2
食糧戦と貯蓄――九月の常会徹底事項　2
村の共同施設　国塩　達太　3
全国教化連合団体幹部講習協議会終了　4
理想郷伊勢帰――愛知県丹羽郡扶桑村伊勢帰部落を訪ねて　三《ママ》　5
敵の弱点を恃まず実力を以て非望を撃摧せよ――野村会長・教化市「出雲」で講演　6
一億挙つて勝ち抜く誓――隣組常会で唱和呼掛け　6
中等学生諸君は進んで「空」の第一線へ飛込め――京都府与謝郡教育会に於ける会長の烈々たる講演　6
野村会長遺児を見舞ふ　6
山口県教化市町村連盟結成式挙行　7
野村会長を迎へ能登川町（滋賀）の教化町開設宣誓式　7
北海道教化町村選奨式と研究会視察　7
本会彙報　7
東北北海道地方都市町内会指導者講習会終了　8
酒なし日運動　8
真の日本人　生活と信仰（一）　葉上　観然　8


## 第二九三号　一九四三（昭和一八）年一〇月一日

就任に当りて　留岡　幸男　1
本会理事長に留岡幸男氏就任　1
決戦教化方策協議教化総動員会議開催　1
米英撃滅の教化総力戦を展開――教化問題調査会で立案決定　2

奈良大将本会顧問に就任　2
（＊標語）国土悉く戦場国民皆戦士　2
十月の常会徹底事項　2
軍人援護強化運動――来る十月三日より八日迄・六日間　3
護れ・兵の家――十月の奉戴日実践事項　3
「勤労報国隊の歌」歌詞募集　3
毘陽にさきんじた甘藷の島翁　北沢　貴洲　4
大東亜戦争必勝教化町村幹部講習会開催
北海道・東北地方／関東地方／北陸（中部ノ一部）地方／
近畿地方　5
野村会長臨席のもとに教化市「塩竈」開設宣誓式――盛大厳
粛に挙行　6
（＊短歌）　守屋　栄夫　6
日米開戦の実相を闡明――野村会長青森県で講演　7
秋田県庁員に対し会長講演　7
会長野村大将迎へ必滅誓ふ足利　7
奈良県教化村選奨式並研究懇談会　7
本会彙報　7
聖徳太子　生活と信仰（二）　葉上　観然　8
古谷敬二氏著『正しい部落常会の開き方』　8

**第二九四号**　一九四三（昭和一八）年一一月一日

農工協力の秋　小野　武夫　1
戦力増強国民精神作興協議会――十一月十日・十一日を期し
て文部省大会議室に開催　2
十一月の常会徹底事項　2
水禍を克服して起ち上つた村　神奈川県愛甲郡玉川村　2
大常会と全村運動会　徳島県名東郡南井上村　4
いざ空襲！のその時どんなものを携行する　4
貯金通帳無駄一掃標語募集　4
四国・九州に於ける教化町村幹部講習会終る　5
必勝の道を説く――野村会長鹿児島で講演　6
会長教化村喜入村を視察　6
野村会長梅園村（埼玉）で講演　6
千葉県教化村選奨式――更に第二段階へ邁進　6
教化市町村準備打合会岐阜県で開催　6
静岡県教化市町村綜合視察研究会　7
本会彙報　7
国民座右の銘（十一月）　7
禊の精神　生活と信仰（三）　葉上　観然　8

**第二九五号〈戦力増強国民精神作興協議会特輯〉**
一九四三（昭和一八）年一二月一日

相踵ぐ大戦果に応う　重なる恩命拝し同志一斉の奮起――盛
観なりし国民精神作興協議会　1
皇軍将兵に対する感謝決議　野村吉三郎　2
恩命を拝して　野村吉三郎　3
協議事項　国民精神作興協議会　4

丸山事務総長公園要旨　丸山　鶴吉　5
文部大臣訓話要旨　橋田　邦彦　5
協議会雑観　6
教化実践者に輝く選奨式　7
実践方途等懇談主務者打合会　8
崇神天皇奉讃行事――十一月十四日各地に挙行　8
愛知県教化町村視察研究会　8
理事長就任披露会――理事会に引続き開催　8
第五十六回理事会　8
近藤寿治（文部省教学局長）理事に就任　8
十一月分役職員動静　8


## 第二九六号　一九四四（昭和一九）年二月一五日


（＊標語）一億一心米英撃滅　1
決戦下の国民貯蓄の重要性――特に応能貯蓄に就て　永田　健三　1
野村会長福田に獅子吼　2
石川県教化市町村民精神作興大会　2
埼玉県大滝村教化記念式　2
瑞沢村の常会　2
多大の成果を収め興村塾終る　3
足利市教化市開設四周年記念行事　3
教化市幹部講習協議会終了――中部地区・堺市に開催　4
故柴田善三郎氏記念事業会生る　4
長野県教化村視察研究会　4
埼玉県国民精神作興協議会と鷲宮町民大会　4
大阪で国民精神作興協議会開催　4
千葉県教化町村設定打合会　4
鉢形村錬成講習会　4
野村会長を迎え千葉県教化団体総会　4


## 第二九七号　一九四四（昭和一九）年三月一五日


（＊標語）一億一心米英撃滅　1
第二戦のきほふ時　秋山　邦雄　1
教化市町村新指定――更に一段の飛躍へ　2
群馬県下三ヶ町村宣誓式　2
聖恩に感泣――御下賜金を配賜　3
会長告辞　御下賜金配賜に当り教化市町村民各位に告ぐ　野村吉三郎　3
嚶鳴村（千葉）教化村開設宣誓式　3
西日本教化市幹部講習協議会　3
野村会長出席の下に四国各県の国民精神作興協議会　4
洲本市の教化市宣誓式野村会長臨席　4
野村会長坂出市（香川）に於て講演　4
山川理事薨去　4
沢田参与逝去　4


＊以降未見

## 解説執筆者


須田将司（すだ・まさし）

一九七七年生まれ。東洋大学文学部教育学科教授、博士（教育学）

主な著書等　『昭和前期地域教育の再編と教員「常会」の形成と展開』（東北大学出版会、二〇〇八年）、梶山雅史編著『近代日本教育会史研究　新装版』（共著、明誠書林、二〇一九年）、梶山雅史編著『近・現代日本教育会史研究』（共著、不二出版、二〇一八年）、南相馬市教育委員会文化財課市史編さん係編『原町市史』第二巻（通史編2）近代・現代（共著、南相馬市、二〇一八年）、梶山雅史編著『近代日本教育会史研究　続』（学術出版会、二〇一〇年）ほか



復刻版

『教化運動』解説・総目次・索引

解説　須田将司

２０１９年９月25日　初版第一刷発行

発行者　小林淳子

発行所　不二出版　株式会社

〒１１２-０００５

東京都文京区水道２-10-10

電話　０３（５９８１）６７０４

http://www.fujishuppan.co.jp

組版・印刷・製本／昴印刷

乱丁・落丁はお取り替えいたします。

別冊　定価（本体 3,000 円＋税）

ISBN978-4-8350-8263-9

2019 Printed in Japan

# Ⅲ 索引

## 『教化運動』執筆者索引・凡例

一、索引は配列を五十音順とし、外国人名も姓を基準とした。

一、原則として旧漢字、異体字はそれぞれ新漢字、正字に改めた。

一、表記は、号数―頁数の順とした。

一、号数表記の「会」は会報を、「附」は附録(関西附録も含む)を、「臨」は臨時号を示す。

一、原本に頁数表記のない場合は、頁数に(　)を付した。

一、〔　〕は編集部の補足であることを示す。

(編集部)

# 『教化運動』執筆者索引

《あ》


隘径生（ＩＫ生）　23-10, 24-8, 25-12, 26-8, 27-8, 31-8, 33-8, 34-12, 35-8, 36-8, 37-11, 38-8, 39-8, 42-8, 44-8, 46-6, 48-8, 52-8, 55-2, 55-6, 56-8, 57-4, 64-6, 67-6, 69-6, 81-8, 92-8, 93-6, 97-8, 102-6, 108-6, 111-6, 115-8, 118-8, 121-8
青木得三　50-1
青地忠三　169-5, 170-5
赤堀郁太郎　37-2
秋岡保治　83-4
秋田喜十郎　161-7, 211-6
秋保安治　58-2
秋山邦雄　297-1
暁烏　敏　96-6
浅井藤一　231-8
朝倉文夫　46-4, 47-4, 70-6, 71-6, 73-8, 80-8, 82-8, 83-8, 100-5
浅野卓次　245-5, 247-6
浅野長勲　141-1
浅場慶夫　245-5
安達謙蔵　会8-7, 5-2, 52-7, 187-2
アツケルマン，エリーズ　207-3, 208-7, 209-8
阿部賢一　56-10, 231-1, 232-1
綾川漁人　110-5, 111-5, 112-5, 125-3, 128-3
新居善太郎　35-5, 36-5, 37-9
荒川五郎　62-4, 63-8, 78-2
荒木貞夫　19-1, 32-2, 67-3, 212-1, 214-2, 215-1, 225-3
有友寿次郎　239-6
有馬良橘　17-1, 62-1, 159-1, 234-3
有吉忠一　159-5
粟屋　謙　51-4, 57-1
安藤嶺丸　5-6
飯田久恒　217-3
飯野次郎　60-5, 62-5, 64-5
池田　克　75-7
池田純久　31-7, 32-7, 34-11, 43-6, 66-4, 99-5, 100-7, 102-5, 183-4, 185-5, 221-2, 240-5
池田　宏　51-4, 214-8
生駒高常　97-4
石川　謙　77-1, 224-2, 226-2, 229-2, 230-2, 231-2
石川貞右衛門　230-4
Ishikawa-chiyomatsu　13-4
石黒忠徳　臨-2
石田　馨　59-2
石津照璽　140-3, 141-5, 142-1, 143-1, 144-4, 232-1, 233-1

石塚英蔵　13-9
石丸優三　79-6
石光真臣　25-2
伊豆凡夫　42-4, 93-1, 111-2, 176-2, 225-4, 227-8
泉田　一　246-3
板垣征四郎　214-3
市川源三　224-1
市川　彩　166-5, 168-5, 169-5, 170-5
市川房枝　236-10
一木喜徳郎　5-7, 13-1, 28-3, 52-2
一晁→佐々井一晁
伊東延吉　78-1, 276-1
伊藤公平（公平）　241-6, 242-4
伊藤伊行　41-8
伊藤章三　223-8, 224-4, 226-4, 227-4
伊藤末尾　41-8, 154-7, 279-8
伊藤武彦　26-2
伊藤述史　269-5
伊東忠太　13-10
伊藤彦左衛門　104-12
伊藤　博　230-4
稲田龍吉　13-7
犬養　毅　23-1
井上吉次郎　148-5, 149-7, 150-7
井上哲次郎　13-7, 61-4, 113-1, 140-4, 181-3, 273-1
井上秀子　230-1
井上文成　121-7, 122-6, 123-6, 124-6, 154-9
猪間驥一　25-9
今井常四郎　270-3
今泉定助　10-3, 11-4, 12-6, 13-5, 17-4, 18-11, 51-5, 57-1, 81-2, 83-4, 101-1, 220-3
今岡近太郎　155-7
今給黎誠吾　279-7
入倉善二　41-8, 68-8, 239-6
入沢宗寿　207-1
岩上維精　211-7
岩崎春茂　178-3
岩原　拓　83-4, 175-2
ヴァラー，ロバート　24-6, 25-10
植木直一郎　251-1
上田恭輔　24-5, 25-5
植村澄三郎　13-4
宇垣一成　52-3, 127-2
鵜澤聡明　13-10
潮恵之輔　15-5, 51-5, 154-2, 154-3
牛塚虎太郎　57-2
歌田千勝　241-5
内ケ崎作三郎　182-6
内山天壇（天壇生、内山生）47-1, 50-2, 53-6, 56-6, 58-7, 59-2, 59-3, 64-3, 65-6, 69-6, 79-6, 82-8, 83-8, 84-6, 85-6, 107-4, 108-5, 109-8
宇野円空　233-1, 234-1
梅崎卯之助　168-1, 169-2
梅田　健　239-9
漆島紫部　287-6
江木理一　175-2
S・M生　66-4, 67-5
S・O生　164-2
枝松五六　205-2, 206-2, 242-6
江藤喜友　54-3
海老名弾正　138-1, 139-1
大串兎代夫　134-2, 135-1

大熊　真　39-3
大倉邦彦　22-4, 51-5, 68-9, 86-1, 124-3, 170-1, 222-1, 223-4, 256-1
大蔵省国民貯蓄局　290-4
大島正徳　2-5, 11-1, 18-6, 19-4, 22-3, 24-6, 30-2, 45-4, 46-2, 47-1, 51-6, 89-1, 103-1, 106-1, 107-2, 108-2, 110-1, 116-8, 122-1, 142-1, 164-5, 200-1, 201-2, 210-3, 272-1, 291-4
太田健治郎　41-8
大妻コタカ　25-3
大野信三　257-8, 259-6
大場弥平　58-4
大平喜間多　210-8, 213-8
大森金五郎　13-12
大森佳一　104-5
大矢宗介　249-6
大山生寄　12-5
岡江　豊　68-8
岡崎　勉　195-2
小笠原長生　13-8, 89-1
小笠原長幹　25-2
岡田啓介　104-4, 105-4
緒方知三郎　13-5
岡田文秀　211-3
岡田良平　15-1
岡部長景　189-4
岡　本　272-4
岡本寛一　245-6
岡本　茂　279-6
岡本寿一　236-12
小川貫璽　101-3
荻野憲祐　262-6, 263-2
奥山仙三　68-8, 154-9, 229-5, 230-4, 232-2, 247-5
小栗銀三　282-2
尾佐竹猛　141-2, 142-2, 160-3, 161-2
小田成就　247-1
小津留之助　76-6, 77-6
乙竹岩造　246-2, 247-1, 248-1
小野賢一郎　91-1, 221-4
小野武夫　33-1, 166-1, 193-1, 194-1, 218-11, 224-1, 234-2, 235-2, 236-2, 237-2, 238-2, 239-8, 257-7, 294-1
小野正康　100-6, 102-4
小野寺俊児　230-4
小浜浄鉱　220-4
小汀利得　192-1
小尾範治　7-5, 45-4, 49-1, 141-2, 213-1

《か》

海江田喜次郎(海江田生)　38-7, 106-6
加々美武夫　104-4
角田誠一郎　239-4
笠井栖乙　42-8, 52-8
笠森伝繁　7-6, 210-4, 213-2, 216-2, 217-1, 233-2, 267-8
鹿島守之助　75-8, 82-2, 103-6, 120-8, 155-4, 171-1, 172-3, 188-1, 218-4, 225-2, 241-7, 257-2
片岡一亀　104-13
片桐竜興　239-6
加藤於菟丸　194-1
加藤寛六郎　13-3
加藤武雄　118-8

加藤咄堂(咄堂、咄堂生)　会5-62, 1-4, 2-1, 8-9, 11-2, 13-2, 19-2, 20-2, 22-1, 23-1, 24-1, 25-2, 25-4, 26-2, 26-3, 27-2, 30-2, 30-5, 31-2, 32-1, 33-3, 34-2, 35-1, 35-2, 37-6, 38-3, 39-1, 40-1, 42-1, 42-4, 43-1, 44-1, 44-2, 47-3, 52-7, 55-1, 57-2, 附57-3, 64-2, 66-1, 66-6, 81-2, 83-4, 87-1, 91-1, 106-1, 118-8, 119-1, 121-2, 123-5, 124-1, 125-4, 133-1, 134-1, 135-3, 155-1, 159-2, 160-4, 169-1, 177-3, 178-5, 180-6, 181-8, 185-4, 186-3, 187-5, 188-5, 189-5, 190-5, 191-3, 192-6, 194-3, 195-8, 196-7, 197-5, 198-5, 199-5, 200-3, 201-3, 202-6, 204-6, 205-4, 206-8, 207-6, 208-8, 209-8, 210-8, 214-8, 218-3, 220-3, 225-1, 229-5, 231-4, 232-2, 236-5, 239-3, 241-5, 255-1, 260-2, 261-5, 263-1, 264-1, 265-1, 266-1, 267-1, 268-1, 269-2, 270-2, 271-1, 285-1
金沢武夫　89-2, 91-3
金子堅太郎　6-1, 160-2, 161-1
金田竜二　194-6
金田日出男　10-10
嘉納治五郎　65-2
鹿子木員信　241-4
鎌田栄吉　52-2
蒲池正雄　41-8
神川彦松　38-2, 43-3, 56-9, 62-1, 84-5
亀岡豊二　5-7, 6-7
賀茂百樹　82-3
川久保得三　26-7
川崎卓吉　25-3
川端龍子　71-2, 72-6
河原春作　71-1, 91-1, 182-10, 214-3
川本信正　226-8
河原田稼吉　240-1
神崎一作　101-1, 146-1, 155-8, 156-6, 157-3, 158-1, 160-5, 161-5, 162-4, 163-6, 164-3, 165-5
神田海之助　64-4
菊沢季麿　77-1, 103-2, 159-9
木 公 生　285-8
岸三郎平　211-7
岸川善之助　25-11
岸田軒造　221-8
岸辺福雄　13-14
北沢貴洲　293-4
北谷義豊　附26-9, 附27-9
北野源治　156-4
北原阿智之助　68-8
北原白秋　91-1, 120-3
岐津静夫　31-5
木戸幸一　197-2, 200-2
義　堂　185-1
紀平正美　7-1, 13-14, 22-3, 45-5, 137-1, 138-1, 205-1
君島八郎　13-4
清浦奎吾　16-5, 150-1, 159-9, 160-1, 163-1, 174-1, 180-1, 182-3, 214-1, 215-2, 附258-2, 274-2, 277-1, 279-8

清瀬一郎　25-2
清谷閑子　142-5, 143-5, 145-5, 146-5, 147-5, 148-5, 149-7, 150-7, 151-7, 153-4
金 相 洪　209-5, 210-4
久志卓真　35-6, 235-8
国枝史郎　101-1
国塩達太　104-13, 159-12, 195-2, 246-3, 292-3
国松文雄　36-3, 37-2, 44-2, 109-2, 119-2, 181-6, 189-3
国吉信義　81-5
久保久一郎(久保生)　41-8, 85-5, 86-8, 87-6, 171-2, 172-2
久保萱堂　91-6
久保田正吉　101-8
熊谷辰治郎　83-4
熊原政男　143-5, 270-8, 289-8, 291-14
玖村敏雄　84-4, 85-6
倉富勇三郎　13-1
栗原　修　259-2
栗原美能留　214-6
来 正 生　222-4
黒板勝美　63-6, 78-5
黒木勇吉　47-1, 62-4
黒瀬　斉　239-6
黒田鴻五　58-2
桑木彧雄　13-10
桑木厳翼　13-9
桑田熊蔵　2-4
桑野桃華　233-8
桑野正夫　166-5, 169-5, 170-5
軍事保護院　236-8
ＫＦ生(K.F)　10-4, 13-15, 42-4
ケンペエル　54-4
小泉英一　31-7, 40-6, 47-6, 53-4, 66-6, 67-4, 166-2, 186-3, 189-4, 190-5, 191-5, 232-8, 253-4
小泉久平　154-9
香坂昌康　27-2, 57-2, 109-1, 157-1, 159-15, 189-1, 218-2, 244-7, 245-1
厚生省臨時軍事援護部　212-4, 225-6, 226-3
濠 茜 生　123-6, 124-6, 125-8, 126-6, 127-8
河野完三郎　69-1, 71-2
河野省三　59-2, 60-2
河野桐谷　46-3
公　平→伊藤公平
古賀幾次郎(古賀生)　51-6, 75-3, 79-4, 83-2, 163-6, 166-3, 170-3, 185-3, 186-6, 187-12, 188-8, 189-8, 190-5, 205-2, 206-2
国府犀東(国府種徳)　6-3, 13-3, 56-2, 78-4, 79-2, 96-1, 100-3, 101-3, 106-5, 107-3, 117-1, 155-1, 218-12, 241-2, 260-3, 274-6, 286-1
国民精神作興協議会　295-4
国民精神総動員中央連盟　234-3
古在由直　13-4
小島威彦　209-5, 212-8, 217-4
小平権一　36-2
児玉真一郎　41-8
児玉秀雄　159-4
児玉政介　236-4
後藤文夫　7-2, 20-4, 31-2, 40-1, 81-4,

104-4, 105-4, 159-2, 221-1
近衛文麿　170-1, 175-1, 178-1, 182-3, 186-1, 191-2, 206-1, 215-1, 218-6, 257-3, 258-2
小橋一太　会7-5, 会8-5
小林巌雄　283-2
小林吉次郎　166-5, 169-5, 170-5
小林猷信　166-5, 223-8, 224-4
小宮　修　195-4
五来欣造　38-4, 164-2, 256-2
金作之助　69-1
権田保之助　229-8
ゴンチャロフ　58-5

《さ》

在台十年人　12-9, 15-8
財団法人大日本消防協会　39-8
財団法人中央教化団体連合会→中央教化団体連合会
斎藤　响　94-7, 109-8, 112-6, 115-7, 120-4, 137-2, 138-2, 139-2, 169-1, 181-4, 206-4, 210-5, 216-8, 227-7, 230-8, 249-2, 260-3, 269-1
斎藤久吉　239-4
斎藤　博　78-1
斎藤　実　14-1, 15-1, 19-6, 号外-(1), 20-1, 21-1, 24-3, 25-1, 27-1, 28-1, 28-2, 31-1, 32-2, 32-7, 35-1, 38-1, 41-1, 51-1, 52-1, 52-2, 52-4, 56-1, 56-2, 57-1, 65-3, 68-3, 68-5, 68-7, 68-11, 77-8, 84-1, 85-3, 88-1, 95-1, 104-2, 105-4, 114-1, 116-1, 120-1, 159-8
斎藤良衛　17-2
佐伯定胤　附40-2, 附42-10, 附45-10, 附48-10
坂　千秋　194-1
坂上福一　230-4, 231-4, 232-2
榊原平八　239-12
坂本俊篤　159-3
作間喬宜　109-4
佐々井一晁(一晁)　1-6, 2-6, 3-4, 4-5, 6-6, 11-6, 12-10, 15-8, 16-8, 17-8, 18-12, 19-7, 20-5, 22-6
佐々井信太郎(佐々井生)　7-3, 10-5, 15-6, 18-7, 24-6, 26-2, 27-6, 30-3, 43-5, 68-9, 69-1, 73-5, 113-3, 196-1, 197-3
佐々木亀雄　104-13
佐々木太道(さゝきたいどう)　9-8, 10-2
佐佐木信綱(佐々木信綱)　91-1, 241-1
佐々木盛雄　275-1
佐々木義満　154-8
佐　藤　86-3
佐藤清勝　245-1, 246-1
佐藤賢了　218-9, 220-5, 221-7
佐藤広治　239-6
佐藤忠雄　95-3
佐藤茉莒　268-8
佐野恵作　56-5, 57-3, 58-3
沢田五郎　147-2, 148-2, 149-3, 151-1, 153-2
沢渡五郎　100-6
汐見三郎　218-5, 241-9

塩谷　温　16-1
繁田武平　3-6, 4-6, 5-6, 11-8
志田延義　137-4, 138-3, 139-3, 247-2, 248-2, 251-2
幣原喜重郎　5-1
志野隆則　附27-9
篠塚正樹　265-6, 266-3, 279-6
篠原英太郎　26-2
四宮憲章　70-4
柴　五郎　13-4, 13-13
柴田一能　175-3, 177-6
柴田甚五郎　196-7, 197-5, 198-5, 199-5, 201-5, 202-6, 204-6, 206-8, 207-6, 208-8
芝田末次郎　239-7
柴田善三郎　151-3, 159-5, 258-6, 260-1, 274-2
柴田寅三郎　5-6, 162-6, 164-6, 165-5, 166-6
柴田孫太郎　207-4, 208-4
渋谷玻瑠子　120-3
清水　澄　13-13
清水長雄　73-6, 74-3
清水芳一　185-1, 212-3
下村寿一　9-5, 22-3, 24-3, 25-9, 51-4, 57-2, 62-3, 220-3, 229-1
下村　宏（下村海南）　188-2, 215-3, 249-1
春 洋 生　42-3, 45-5
ショウ、グレン　会5-20
城　ノブ　25-9, 附31-10
代田重雄　241-6, 250-6, 260-8, 263-6, 266-8, 270-8, 273-4
新城新蔵　13-5
信　堂　56-4
進藤　正　73-5
末次信正　193-2
末盛直人　261-6
菅原時保　118-8
菅原兵治　127-4, 128-4, 129-3, 130-3, 158-2, 160-5, 161-5, 162-2, 213-4, 215-8, 216-6, 217-6, 220-10, 260-5, 261-6
過石井清　41-8
杉村陽太郎　46-1
杉山　元　174-3, 182-3
鈴木敬信　71-3, 73-4
鈴木孝雄　275-1
鈴木泰芳　229-4
鈴木嘉一　252-2, 253-2, 264-2, 265-1
鈴木隆一　232-4
鈴木鐐太郎　81-5, 104-12
関田義臣　68-9, 69-1
関野嘉雄　170-5
関屋貞三郎　51-4, 56-2, 57-2, 103-1, 109-1, 159-3
関屋竜吉　1-2, 10-1, 51-4, 162-1, 218-3, 257-1
雪　府　11-8
選挙粛正中央連盟　163-3
千石興太郎　35-3
全国教化連合団体銃後対策協議会　211-3
全国教化連合団体代表者大会　28-1
惣田太郎吉　6-4, 25-9
曾根朝起　254-6

《た》


大乗寺良一　162-2, 163-5, 164-3, 165-6
高垣惣太郎　91-2
高神覚昇　243-1, 244-7, 264-6
高木武三郎　76-5
高島平三郎　4-2, 61-5, 91-5, 140-1, 241-8
高島米峰(米峰道人)　3-5, 会5-5, 8-4, 9-4, 18-4, 22-3, 24-3, 24-6, 25-4, 30-3, 36-1, 37-1, 38-3, 39-4, 41-2, 42-2, 43-4, 44-3, 46-2, 49-4, 51-5, 54-2, 59-4, 61-5, 63-5, 77-2, 80-3, 83-3, 86-1, 88-3, 94-1, 96-1, 99-1, 102-1, 104-3, 104-17, 110-1, 116-5, 120-2, 124-2, 126-1, 129-1, 134-3, 137-6, 140-2, 140-4, 143-2, 144-2, 153-1, 159-16, 166-5, 168-1, 168-5, 169-5, 170-5, 173-2, 176-2, 177-1, 178-2, 182-9, 187-2, 188-2, 191-3, 193-2, 194-2, 196-4, 200-3, 204-2, 205-2, 207-2, 213-5, 214-4, 218-1, 218-8, 220-4, 221-1, 222-1, 225-1, 241-4, 241-5, 257-1, 260-5
高須虎六　131-6
高野辰之　77-8, 91-1, 101-4
高橋是清　26-1
高橋清吾　56-10
高橋敏雄　211-4
高村光雲　49-2
財部　彪　25-3
田川初治　245-5
多久安信　94-3
建川美次　19-3
竹下映丘　58-6, 62-6, 66-6
竹田光次　285-2
武富邦茂　22-2, 56-4, 71-1, 72-1, 84-6, 87-10, 100-4, 121-4, 132-1, 156-5, 158-5, 250-2
武部六蔵　237-1
田沢義鋪　131-3, 159-8, 195-1, 234-1
田代新一　245-5
田代伸多郎　248-6
田副　登　38-4, 39-4
立花高四郎　93-5, 94-10, 96-6, 202-4
橘　高廣　12-8
館林三喜男　166-5, 168-5, 169-5, 170-5
田中香苗　235-1, 236-1, 237-1
田中耕一　211-8
田中竜男　228-8
田中智学　92-1
田中平吉　239-6
田中隆三　3-1, 5-2, 5-7, 6-1, 15-1
棚橋源太郎　11-3, 25-9, 192-1, 193-1
田辺福松　239-5
田部《たなべ》重治　69-4, 89-6, 92-5, 95-7, 97-7, 98-3, 101-7, 103-5, 105-6, 106-3, 107-4, 110-6, 114-8, 117-6, 118-1, 119-3, 122-8, 125-8, 126-6, 129-5, 132-6, 135-2, 139-6, 145-5, 146-5, 151-7, 153-4, 155-3, 156-2, 161-4, 168-2, 169-2, 172-6, 180-6, 188-5, 191-5, 192-6,

205-6, 242-4
谷川佐代蔵　169-4
谷口萬次郎　附34-13, 附36-10
旅鳥生　33-7
竹　斎　26-6, 48-8, 186-5, 214-3
中央教化団体連合会(財団法人中央教化団体連合会)　会7-11, 14-1, 21-2, 42-2, 44-5, 44-7, 48-6, 49-5, 54-8, 64-6, 66-6, 71-4, 72-5, 74-3, 75-4, 76-4, 77-7, 80-7, 84-3, 85-3, 87-6, 88-5, 93-4, 94-9, 97-5, 99-6, 109-2, 110-2, 131-4, 137-8, 177-2, 211-3, 212-2, 213-2, 214-6, 266-3, 277-2, 288-3
月田藤三郎　35-3
月田寛子　49-1
土田杏村　56-11
堤康次郎　235-1
津幡　隆　239-5
坪井九馬　13-13
鶴田定治　239-6
鄭孝胥　61-1
ＴＹ生　26-2
寺尾　進　110-2, 111-1
寺沢孝久　155-6
暉峻義等　209-1, 210-1
天壇生→内山天壇
東京市　44-7
東京府　44-7
東京府教化団体連合会　44-7
道家斉一郎　241-9
東郷　実　11-2, 32-6, 48-4
東条英機　57-5
遠　山　86-4
遠山信一郎　68-8
徳富猪一郎〔徳富蘇峰〕　63-6
所　英吉　120-3
鳥巣玉樹　122-3
戸田貞三　48-5, 210-2
咄堂(咄堂生)→加藤咄堂
富田文雄　172-1, 173-1, 174-4, 189-5, 190-6, 191-4, 192-4, 193-6, 194-6, 195-4, 196-6, 197-4, 198-4, 200-4, 266-6, 267-7, 269-2, 270-5, 271-4, 286-7, 288-7, 289-6
とみやま　78-4, 79-2
留岡幸助　11-5, 12-5, 15-4, 17-5
留岡幸男　293-1
外山良造　240-6
豊浦与七　133-3, 134-4, 135-4, 137-4, 138-8, 142-6, 143-6, 149-8, 150-8, 151-8, 153-8, 155-4, 158-6, 160-8, 161-8, 165-6, 166-6, 168-6, 169-6
鳥海良正　154-8

《な》

内務省地方局　234-7
永井松三　96-4
中川健蔵　63-2
永倉栄利　170-4
中島久万吉　31-2
長島　貞　附32-9
中島徳蔵　25-3
仲宗根光　156-7

永田健三 296-1
中田俊造 22-6, 170-5
永田秀次郎 74-1, 159-5, 243-1
永竹浩洋 210-6, 215-6
中津川生 38-7
永野修身 127-2
中野信房 41-8
中村明人 212-5
中村清二 13-12
中村寛澄 5-6
中村正宏 162-3
中村武羅夫 118-8
長山吉次 201-4
中山竜次 26-4, 27-5, 29-3, 31-6
奈良武次 155-2, 156-1
南 海 生 26-5
新沼幾曾夫 239-9
西尾六七 279-6
西川好次郎 239-9
西原慶一 58-6, 62-6
西原竜夫 255-6
二十六回生 196-5
丹羽七郎 51-5
丹羽四郎 198-1, 199-1, 200-1, 253-2, 268-3, 276-6
根岸寛一 166-5, 168-5, 169-5
能勢天佑 68-8, 161-3
野田　清 156-4
野田沢軍治 290-1
野村吉三郎 85-1, 151-4, 159-11, 216-1, 217-2, 291-1, 295-2, 295-3, 297-3
乗杉嘉寿 93-5, 94-10, 96-6

《は》

葉上観然 292-8, 293-8, 294-8
橋田邦彦 258-2, 279-3, 295-5
蓮沼門三 82-6, 132-1, 226-1, 227-2
秦　賢助 284-6
秦　真次 45-4, 47-3
八田一男 26-10
鳩山一郎 24-1, 28-3, 41-3, 45-1, 51-1, 52-1, 52-2
花田仲之助 159-8
塙瑞比古 68-8
馬場鍈一 182-3
馬場了照 5-7
浜口雄幸 会8-4
浜中喜好 254-6
原　嘉道 13-10
林　毅陸 137-1, 162-1
林　謙一 265-2
林　甚八 281-2
林銑十郎 148-2, 149-3, 151-2, 163-2, 164-1
林　仙之 211-11, 236-10
林竜太郎 57-2
坂内青嵐(青嵐) 13-8, 13-10, 13-13, 19-1
東 86-4
東龍太郎 16-5
久　尾 86-5
久松潜一 208-2
日野春吉 41-8
樋上亮一 230-7, 245-6
日比野正治 57-6

平泉　澄　44-1, 59-1, 100-2, 101-2
平沼騏一郎　13-3, 215-1, 223-3, 227-1
平林広人　242-6
広田弘毅　126-2, 127-2, 154-3
深作安文　9-1, 13-13, 187-4
深美菊太郎　239-5
福沢泰江　27-2, 145-1, 146-1, 147-1, 148-1, 157-2
福島繁三　55-2, 201-1, 202-1
福田市平　67-4
福谷益三　10-2, 11-3
藤木　逸　120-3
藤沢親雄　88-6, 91-6, 92-6, 94-9, 96-8, 97-6, 218-4, 220-5, 221-2, 222-2, 223-4
藤浪彰一　60-4, 61-6
藤野　恵　6-5, 270-1
藤村益蔵　204-1
藤　本　86-5
藤原咲平　13-9
古館正孝　91-2
古谷敬二（古谷生）　13-11, 26-5, 30-4, 37-2, 38-3, 39-5, 54-3, 62-3, 65-2, 66-2, 67-2, 68-9, 69-1, 69-2, 70-1, 71-2, 73-5, 76-1, 76-2, 82-5, 84-2, 154-8, 159-3, 159-6, 176-6, 181-2, 192-4, 229-5, 243-6, 248-3, 249-5, 251-6, 252-6, 253-6, 258-6, 258-7, 261-2, 262-1, 266-2, 280-9, 289-1
米峰道人→高島米峰
ベーコン　60-3
ヘツヂス　会5-45
編輯子　42-4
編輯部　43-3
芳舟生　69-2, 70-2, 71-3, 72-2
星野俊隆　86-8
細井吉造　106-4, 107-3
細川　隆　244-8, 269-8
帆足理一郎　22-3
穂積重遠　158-1, 161-1, 254-1, 255-2
堀内敬三　222-8
堀内信水　13-9
堀内民一　91-2
堀尾　勉　291-5
堀木佑三　159-12
堀切善次郎　159-4
本庄　繁　235-4, 242-1, 258-2, 282-1
本多猶一郎　211-2

《ま》

米田《まいた》　実　17-1, 25-3, 35-2, 54-1, 58-8, 65-6, 74-2, 79-1, 88-1, 89-5, 99-2, 133-1, 144-1, 181-4, 228-7, 241-7, 260-4, 267-2, 274-3
前田宇治郎　附26-9, 104-12
前田多門　57-2, 112-1, 114-3, 115-6, 164-1
牧野輝智　56-11, 73-3, 165-1, 199-1
増子懐永　25-9
増谷達之輔　168-5, 169-5
正木　亮　22-4, 23-7
益富政助　86-7, 170-2
増森彦兵衛　5-7, 107-6, 239-6
松井石根　218-1
松井教爾　211-6

松井　茂　1-2, 3-1, 5-6, 7-1, 8-1, 9-2, 10-4, 13-2, 15-2, 20-2, 25-2, 27-5, 34-1, 35-1, 39-1, 43-2, 45-6, 51-3, 52-2, 56-1, 64-2, 66-6, 67-1, 68-2, 68-7, 69-1, 70-1, 71-2, 73-5, 83-1, 91-1, 103-1, 107-1, 113-2, 122-1, 127-2, 131-1, 146-2, 147-3, 149-1, 155-1, 159-1, 160-1, 163-1, 166-5, 170-5, 174-1, 182-7, 183-1, 187-1, 191-1, 197-1, 197-2, 214-1, 218-2, 220-2, 223-2, 225-3, 235-3, 241-1, 244-1, 245-2, 258-3, 258-7
松井春生　228-1
松浦鎮次郎　13-8, 244-2
松浦　一　12-3
松尾長造　30-5, 43-5, 134-1
松岡静雄　94-9
松岡洋右　39-2, 64-1
松崎直枝　291-12
松　下　生　116-6, 120-5
松島寅郎　70-1
松田源治　76-1, 77-2, 104-1
松田寅十郎　223-7, 239-5
松平恒雄　127-2, 154-3, 169-2, 176-1, 182-3, 188-1, 199-2, 215-1, 258-2
松宮石丈　26-2
松村介石　8-10, 48-1
松村秀逸　155-6
松村正員　23-5, 26-4, 27-4, 33-4
松本　学　218-9
松本勝三郎　156-3
松本忠雄　236-6, 237-6
松本政雄　211-8
松本峰太郎　70-1, 71-2
丸山仙吉　239-4
丸山鶴吉　35-4, 36-2, 51-4, 58-1, 122-1, 151-3, 159-7, 159-12, 183-1, 295-5
丸山義二　275-4, 276-6
三浦梅園　10-3
三上参次　12-4, 16-2
三国直福　144-1
三島誠也　259-1
水谷多香樹　5-6, 161-8
水野正七　68-8
水野練太郎　159-6
溝口駒造　262-2, 287-1
三矢宮松　51-5, 57-2
皆川治広　69-5
南出次郎　27-7
峰田一歩　5-7
箕浦多一　81-6
三原久生　104-13
宮古三郎　166-1, 168-2, 169-6
宮崎左止三　239-5
宮沢英心　283-7
宮沢四郎　189-5
宮田泰静　104-12
宮西一積(宮西生、三八二四生)　38-5, 71-1, 72-1, 73-1, 74-1, 101-5, 104-20, 142-3, 144-6, 173-6, 175-6, 181-8, 262-5
宮原多三郎　239-7
宮村才一郎　258-3

三好重夫　140-1, 141-1
三輪田元道　10-9, 61-1, 61-4, 202-1, 204-1, 205-1, 206-2
武藤能婦子　211-11
村岡花子　118-8
村上　直　118-2
村川堅固　223-1
村瀬貫一　104-13, 227-5
村田吉右衛門　33-5, 41-8
村地信夫　57-1
持永義夫　211-5, 220-4
本岡長三郎　159-12
泉二《もとじ》新熊　22-3, 220-3
本野久子　144-5
本山荻舟　70-6, 71-6, 72-6, 74-6, 75-8, 77-8
森　巻吉　12-7
森田熊吉　239-4
森本鶴松　239-5
守屋栄夫　159-15, 187-6, 190-1, 220-1, 241-8, 242-2, 261-1, 293-6
守山一意　104-12, 159-12

《や》

安井英二　104-4, 139-4, 170-3, 182-4, 258-2
安田清夫　166-5
安田英男　41-8
矢田茂夫　211-8
柳原白蓮　282-8
矢野征記　180-3
谷萩那華雄　287-3
矢吹慶輝　7-2, 92-1, 93-1, 122-2, 126-2, 156-1, 157-1, 187-3, 188-3, 218-10
山鹿元次郎　68-7
山形莫越　19-6, 69-3, 70-3
山形吉幸　91-2
山川健次郎　会5-1, 会7-1, 会8-2, 1-1, 5-1, 5-7, 臨-1
山川　建　45-6, 99-1, 108-2, 130-1, 150-1, 163-1
山口鋭之助　93-1
山　口　86-6
山口安憲　57-2
山口陸左衛門　154-9
山崎　巌　212-4
山崎達之輔　169-3
山崎延吉　8-5
山田学道　附26-9
山田耕筰　91-1
山田　位　117-1
山田義雄　211-6, 239-4
大和七郎　68-8, 224-7, 226-5
山端息耕　5-7, 26-2
山室軍平　22-3
山本勝市　238-1, 250-1
山本権一郎　279-7
山本達雄　28-2, 32-1, 33-6, 41-3, 52-2, 68-3
山本緋紗子　245-5, 246-6
山屋他人　118-8
湯浅倉平　41-1, 52-2, 57-2, 68-3, 119-1, 159-10
湯川洋蔵　284-3, 286-2
横田秀雄　120-1, 121-1, 123-1, 125-4, 132-2, 153-1

横溝光暉　187-2, 191-1, 214-2, 241-2, 252-2
横　山　86-5
横山正人　155-5
吉植庄亮　245-1
吉垣寿一郎　56-12
吉川英治　98-3
吉田熊次　101-2
吉田貞吉　209-4, 210-6
吉田　茂　25-3, 208-1, 209-2
吉田善吾　258-2
吉富　滋　211-4
吉長碓憐　117-1
米内光政　182-3, 214-3, 244-1, 245-2, 246-1

《ら》

ロドリゴ　53-3

《わ》

Y　K　生　10-12
鷲尾順敬　138-1, 139-1, 188-4
和田豊作　202-3
渡辺鎰吉　41-8, 110-1, 157-3
渡辺四郎　239-6
渡辺世祐　239-7, 240-1
亘理章三郎　252-1, 253-1, 254-2
ヴリシンハ，デーバブリヤ　78-3